MW00999240

GÉNESIS

INTERLINEAL
HEBREO-ESPAÑOL

VOLUMEN V

VOLUMEN V

GÉNESIS

INTERLINEAL
HEBREO-ESPAÑOL

GEMATRÍA | RAÍZ | TEXTO MASORÉTICO

PRONUNCIACIÓN | HEBREO CONSONÁNTICO

PROTOHEBREO | TRADUCCIÓN

JONATÁN MIRA

Bereshit Ediciones (España)
bienvenidoalorigen@gmail.com
www.bienvenidoalorigen.com

Génesis. Interlineal Hebreo-Español, Vol. V
© 2022, Bereshit Ediciones

Reservados todos los derechos. No se permite
la reproducción total o parcial de esta obra, ni
su incorporación a un sistema informático, ni
su transmisión en cualquier forma o medio
(electrónico, mecánico, fotocopia, grabación
u otros) sin autorización previa y por escrito
de los titulares del copyright. La infracción de
dichos derechos puede constituir un delito
contra la propiedad intelectual.

ÍNDICE

INTRODUCCIÓN

¿QUÉ ES UN INTERLINEAL?

Un interlineal es un recurso excelente para el estudio bíblico, tanto de la Biblia Hebrea como del llamado Nuevo Testamento, que permite comparar el texto en el idioma original con otros campos de interés, generalmente la traducción al español, ya que presenta un idioma debajo del otro, línea por línea en el texto.

Gracias a este sistema de estudio y análisis, muchos teólogos y eruditos bíblicos, así como amantes de la Biblia en general, disponen de una herramienta única que permite acercarse mucho más al sentido original del texto hebreo, sin necesidad de tener conocimiento alguno de las lenguas originales.

El valor de este interlineal reside en los campos que complementan a los idiomáticos. El resultado es una poderosa herramienta de exégesis para todos aquellos que buscan familiarizarse con los idiomas originales de la Biblia y profundizar en el conocimiento del hebreo.

CAMPOS COMPARATIVOS

Este interlineal contiene un total de 7 campos de estudio que garantizan una inmersión completa en el texto bíblico. Además, al final de cada capítulo se incluye un recuento del total de palabras, del total de consonantes y si hay alguna consonante hebrea que no aparezca en todo el capítulo. A continuación se puede ver una muestra y, en las siguientes páginas, se añade una explicación de cada uno de los campos para facilitar el manejo de este interlineal.

1. GEMATRÍA

La gematría es un método de interpretación de nombres, palabras y frases hebreas basado en la asignación de números a cada consonante del alfabeto hebreo. Este método, usado por muchos eruditos judíos, permite establecer relaciones entre palabras con el mismo valor numérico y descubrir nuevos temas y significados dentro del texto bíblico.

Dentro de la gematría hay varios tipos de cifrado. Por ejemplo, *At Bash*, *Mispar Hakadmi*, *Mispar Haperati*, entre otros. Sin embargo, en este interlineal se han incluido los dos más comunes que son el *Mispar Hejrají* (número necesario) y el *Mispar Gadol* (número grande).

El Mispar Hejrají es el cifrado en el cual se computa el valor de cada letra del Alefato sumando. Por ejemplo, la palabra אל *El,* que significa "Poderoso", se deletrea con *Álef* y *Lámed*; el valor de *Álef* es 1 y el de *Lámed* es 30, luego la gematría de אל *El* es 31 (1+30).

Ésta es la secuencia de los números asignados basados en el método de *Mispar Hejrají*:

א	1	י	10	ק	100
ב	2	ך | כ	20	ר	200
ג	3	ל	30	ש	300
ד	4	ם | מ	40	ת	400
ה	5	ן | נ	50		
ו	6	ס	60		
ז	7	ע	70		
ח	8	ף | פ	80		
ט	9	ץ | צ	90		

El *Mispar Gadol* es prácticamente igual que el *Mispar Hejrají*, a excepción de que las cinco consonantes que cambian de forma cuando se colocan al final de una palabra, llamadas *sofit* o finales, reciben sus propios valores que van desde el 500 al 900. Ésta es la secuencia de los números asignados basados en el método de *Mispar Gadol*:

א	1	י	10	ק	100
ב	2	כ	20	ר	200
ג	3	ל	30	ש	300
ד	4	מ	40	ת	400
ה	5	נ	50	ך	500
ו	6	ס	60	ם	600
ז	7	ע	70	ן	700
ח	8	פ	80	ף	800
ט	9	צ	90	ץ	900

2. RAÍZ

En lingüística la raíz es la parte que se mantiene invariable en todas las palabras de una misma familia; y expresa el significado común a toda la familia. En otras palabras, la raíz abarca el contenido semántico básico de la palabra.

Cada palabra hebrea tiene un juego de consonantes, llamadas también "radicales", que forman su raíz (שֹׁרֶשׁ *soresh*). En general, las raíces son trilíteras, es decir, tienen tres consonantes, aunque también existen raíces de dos y cuatro consonantes.

Las palabras hebreas se construyen a partir de una raíz y un patrón que se añade a la raíz. La combinación de esos elementos forma las palabras en hebreo. Por ejemplo, la primera palabra de la Torá es בְּרֵאשִׁית *bereshit* y suele traducirse como "en el principio". La raíz de esta palabra está formada por ר *Resh*, א *Álef*, שׁ *Shin*, tres letras que dan lugar a la palabra רֹאשׁ *rosh*, cabeza. A esta raíz se le agrega la preposición בְּ bet con shvá, "en" o "con", y el sufijo ית "-it".

Sufijo   Raíz   Prefijo

En resumen, la raíz contiene la esencia del significado de las palabras. Por tanto, este campo de estudio, además de ayudar al lector a comprender el origen de cada palabra hebrea, permitirá conocer y relacionar palabras que compartan una misma raíz y agruparlas por familias.

3. TEXTO MASORÉTICO

El texto hebreo que se encuentra en este interlineal es el del manuscrito de Leningrado B19[A] que es el más completo y más antiguo manuscrito de los que se conocen hasta el día de hoy. Es considerado el más genuino representante de la escuela masorética tiberiense de Ben Aser, y se conoce como texto masorético (TM).

El texto masorético es la versión hebraica de la Biblia Hebrea usada oficialmente entre los judíos, y en el cristianismo se utiliza con frecuencia como base para las traducciones del llamado Antiguo Testamento. De ahí que sea un campo de obligada presencia en un interlineal.

4. PRONUNCIACIÓN

Este campo pretende ser una ayuda para la lectura del hebreo, pero hay que tener en cuenta que la pronunciación del hebreo bíblico es distinta a la del hebreo moderno y que existen diferencias fonéticas según distintas tradiciones, por lo que es posible que el lector encuentre variantes entre la transcripción presentada en este interlineal y otras fuentes existentes.

5. HEBREO CONSONÁNTICO

En las etapas anteriores al texto masorético el hebreo carecía de vocales, sencillamente era consonántico. Sin embargo, el texto carente de la puntuación masorética da lugar a otras lecturas a las que fueron fijadas por los masoretas. Por ejemplo, en Génesis 1:1 encontramos el verbo *bará*; si a este verbo le quitamos la vocalización nos quedan tres consonantes que pueden ser puntuadas de otro modo, por ejemplo, *beró*. La diferencia es que según la primera puntuación leeríamos: *Bereshit bará Elohim...*, "En el principio creó Dios..."; mientras que según la segunda acepción debería leerse: *Bereshit beró Elohim...*, "En el principio de crear Dios...".

Así que este campo, libre de la interpretación masorética, sirve para contemplar nuevas lecturas del texto hebreo y aportar otras maneras de entender los relatos.

6. PROTOHEBREO

La lengua hebrea pertenece al grupo de lenguas semíticas y, concretamente, al grupo noroccidental. El hebreo es un desarrollo de la lengua hablada en Canaán antes de la llegada de los israelitas, tal y como se menciona en Isaías 19:18, hablada también por los fenicios, moabitas, amonitas y edomitas.

El gran parentesco existente entre el hebreo y los idiomas de los pueblos vecinos se puede corroborar mediante la Estela de Mesha, una piedra de basalto negro, que muestra una inscripción de Mesha, rey moabita del siglo IX a. C., la cual fue descubierta en 1868. Fue erigida por Mesha, alrededor de 850 a. C., como un registro y recuerdo de sus victorias en su revuelta contra el Reino de Israel, que emprendió tras la muerte de su gobernante, Ahab.

En este campo se ha usado una tipografía que procura reproducir con fidelidad los caracteres de la Estela de Mesha, ya que, sin duda, aporta un indudable valor histórico, y permite cotejar con facilidad otros manuscritos que usen esta fuente o similar.

Fragmento de la
Estela de Mesha.
Siglo IX d.C.

7. TRADUCCIÓN

La traducción es la actividad que consiste en comprender el significado de un texto en un idioma, llamado texto origen o «texto de salida», para producir un texto con significado equivalente, en otro idioma, llamado texto traducido o «texto meta».

En el último campo de cada tabla se encuentra la traducción de cada palabra hebrea y, aunque se ha procurado llevar a cabo una equivalencia formal para acercar al lector el texto original, cotejándola con documentos de gran valor lingüístico e histórico como por ejemplo la Biblia de Ferrara, no siempre ha sido posible por las dificultades intrínsecas a la traducción.

Nada puede sustituir al conocimiento de los idiomas bíblicos de primera mano. Por ello, se añaden las siguientes recomendaciones:

· El hebreo se lee de derecha a izquierda. Por tanto los distintos campos están ordenados en la misma dirección.

· El hebreo no diferencia entre mayúsculas y minúsculas. Este es un aspecto que se ha procurado respetar en este interlineal. Por eso, palabras que figuran en mayúscula en las distintas traducciones y versiones bíblicas aquí pueden aparecer en minúscula.

· Las palabras en hebreo no siempre tienen una equivalencia formal con el español. De manera que una palabra que en hebreo es masculina puede ser femenina en español, y viceversa. Lo mismo ocurre en cuanto al número.

· La estructura del verbo hebreo es sustancialmente diferente del español. Luego, la elección de la traducción se debe al criterio del traductor, pero no del autor original.

· Las preposiciones hebreas son muy polivalentes y ello significa que el traductor se encuentra con un amplio abanico de preposiciones españolas para emplear en cada caso, con lo que el criterio del traductor tiene que resolver el dilema.

· La traducción interlineal constituye la forma de traducción más cercana al original, pero no puede sustituir a la lectura directa del texto hebreo. El lector debe procurar no sacar conclusiones precipitadas.

· El texto original hebreo no estaba dividido en capítulos y versículos como están las Biblias actuales. La división en capítulos data del siglo XIII, y los versículos fueron introducidos en el siglo XVI. No obstante, se han mantenido para facilitar la búsqueda de los pasajes.

41:1

66	78 | 638	361	100 | 660	800 | 1360	230 | 1040	31
הן	חלם	·	יום	שנה	קצץ	היה
וְהִנֵּ֖ה	חֹלֵ֔ם	וּפַרְעֹ֣ה	יָמִ֑ים	שְׁנָתַ֣יִם	מִקֵּ֖ץ	וַיְהִ֕י
vehineh	*jólem*	*ufaroh*	*yamim*	*shnatáyim*	*mikets*	*Vayehí*
והנה	חלם	ופרעה	ימים	שנתים	מקץ	ויהי
𐤅𐤄𐤍𐤄	𐤇𐤋𐤌	𐤅𐤐𐤓𐤏𐤄	𐤉𐤌𐤉𐤌	𐤔𐤍𐤕𐤉𐤌	𐤌𐤒𐤑	𐤅𐤉𐤄𐤉
y-¡Mira! he-aquí	estaba-soñando	y-faraón	días tiempo [la luz]	dos-años-de	al-fin-de límite; término	Y-fue

41:2

500	216	90 | 740	66	216	100	114
עלה	יאר	מן	הן	יאר	עלה	עמד
עֹלֹת֙	הַיְאֹ֗ר	מִן־	וְהִנֵּ֣ה	הַיְאֹֽר׃	עַל־	עֹמֵ֥ד
olot	*haye'or*	*min*	*Vehineh*	*. haye'or*	*al*	*omed*
עלת	היאר	מן	והנה	היאר	על	עמד
𐤏𐤋𐤕	𐤄𐤉𐤀𐤓	𐤌𐤍	𐤅𐤄𐤍𐤄	𐤄𐤉𐤀𐤓	𐤏𐤋	𐤏𐤌𐤃
estaban-ascendiendo	el-río [Nilo]	de desde	Y-¡Mira! he-aquí	. el-río [Nilo]	sobre	estaba [de pie]

741	502	619	246	496	686	372
רעה	בשר	ברא	ראה	יפה	פרר	שבע
וַתִּרְעֶ֖ינָה	בָּשָׂ֑ר	וּבְרִיאֹ֣ת	מַרְאֶ֖ה	יְפ֥וֹת	פָּר֔וֹת	שֶׁ֚בַע
vatiréynah	*basar*	*uvri'ot*	*mareh*	*yefot*	*parot*	*sheva*
ותרעינה	בשר	ובריאת	מראה	יפות	פרות	שבע
𐤅𐤕𐤓𐤏𐤉𐤍𐤄	𐤁𐤔𐤓	𐤅𐤁𐤓𐤉𐤀𐤕	𐤌𐤓𐤀𐤄	𐤉𐤐𐤅𐤕	𐤐𐤓𐤅𐤕	𐤔𐤁𐤏
y-pacían	carne	y-gruesas-de	aspecto	hermosas-de agradable; bello	vacas	siete

41:3

274 | 924	506	615	686	372	66	17
אחר	עלה	אחר	פרר	שבע	הן	·
אַחֲרֵיהֶן֙	עֹל֤וֹת	אֲחֵר֗וֹת	פָּר֣וֹת	שֶׁ֧בַע	וְהִנֵּ֞ה	בָּאָֽחוּ׃
ajareyhén	*olot*	*ajerot*	*parot*	*sheva*	*Vehineh*	*. ba'ajú*
אחריהן	עלות	אחרות	פרות	שבע	והנה	באחו
𐤀𐤇𐤓𐤉𐤄𐤍	𐤏𐤋𐤅𐤕	𐤀𐤇𐤓𐤅𐤕	𐤐𐤓𐤅𐤕	𐤔𐤁𐤏	𐤅𐤄𐤍𐤄	𐤁𐤀𐤇𐤅
tras-ellas	estaban-ascendiendo	otras siguiente	vacas	siete	Y-¡Mira! he-aquí	. en-el-juncal

575	502	516	246	676	216	90 | 740
עמד	בשר	דקק	ראה	רעע	יאר	מן
וַֽתַּעֲמֹ֥דְנָה	בָּשָׂ֑ר	וְדַקּ֣וֹת	מַרְאֶ֖ה	רָע֥וֹת	הַיְאֹ֔ר	מִן־
vata'amódnah	*basar*	*vedakot*	*mareh*	*ra'ot*	*haye'or*	*min*
ותעמדנה	בשר	ודקות	מראה	רעות	היאר	מן
𐤅𐤕𐤏𐤌𐤃𐤍𐤄	𐤁𐤔𐤓	𐤅𐤃𐤒𐤅𐤕	𐤌𐤓𐤀𐤄	𐤓𐤏𐤅𐤕	𐤄𐤉𐤀𐤓	𐤌𐤍
y-estaban [de pie]	carne	y-delgadas-de [escrit. plena]	el-aspecto	malas-de	el-río [Nilo]	de desde

41:4

691	512	216	780	100	691	121
פרר	אכל	יאר	שפה	עלה	פרר	אצל
הַפָּר֔וֹת	וַתֹּאכַ֨לְנָה	הַיְאֹֽר׃	שְׂפַ֥ת	עַל־	הַפָּר֖וֹת	אֵ֥צֶל
haparot	*Vatojálnah*	*. haye'or*	*sfat*	*al*	*haparot*	*étsel*
הפרות	ותאכלנה	היאר	שפת	על	הפרות	אצל
𐤄𐤐𐤓𐤅𐤕	𐤅𐤕𐤀𐤊𐤋𐤍𐤄	𐤄𐤉𐤀𐤓	𐤔𐤐𐤕	𐤏𐤋	𐤄𐤐𐤓𐤅𐤕	𐤀𐤑𐤋
las-vacas	Y-comieron	. el-río [Nilo]	labio-de [orilla]	sobre	las-vacas	junto-a

691	372	401	507	510	251	676
פרר	שבע	את	בשר	דקק	ראה	רעע
הַפָּר֔וֹת	שֶׁ֣בַע	אֵ֚ת	הַבָּשָׂ֔ר	וְדַקֹּ֣ת	הַמַּרְאֶ֙ה	רָע֤וֹת
haparot	*sheva*	*et*	*habasar*	*vedakot*	*hamareh*	*ra'ot*
הפרות	שבע	את	הבשר	ודקת	המראה	רעות
𐤄𐤐𐤓𐤅𐤕	𐤔𐤁𐤏	𐤀𐤕	𐤄𐤁𐤔𐤓	𐤅𐤃𐤒𐤕	𐤄𐤌𐤓𐤀𐤄	𐤓𐤏𐤅𐤕
las-vacas	siete	..	la-carne	y-delgadas-de [escrit. defect.]	el-aspecto	malas-de

41:5

94 | 654	376 | 1026	355	216 | 1026	624	251	496
חלם	ישן	·	יקץ	ברא	ראה	יפה
וַֽיַּחֲלֹ֖ם	וַיִּישָׁ֕ן	פַּרְעֹֽה׃	וַיִּיקַ֖ץ	וְהַבְּרִיאֹ֑ת	הַמַּרְאֶ֖ה	יְפֹ֥ת
vayajalom	*Vayishán*	*. paroh*	*vayikats*	*vehaberi'ot*	*hamareh*	*yefot*
ויחלם	ויישן	פרעה	וייקץ	והבריאת	המראה	יפת
𐤅𐤉𐤇𐤋𐤌	𐤅𐤉𐤉𐤔𐤍	𐤐𐤓𐤏𐤄	𐤅𐤉𐤉𐤒𐤑	𐤅𐤄𐤁𐤓𐤉𐤀𐤕	𐤄𐤌𐤓𐤀𐤄	𐤉𐤐𐤕
y-soñó	Y-durmió [fig. sueño de muerte]	. faraón	y-despertó	y-las-gruesas	el-aspecto	hermosas-de agradable; bello

13	157	506	382 | 942	372	66	760
אחד	קנה	עלה	שבל	שבע	הן	שנה
אֶחָ֑ד	בְּקָנֶ֣ה	עֹל֛וֹת	שִׁבֳּלִ֗ים	שֶׁ֣בַע	וְהִנֵּ֣ה	שֵׁנִ֑ית
ejad	*bekaneh*	*olot*	*shibolim*	*sheva*	*vehineh*	*shenit*
אחד	בקנה	עלות	שבלים	שבע	והנה	שנית
𐤀𐤇𐤃	𐤁𐤒𐤍𐤄	𐤏𐤋𐤅𐤕	𐤔𐤁𐤋𐤉𐤌	𐤔𐤁𐤏	𐤅𐤄𐤍𐤄	𐤔𐤍𐤉𐤕
uno único; unido	en-tallo caña	estaban-ascendiendo	espigas	siete	y-¡Mira! he-aquí	segunda (vez)

41:6

796	510	382 | 942	372	66	423	619
שדף	דקק	שבל	שבע	הן	טוב	ברא
וּשְׁדוּפֹ֣ת	דַּקּ֖וֹת	שִׁבֳּלִ֔ים	שֶׁ֣בַע	וְהִנֵּ֗ה	וְטֹבֽוֹת׃	בְּרִיא֥וֹת
ushdufot	*dakot*	*shibolim*	*sheva*	*Vehineh*	*. vetovot*	*beri'ot*
ושדופת	דקות	שבלים	שבע	והנה	וטבות	בריאות
𐤅𐤔𐤃𐤅𐤐𐤕	𐤃𐤒𐤅𐤕	𐤔𐤁𐤋𐤉𐤌	𐤔𐤁𐤏	𐤅𐤄𐤍𐤄	𐤅𐤈𐤁𐤅𐤕	𐤁𐤓𐤉𐤀𐤅𐤕
y-marchitas-de [hapax legomenon]	delgadas [escrit. plena]	espigas	siete	Y-¡Mira! he-aquí	. y-buenas bien; hermoso	gruesas

41:7

401	515	387 | 947	563	274 | 924	544	154 | 714
את	דקק	שבל	בלע	אחר	צמח	קדם
אֶת	הַדַּקּוֹת	הַשִּׁבֳּלִים	וַתִּבְלַעְנָה	אַחֲרֵיהֶן׃	צְמֻחוֹת	קָדִים
et	*hadakot*	*hashibolim*	*Vativlánah*	*. ajareyhén*	*tsomjot*	*kadim*
את	הדקות	השבלים	ותבלענה	אחריהן	צמחות	קדים
𐤀𐤕	𐤄𐤃𐤒𐤅𐤕	𐤄𐤔𐤁𐤋𐤉𐤌	𐤅𐤕𐤁𐤋𐤏𐤍𐤄	𐤀𐤇𐤓𐤉𐤄𐤍	𐤑𐤌𐤇𐤅𐤕	𐤒𐤃𐤉𐤌
..	las-delgadas [escrit. plena]	las-espigas	Y-engulleron	. tras-ellas	estaban-brotando	solano [viento oriental/este]

66	355	216 | 1026	488	494	387 | 947	372
הן	·	יקץ	מלא	ברא	שבל	שבע
וְהִנֵּה	פַּרְעֹה	וַיִּיקַץ	וְהַמְּלֵאוֹת	הַבְּרִיאוֹת	הַשִּׁבֳּלִים	שֶׁבַע
vehineh	*paroh*	*vayikats*	*vehamele'ot*	*haberi'ot*	*hashibolim*	*sheva*
והנה	פרעה	וייקץ	והמלאות	הבריאות	השבלים	שבע
𐤅𐤄𐤍𐤄	𐤐𐤓𐤏𐤄	𐤅𐤉𐤉𐤒𐤑	𐤅𐤄𐤌𐤋𐤀𐤅𐤕	𐤄𐤁𐤓𐤉𐤀𐤅𐤕	𐤄𐤔𐤁𐤋𐤉𐤌	𐤔𐤁𐤏
y-¡Mira! he-aquí	faraón	y-despertó	y-las-llenas completo; cumplido	las-gruesas [escrit. plena]	las-espigas	siete

41:8

317	354	220	596 | 1156	304	31	84 | 644
קרא	שלח	רוח	פעם	בקר	היה	חלם
וַיִּקְרָא	וַיִּשְׁלַח	רוּחוֹ	וַתִּפָּעֶם	בַבֹּקֶר	וַיְהִי	חֲלוֹם׃
vayikrá	*vayishlaj*	*rujó*	*vatipa'em*	*vabóker*	*Vayehí*	*. jalom*
ויקרא	וישלח	רוחו	ותפעם	בבקר	ויהי	חלום
𐤅𐤉𐤒𐤓𐤀	𐤅𐤉𐤔𐤋𐤇	𐤓𐤅𐤇𐤅	𐤅𐤕𐤐𐤏𐤌	𐤁𐤁𐤒𐤓	𐤅𐤉𐤄𐤉	𐤇𐤋𐤅𐤌
y-llamó	y-envió	su-espíritu aliento; viento	y-se-turbó agitar	por-la-mañana	Y-fue	. sueño

83	50	407	380 | 940	267	50	401
חכם	כלל	את	צור	חרטם	כלל	את
חֲכָמֶיהָ	כָּל־	וְאֶת־	מִצְרַיִם	חַרְטֻמֵּי	כָּל־	אֶת־
jajameyha	*kol*	*ve'et*	*Mitsráyim*	*jartumey*	*kol*	*et*
חכמיה	כל	ואת	מצרים	חרטמי	כל	את
𐤇𐤊𐤌𐤉𐤄	𐤊𐤋	𐤅𐤀𐤕	𐤌𐤑𐤓𐤉𐤌	𐤇𐤓𐤈𐤌𐤉	𐤊𐤋	𐤀𐤕
sus-sabios	todos	y-···	Mitsráyim	magos-de	todos	..

686	67 | 717	84	401	75 | 635	355	356
פתר	אין	חלם	את	הוא	·	ספר
פּוֹתֵר	וְאֵין־	חֲלֹמוֹ	אֶת־	לָהֶם	פַּרְעֹה	וַיְסַפֵּר
poter	*ve'eyn*	*jalomó*	*et*	*lahem*	*paroh*	*vayesaper*
פותר	ואין	חלמו	את	להם	פרעה	ויספר
𐤐𐤅𐤕𐤓	𐤅𐤀𐤉𐤍	𐤇𐤋𐤌𐤅	𐤀𐤕	𐤋𐤄𐤌	𐤐𐤓𐤏𐤄	𐤅𐤉𐤎𐤐𐤓
intérprete [escrit. plena]	y-no-había	su-sueño	..	a-ellos	faraón	y-contó

41:9

355	401	495 | 1055	500	222	385	447 | 1007
·	את	שקה	שרר	דבר	·	את
פַּרְעֹה	אֶת־	הַמַּשְׁקִים	שַׂר	וַיְדַבֵּר	לְפַרְעֹה׃	אֹתָם
paroh	*et*	*hamashkim*	*sar*	*Vayedaber*	*. lefaroh*	*otam*
פרעה	את	המשקים	שר	וידבר	לפרעה	אותם
𐤐𐤓𐤏𐤄	𐤀𐤕	𐤄𐤌𐤔𐤒𐤉𐤌	𐤔𐤓	𐤅𐤉𐤃𐤁𐤓	𐤋𐤐𐤓𐤏𐤄	𐤀𐤅𐤕𐤌
faraón	··	los-coperos	mayoral-de	Y-habló	. para-faraón	con-ellos

41:10

355	61 | 621	277	61	28	401	271
·	יום	זכר	אנך	חטא	את	אמר
פַּרְעֹה	הַיּוֹם׃	מַזְכִּיר	אֲנִי	חֲטָאַי	אֶת־	לֵאמֹר
Paroh	*. hayom*	*mazkir*	*aní*	*jata'ay*	*et*	*lemor*
פרעה	היום	מזכיר	אני	חטאי	את	לאמר
𐤐𐤓𐤏𐤄	𐤄𐤉𐤅𐤌	𐤌𐤆𐤊𐤉𐤓	𐤀𐤍𐤉	𐤇𐤈𐤀𐤉	𐤀𐤕	𐤋𐤀𐤌𐤓
Faraón	. hoy día; tiempo [la luz]	recuerdo	yo	mis-pecados	··	al-decir

412	582	411	466 | 1116	92	100	270 | 990
בנה	שמר	את	נתן	עבד	עלה	קצף
בֵּית	בְּמִשְׁמַר	אֹתִי	וַיִּתֵּן	עֲבָדָיו	עַל־	קָצַף
beyt	*bemishmar*	*otí*	*vayitén*	*avadav*	*al*	*katsaf*
בית	במשמר	אתי	ויתן	עבדיו	על	קצף
𐤁𐤉𐤕	𐤁𐤌𐤔𐤌𐤓	𐤀𐤕𐤉	𐤅𐤉𐤕𐤍	𐤏𐤁𐤃𐤉𐤅	𐤏𐤋	𐤒𐤑𐤐
casa-de	con-guardia-de	a-mí	y-dio	sus-siervos	sobre	se-enojó

41:11

139	136 | 696	500	407	411	74 | 634	500
חלם	אפה	שרר	את	את	טבח	שרר
וַנַּחַלְמָה	הָאֹפִים׃	שַׂר	וְאֵת	אֹתִי	הַטַּבָּחִים	שַׂר
Vanajalmah	*. ha'ofim*	*sar*	*ve'et*	*otí*	*hatabajim*	*sar*
ונחלמה	האפים	שר	ואת	אתי	הטבחים	שר
𐤅𐤍𐤇𐤋𐤌𐤄	𐤄𐤀𐤐𐤉𐤌	𐤔𐤓	𐤅𐤀𐤕	𐤀𐤕𐤉	𐤄𐤈𐤁𐤇𐤉𐤌	𐤔𐤓
Y-soñamos	. los-panaderos	mayoral-de	y-···	a-mí	los-degolladores [cocinero o verdugo]	mayoral-de

756 | 1406	311	18	61	13	77	84 | 644
פתר	איש	הוא	אנך	אחד	ליל	חלם
כְּפִתְרוֹן	אִישׁ	וָהוּא	אֲנִי	אֶחָד	בְּלַיְלָה	חֲלוֹם
kefitrón	*ish*	*vahú*	*aní*	*ejad*	*beláylah*	*jalom*
כפתרון	איש	והוא	אני	אחד	בלילה	חלום
𐤊𐤐𐤕𐤓𐤅𐤍	𐤀𐤉𐤔	𐤅𐤄𐤅𐤀	𐤀𐤍𐤉	𐤀𐤇𐤃	𐤁𐤋𐤉𐤋𐤄	𐤇𐤋𐤅𐤌
como-interpretación	varón [cada uno]	y-él	yo	uno único; unido	en-noche [la oscuridad]	sueño

41:12

76	282	320	457	346 | 906	134	84
עבד	עבר	נער	את	שם	חלם	חלם
עֶבֶד	עִבְרִי	נַעַר	אִתָּנוּ	וְשָׁם	חָלָמְנוּ׃	חֲלֹמוֹ
éved	*ivrí*	*na'ar*	*itanu*	*Vesham*	*. jalamnu*	*jalomó*
עבד	עברי	נער	אתנו	ושם	חלמנו	חלמו
𐤏𐤁𐤃	𐤏𐤁𐤓𐤉	𐤍𐤏𐤓	𐤀𐤕𐤍𐤅	𐤅𐤔𐤌	𐤇𐤋𐤌𐤍𐤅	𐤇𐤋𐤌𐤅
siervo	ivrí [hebreo]	mozo	con-nosotros	Y-allí [ubicación]	. soñamos	su-sueño

401	86	696	36	396	74 | 634	530
את	·	ספר	הוא	ספר	טבח	שרר
אֶת־	לָנוּ	וַיִּפְתָּר־	לוֹ	וַנְּסַפֶּר־	הַטַּבָּחִים	לְשַׂר
et	*lanu*	*vayiftar*	*lo*	*vanesaper*	*hatabajim*	*lesar*
את	לנו	ויפתר	לו	ונספר	הטבחים	לשר
𐤀𐤕	𐤋𐤍𐤅	𐤅𐤉𐤐𐤕𐤓	𐤋𐤅	𐤅𐤍𐤎𐤐𐤓	𐤄𐤈𐤁𐤇𐤉𐤌	𐤋𐤔𐤓
..	a-nosotros	e-interpretó	a-él	y-contamos	los-degolladores [cocinero o verdugo]	para-mayoral-de

41:13

680	521	31	680	104	311	544
פתר	אשר	היה	פתר	חלם	איש	חלם
פָּתָר־	כַּאֲשֶׁר	וַיְהִי	פָּתָר׃	כַּחֲלֹמוֹ	אִישׁ	חֲלֹמֹתֵינוּ
patar	*ka'asher*	*Vayehí*	*. patar*	*kajalomó*	*ish*	*jalomoteynu*
פתר	כאשר	ויהי	פתר	כחלמו	איש	חלמתינו
𐤐𐤕𐤓	𐤊𐤀𐤔𐤓	𐤅𐤉𐤄𐤉	𐤐𐤕𐤓	𐤊𐤇𐤋𐤌𐤅	𐤀𐤉𐤔	𐤇𐤋𐤌𐤕𐤉𐤍𐤅
interpretó	como según	Y-fue	. interpretó	como-su-sueño	varón [cada uno]	nuestro-sueño

80	100	317	411	20	70 | 720	86
כן	עלה	שוב	את	היה	כן	·
כַּנִּי	עַל־	הֵשִׁיב	אֹתִי	הָיָה	כֵּן	לָנוּ
kaní	*al*	*heshiv*	*otí*	*hayah*	*ken*	*lanu*
כני	על	השיב	אתי	היה	כן	לנו
𐤊𐤍𐤉	𐤏𐤋	𐤄𐤔𐤉𐤁	𐤀𐤕𐤉	𐤄𐤉𐤄	𐤊𐤍	𐤋𐤍𐤅
mi-puesto	sobre	hizo-volver	a-mí	fue	así enderezar; rectamente	a-nosotros

41:14

156 | 876	401	317	355	354	435	413
יסף	את	קרא	·	שלח	תלה	את
יוֹסֵף	אֶת־	וַיִּקְרָא	פַּרְעֹה	וַיִּשְׁלַח	תָּלָה׃	וְאֹתוֹ
Yosef	*et*	*vayikrá*	*paroh*	*Vayishlaj*	*. talah*	*ve'otó*
יוסף	את	ויקרא	פרעה	וישלח	תלה	ואתו
𐤉𐤅𐤎𐤐	𐤀𐤕	𐤅𐤉𐤒𐤓𐤀	𐤐𐤓𐤏𐤄	𐤅𐤉𐤔𐤋𐤇	𐤕𐤋𐤄	𐤅𐤀𐤕𐤅
Yosef	..	y-llamó	faraón	Y-envió	. colgó	y-a-él

19	786	134 | 854	57	213	90 | 740	327
בוא	שמל	חלף	גלח	בור	מן	רוץ
וַיָּבֹא	שִׂמְלֹתָיו	וַיְחַלֵּף	וַיְגַלַּח	הַבּוֹר	מִן־	וַיְרִיצֻהוּ
vayavó	*simlotav*	*vayejalef*	*vayegalaj*	*habor*	*min*	*vayeritsuhu*
ויבא	שמלתיו	ויחלף	ויגלח	הבור	מן	ויריצהו
𐤅𐤉𐤁𐤀	𐤔𐤌𐤋𐤕𐤉𐤅	𐤅𐤉𐤇𐤋𐤐	𐤅𐤉𐤂𐤋𐤇	𐤄𐤁𐤅𐤓	𐤌𐤍	𐤅𐤉𐤓𐤉𐤑𐤄𐤅
y-vino	sus-mantos	y-mudó	y-se-afeitó	la-cisterna	de desde	y-le-hicieron-correr

41:15

84 | 644	156 | 876	31	355	257	355	31
חלם	יסף	אלה	·	אמר	·	אלה
חֲלוֹם	יוֹסֵף	אֶל־	פַּרְעֹה	וַיֹּאמֶר	פַּרְעֹה׃	אֶל־
jalom	*Yosef*	*el*	*paroh*	*Vayómer*	*. paroh*	*el*
חלום	יוסף	אל	פרעה	ויאמר	פרעה	אל
𐤇𐤋𐤅𐤌	𐤉𐤅𐤎𐤐	𐤀𐤋	𐤐𐤓𐤏𐤄	𐤅𐤉𐤀𐤌𐤓	𐤐𐤓𐤏𐤄	𐤀𐤋
sueño	Yosef	a hacia	faraón	Y-dijo	. faraón	a hacia

130 | 610	820	67	407	61 | 711	686	488
עלה	שמע	אנך	את	אין	פתר	חלם
עָלֶיךָ	שָׁמַעְתִּי	וַאֲנִי	אֹתוֹ	אֵין	וּפֹתֵר	חָלַמְתִּי
aleyja	*shamati*	*va'aní*	*otó*	*eyn*	*ufoter*	*jalamti*
עליך	שמעתי	ואני	אתו	אין	ופתר	חלמתי
𐤏𐤋𐤉𐤊	𐤔𐤌𐤏𐤕𐤉	𐤅𐤀𐤍𐤉	𐤀𐤕𐤅	𐤀𐤉𐤍	𐤅𐤐𐤕𐤓	𐤇𐤋𐤌𐤕𐤉
sobre-ti	oí	y-yo	para-él	no-hay ¿con qué?; ¿de dónde?	e-intérprete	soñé

41:16

156 | 876	136 | 786	407	710	84 | 644	810	271
יסף	ענה	את	פתר	חלם	שמע	אמר
יוֹסֵף	וַיַּעַן	אֹתוֹ׃	לִפְתֹּר	חֲלוֹם	תִּשְׁמַע	לֵאמֹר
Yosef	*Vaya'an*	*. otó*	*liftor*	*jalom*	*tishmá*	*lemor*
יוסף	ויען	אתו	לפתר	חלום	תשמע	לאמר
𐤉𐤅𐤎𐤐	𐤅𐤉𐤏𐤍	𐤀𐤕𐤅	𐤋𐤐𐤕𐤓	𐤇𐤋𐤅𐤌	𐤕𐤔𐤌𐤏	𐤋𐤀𐤌𐤓
Yosef	Y-respondió	. a-él	para-interpretar	sueño	oirás	al-decir

401	135	86 | 646	116	271	355	401
את	ענה	אלהה	בל + עד	אמר	·	את
אֶת־	יַעֲנֶה	אֱלֹהִים	בִּלְעָדָי	לֵאמֹר	פַּרְעֹה	אֶת־
et	*ya'aneh*	*Elohim*	*biladay*	*lemor*	*paroh*	*et*
את	יענה	אלהים	בלעדי	לאמר	פרעה	את
𐤀𐤕	𐤉𐤏𐤍𐤄	𐤀𐤋𐤄𐤉𐤌	𐤁𐤋𐤏𐤃𐤉	𐤋𐤀𐤌𐤓	𐤐𐤓𐤏𐤄	𐤀𐤕
..	responderá	*elohim* Dios; dioses; magistrados	excepto [aparte de mí]	al-decir	faraón	..

41:17

90	156 | 876	31	355	222	355	376 | 936
חלם	יסף	אלה	·	דבר	·	שלם
בַּחֲלֹמִ֔י	יוֹסֵ֣ף	אֶל־	פַּרְעֹ֖ה	וַיְדַבֵּ֥ר	פַּרְעֹֽה׃	שְׁל֥וֹם
bajalomí	*Yosef*	*el*	*paroh*	*Vayedaber*	*. paroh*	*shlom*
בחלמי	יוסף	אל	פרעה	וידבר	פרעה	שלום
𐤁𐤇𐤋𐤌𐤉	𐤉𐤅𐤎𐤐	𐤀𐤋	𐤐𐤓𐤏𐤄	𐤅𐤉𐤃𐤁𐤓	𐤐𐤓𐤏𐤄	𐤔𐤋𐤅𐤌
en-mi-sueño	Yosef	a hacia	faraón	Y-habló	. faraón	paz plenitud

41:18

90 | 740	66	216	780	100	114	121
מן	הן	יאר	שפה	עלה	עמד	הן
מִן־	וְהִנֵּ֥ה	הַיְאֹֽר׃	שְׂפַ֥ת	עַל־	עֹמֵ֖ד	הִנְנִ֥י
min	*Vehineh*	*. haye'or*	*sfat*	*al*	*omed*	*hinní*
מן	והנה	היאר	שפת	על	עמד	הנני
𐤌𐤍	𐤅𐤄𐤍𐤄	𐤄𐤉𐤀𐤓	𐤔𐤐𐤕	𐤏𐤋	𐤏𐤌𐤃	𐤄𐤍𐤍𐤉
de desde	Y-¡Mira! he-aquí	. el-río [Nilo]	labio-de [orilla]	sobre	estaba [de pie]	y-¡Mírame! he-aquí

496	502	619	686	372	500	216
יפה	בשר	ברא	פרר	שבע	עלה	יאר
וִיפֹ֣ת	בָּשָׂ֖ר	בְּרִיא֥וֹת	פָּר֔וֹת	שֶׁ֣בַע	עֹלֹ֗ת	הַיְאֹ֔ר
vifot	*basar*	*beri'ot*	*parot*	*sheva*	*olot*	*haye'or*
ויפת	בשר	בריאות	פרות	שבע	עלת	היאר
𐤅𐤉𐤐𐤕	𐤁𐤔𐤓	𐤁𐤓𐤉𐤀𐤅𐤕	𐤐𐤓𐤅𐤕	𐤔𐤁𐤏	𐤏𐤋𐤕	𐤄𐤉𐤀𐤓
y-hermosas-de agradable; bello	carne	gruesas-de	vacas	siete	estaban-ascendiendo	el-río [Nilo]

41:19

615	686	372	66	17	741	601
אחר	פרר	שבע	הן	·	רעה	תאר
אֲחֵר֗וֹת	פָּר֤וֹת	שֶֽׁבַע־	וְהִנֵּ֞ה	בָּאָֽחוּ׃	וַתִּרְעֶ֖ינָה	תֹּ֑אַר
ajerot	*parot*	*sheva*	*Vehineh*	*. ba'ajú*	*vatiréynah*	*to'ar*
אחרות	פרות	שבע	והנה	באחו	ותרעינה	תאר
𐤀𐤇𐤓𐤅𐤕	𐤐𐤓𐤅𐤕	𐤔𐤁𐤏	𐤅𐤄𐤍𐤄	𐤁𐤀𐤇𐤅	𐤅𐤕𐤓𐤏𐤉𐤍𐤄	𐤕𐤀𐤓
otras siguiente	vacas	siete	Y-¡Mira! he-aquí	. en-el-juncal	y-pacían	figura forma

712	45	601	682	440	274 | 924	506
רקק	מאד	תאר	רעע	דלה	אחר	עלה
וְרַקּ֣וֹת	מְאֹ֖ד	תֹּ֛אַר	וְרָע֥וֹת	דַּלּ֨וֹת	אַחֲרֵיהֶ֔ן	עֹל֣וֹת
verakot	*me'od*	*to'ar*	*vera'ot*	*dalot*	*ajareyhén*	*olot*
ורקות	מאד	תאר	ורעות	דלות	אחריהן	עלות
𐤅𐤓𐤒𐤅𐤕	𐤌𐤀𐤃	𐤕𐤀𐤓	𐤅𐤓𐤏𐤅𐤕	𐤃𐤋𐤅𐤕	𐤀𐤇𐤓𐤉𐤄𐤍	𐤏𐤋𐤅𐤕
y-flacas-de	mucho fuerza; poder; vigor	figura forma	y-malas-de	pobres	tras-ellas	estaban-ascendiendo

380 | 940	291 | 1101	52	80	621	31	502
צור	ארץ	כלל	הוא	ראה	לא	בשר
מִצְרָיִם	אֶרֶץ	בְּכָל־	כָהֵנָּה	רָאִיתִי	לֹא־	בָּשָׂר
Mitsráyim	*érets*	*bejol*	*jahenah*	*ra'iti*	*lo*	*basar*
מצרים	ארץ	בכל	כהנה	ראיתי	לא	בשר
𐤌𐤑𐤓𐤉𐤌	𐤀𐤓𐤑	𐤁𐤊𐤋	𐤊𐤄𐤍𐤄	𐤓𐤀𐤉𐤕𐤉	𐤋𐤀	𐤁𐤔𐤓
Mitsráyim	tierra-de [la seca]	en-toda	como-ellas	he-visto	no	carne

41:20

372	401	687	711	691	512	305
שבע	את	רעע	רקק	פרר	אכל	רעע
שֶׁבַע	אֵת	וְהָרָעוֹת	הָרַקּוֹת	הַפָּרוֹת	וַתֹּאכַלְנָה	לָרֹעַ׃
sheva	*et*	*vehara'ot*	*harakot*	*haparot*	*Vatojálnah*	*. laro'a*
שבע	את	והרעות	הרקות	הפרות	ותאכלנה	לרע
𐤔𐤁𐤏	𐤀𐤕	𐤅𐤄𐤓𐤏𐤅𐤕	𐤄𐤓𐤒𐤅𐤕	𐤄𐤐𐤓𐤅𐤕	𐤅𐤕𐤀𐤊𐤋𐤍𐤄	𐤋𐤓𐤏
siete	..	y-las-malas	las-flacas	las-vacas	Y-comieron	. para-ser-mal malo

41:21

37	357	31	464	618	962	691
לא	קרב	אלה	בוא	ברא	ראש	פרר
וְלֹא	קִרְבֶּנָה	אֶל־	וַתָּבֹאנָה	הַבְּרִיאֹת׃	הָרִאשֹׁנוֹת	הַפָּרוֹת
veló	*kirbénah*	*el*	*Vatavónah*	*. haberi'ot*	*harishonot*	*haparot*
ולא	קרבנה	אל	ותבאנה	הבריאת	הראשנות	הפרות
𐤅𐤋𐤀	𐤒𐤓𐤁𐤍𐤄	𐤀𐤋	𐤅𐤕𐤁𐤀𐤍𐤄	𐤄𐤁𐤓𐤉𐤀𐤕	𐤄𐤓𐤀𐤔𐤍𐤅𐤕	𐤄𐤐𐤓𐤅𐤕
y-no	su-interior	a hacia	Y-entraron	. las-gruesas [escrit. defect.]	las-primeras	las-vacas

270	312 | 962	357	31	9	30	130
רעע	ראה	קרב	אלה	בוא	כי	ידע
רַע	וּמַרְאֵיהֶן	קִרְבֶּנָה	אֶל־	בָאוּ	כִּי־	נוֹדַע
ra	*umareyhén*	*kirbénah*	*el*	*va'u*	*ki*	*nodá*
רע	ומראיהן	קרבנה	אל	באו	כי	נודע
𐤓𐤏	𐤅𐤌𐤓𐤀𐤉𐤄𐤍	𐤒𐤓𐤁𐤍𐤄	𐤀𐤋	𐤁𐤀𐤅	𐤊𐤉	𐤍𐤅𐤃𐤏
malo	y-sus-aspectos	su-interior	a hacia	entraron	que porque	se-conocía

41:22

372	66	90	208	207 | 1017	445	521
שבע	הן	חלם	ראה	יקץ	חלל	אשר
שֶׁבַע	וְהִנֵּה	בַּחֲלֹמִי	וָאֵרֶא	וָאִיקָץ׃	בַּתְּחִלָּה	כַּאֲשֶׁר
sheva	*vehineh*	*bajalomí*	*Va'ere*	*. va'ikats*	*batejilah*	*ka'asher*
שבע	והנה	בחלמי	וארא	ואיקץ	בתחלה	כאשר
𐤔𐤁𐤏	𐤅𐤄𐤍𐤄	𐤁𐤇𐤋𐤌𐤉	𐤅𐤀𐤓𐤀	𐤅𐤀𐤉𐤒𐤑	𐤁𐤕𐤇𐤋𐤄	𐤊𐤀𐤔𐤓
siete	y-¡Mira! he-aquí	en-mi-sueño	Y-vi	. y-desperté	en-el-comienzo	como según

41:23

66	423	471	13	157	500	382 | 942
הן	טוב	מלא	אחד	קנה	עלה	שבל
וְהִנֵּה֩	וְטֹבֽוֹת׃	מְלֵאֹ֥ת	אֶחָ֑ד	בְּקָנֶ֣ה	עֹלֹ֛ת	שִׁבֳּלִ֗ים
Vehineh	*. vetovot*	*mele'ot*	*ejad*	*bekaneh*	*olot*	*shibolim*
והנה	וטבות	מלאת	אחד	בקנה	עלת	שבלים
𐤅𐤄𐤍𐤄	𐤅𐤈𐤁𐤅𐤕	𐤌𐤋𐤀𐤕	𐤀𐤇𐤃	𐤁𐤒𐤍𐤄	𐤏𐤋𐤕	𐤔𐤁𐤋𐤉𐤌
Y-¡Mira! he-aquí	. y-buenas bien; hermoso	llenas completo; cumplido	uno único; unido	en-tallo caña	estaban-ascendiendo	espigas

544	154 | 714	790	510	586	382 | 942	372
צמח	קדם	שדף	דקק	צנם	שבל	שבע
צֹמְח֖וֹת	קָדִ֑ים	שְׁדֻפ֣וֹת	דַּקּ֖וֹת	צְנֻמ֥וֹת	שִׁבֳּלִ֔ים	שֶׁ֣בַע
tsomjot	*kadim*	*shdufot*	*dakot*	*tsnumot*	*shibolim*	*sheva*
צמחות	קדים	שדפות	דקות	צנמות	שבלים	שבע
𐤑𐤌𐤇𐤅𐤕	𐤒𐤃𐤉𐤌	𐤔𐤃𐤐𐤅𐤕	𐤃𐤒𐤅𐤕	𐤑𐤍𐤌𐤅𐤕	𐤔𐤁𐤋𐤉𐤌	𐤔𐤁𐤏
estaban-brotando	solano [viento oriental/este]	marchitas-de [hapax legomenon]	delgadas [escrit. plena]	secas	espigas	siete

41:24

387 | 947	372	401	509	387 | 947	558 | 1208	264 | 824
שבל	שבע	את	דקק	שבל	בלע	אחר
הַשִּׁבֳּלִ֖ים	שֶׁ֥בַע	אֵ֛ת	הַדַּקֹּ֔ת	הַשִּׁבֳּלִ֗ים	וַתִּבְלַ֙עְןָ֙	אַחֲרֵיהֶֽם׃
hashibolim	*sheva*	*et*	*hadakot*	*hashibolim*	*Vativlana*	*. ajareyhem*
השבלים	שבע	את	הדקת	השבלים	ותבלען	אחריהם
𐤄𐤔𐤁𐤋𐤉𐤌	𐤔𐤁𐤏	𐤀𐤕	𐤄𐤃𐤒𐤕	𐤄𐤔𐤁𐤋𐤉𐤌	𐤅𐤕𐤁𐤋𐤏𐤍	𐤀𐤇𐤓𐤉𐤄𐤌
las-espigas	siete	..	las-delgadas [escrit. defectiva]	las-espigas	Y-engulleron	. tras-ellas

40	57	67 | 717	312 | 872	31	247	422
·	נגד	אין	חרטם	אלה	אמר	טוב
לִֽי׃	מַגִּ֖יד	וְאֵ֥ין	הַֽחַרְטֻמִּ֔ים	אֶל־	וָֽאֹמַר֙	הַטֹּב֑וֹת
. li	*magid*	*ve'eyn*	*hajartumim*	*el*	*va'omar*	*hatovot*
לי	מגיד	ואין	החרטמים	אל	ואמר	הטבות
𐤋𐤉	𐤌𐤂𐤉𐤃	𐤅𐤀𐤉𐤍	𐤄𐤇𐤓𐤈𐤌𐤉𐤌	𐤀𐤋	𐤅𐤀𐤌𐤓	𐤄𐤈𐤁𐤅𐤕
. para-mí	manifestación	y-no-hay	los-magos	a hacia	y-dije	las-buenas bien; hermoso

41:25

13	355	84 | 644	355	31	156 | 876	257
אחד	·	חלם	·	אלה	יסף	אמר
אֶחָ֣ד	פַּרְעֹ֖ה	חֲל֥וֹם	פַּרְעֹ֔ה	אֶל־	יוֹסֵף֙	וַיֹּ֤אמֶר
ejad	*paroh*	*jalom*	*paroh*	*el*	*Yosef*	*Vayómer*
אחד	פרעה	חלום	פרעה	אל	יוסף	ויאמר
𐤀𐤇𐤃	𐤐𐤓𐤏𐤄	𐤇𐤋𐤅𐤌	𐤐𐤓𐤏𐤄	𐤀𐤋	𐤉𐤅𐤎𐤐	𐤅𐤉𐤀𐤌𐤓
uno único; unido	faraón	sueño-de	faraón	a hacia	Yosef	Y-dijo

385	22	375	91 | 651	501	401	12
·	נגד	עשה	אלהה	אשר	את	הוא
לְפַרְעֹה:	הִגִּיד	עֹשֶׂה	הָאֱלֹהִים	אֲשֶׁר	אֶת	הוּא
. lefaroh	*higid*	*oseh*	*ha'elohim*	*asher*	*et*	*hu*
לפרעה	הגיד	עשה	האלהים	אשר	את	הוא
𐤋𐤐𐤓𐤏𐤄	𐤄𐤂𐤉𐤃	𐤏𐤔𐤄	𐤄𐤀𐤋𐤄𐤉𐤌	𐤀𐤔𐤓	𐤀𐤕	𐤄𐤅𐤀
. a-faraón	manifestó contar; declarar	está-haciendo	*ha'elohim* Dios; dioses; magistrados	que	..	él

41:26

378	60	400 | 960	372	416	680	372
שבע	הוא	שנה	שבע	טוב	פרר	שבע
וְשֶׁבַע	הֵנָּה	שָׁנִים	שֶׁבַע	הַטֹּבֹת	פָּרֹת	שֶׁבַע
vesheva	*henah*	*shanim*	*sheva*	*hatovot*	*parot*	*Sheva*
ושבע	הנה	שנים	שבע	הטבת	פרת	שבע
𐤅𐤔𐤁𐤏	𐤄𐤍𐤄	𐤔𐤍𐤉𐤌	𐤔𐤁𐤏	𐤄𐤈𐤁𐤕	𐤐𐤓𐤕	𐤔𐤁𐤏
y-siete	ellas	años cambio	siete	las-buenas bien; hermoso	vacas [escrit. defect.]	Siete

13	84 | 644	60	400 | 960	372	416	387 | 947
אחד	חלם	הוא	שנה	שבע	טוב	שבל
אֶחָד	חֲלוֹם	הֵנָּה	שָׁנִים	שֶׁבַע	הַטֹּבֹת	הַשִּׁבֳּלִים
ejad	*jalom*	*henah*	*shanim*	*sheva*	*hatovot*	*hashibolim*
אחד	חלום	הנה	שנים	שבע	הטבת	השבלים
𐤀𐤇𐤃	𐤇𐤋𐤅𐤌	𐤄𐤍𐤄	𐤔𐤍𐤉𐤌	𐤔𐤁𐤏	𐤄𐤈𐤁𐤕	𐤄𐤔𐤁𐤋𐤉𐤌
uno único; unido	sueño	ellas	años cambio	siete	las-buenas bien; hermoso	las-espigas

41:27

274 | 924	505	681	711	691	378	12
אחר	עלה	רעע	רקק	פרר	שבע	הוא
אַחֲרֵיהֶן	הָעֹלֹת	וְהָרָעֹת	הָרַקּוֹת	הַפָּרוֹת	וְשֶׁבַע	הוּא:
ajareyhén	*ha'olot*	*vehara'ot*	*harakot*	*haparot*	*Vesheva*	*. hu*
אחריהן	העלת	והרעת	הרקות	הפרות	ושבע	הוא
𐤀𐤇𐤓𐤉𐤄𐤍	𐤄𐤏𐤋𐤕	𐤅𐤄𐤓𐤏𐤕	𐤄𐤓𐤒𐤅𐤕	𐤄𐤐𐤓𐤅𐤕	𐤅𐤔𐤁𐤏	𐤄𐤅𐤀
tras-ellas	las-que-ascendían	y-las-malas	las-flacas	las-vacas	Y-siete	. él

790	711	387 | 947	378	60	400 | 960	372
שדף	רקק	שבל	שבע	הוא	שנה	שבע
שְׁדֻפוֹת	הָרֵקוֹת	הַשִּׁבֳּלִים	וְשֶׁבַע	הֵנָּה	שָׁנִים	שֶׁבַע
shdufot	*harekot*	*hashibolim*	*vesheva*	*henah*	*shanim*	*sheva*
שדפות	הרקות	השבלים	ושבע	הנה	שנים	שבע
𐤔𐤃𐤐𐤅𐤕	𐤄𐤓𐤒𐤅𐤕	𐤄𐤔𐤁𐤋𐤉𐤌	𐤅𐤔𐤁𐤏	𐤄𐤍𐤄	𐤔𐤍𐤉𐤌	𐤔𐤁𐤏
marchitas-de [hapax legomenon]	las-flacas	las-espigas	y-siete	ellas	años cambio	siete

41:28

211	12	272	360	372	31	159 | 719
דבר	הוא	רעב	שנה	שבע	היה	קדם
הַדָּבָר	הוּא	רָעָב׃	שְׁנֵי	שֶׁבַע	יִהְיוּ	הַקָּדִים
hadavar	*Hu*	*. ra'av*	*shney*	*sheva*	*yihyú*	*hakadim*
הדבר	הוא	רעב	שני	שבע	יהיו	הקדים
𐤄𐤃𐤁𐤓	𐤄𐤅𐤀	𐤓𐤏𐤁	𐤔𐤍𐤉	𐤔𐤁𐤏	𐤉𐤄𐤉𐤅	𐤄𐤒𐤃𐤉𐤌
la-palabra asunto; cosa	Él	. hambre	años-de otra-vez [dos]	siete	serán	el-solano [viento oriental/este]

375	91 | 651	501	355	31	616	501
עשה	אלהה	אשר	·	אלה	דבר	אשר
עֹשֶׂה	הָאֱלֹהִים	אֲשֶׁר	פַּרְעֹה	אֶל־	דִּבַּרְתִּי	אֲשֶׁר
oseh	*ha'elohim*	*asher*	*paroh*	*el*	*dibarti*	*asher*
עשה	האלהים	אשר	פרעה	אל	דברתי	אשר
𐤏𐤔𐤄	𐤄𐤀𐤋𐤄𐤉𐤌	𐤀𐤔𐤓	𐤐𐤓𐤏𐤄	𐤀𐤋	𐤃𐤁𐤓𐤕𐤉	𐤀𐤔𐤓
está-haciendo	ha'elohim Dios; dioses; magistrados	que	faraón	a hacia	he-hablado	que

41:29

409	400 | 960	372	60	355	401	211
בוא	שנה	שבע	הן	·	את	ראה
בָּאוֹת	שָׁנִים	שֶׁבַע	הִנֵּה	פַּרְעֹה׃	אֶת־	הֶרְאָה
ba'ot	*shanim*	*sheva*	*Hineh*	*. paroh*	*et*	*herah*
באות	שנים	שבע	הנה	פרעה	את	הראה
𐤁𐤀𐤅𐤕	𐤔𐤍𐤉𐤌	𐤔𐤁𐤏	𐤄𐤍𐤄	𐤐𐤓𐤏𐤄	𐤀𐤕	𐤄𐤓𐤀𐤄
están-viniendo	años cambio	siete	¡Mira! he-aquí	. faraón	··	mostró

41:30

372	152	380 | 940	291 | 1101	52	43	372
שבע	קום	צור	ארץ	כלל	גדל	שבע
שֶׁבַע	וְקָמוּ	מִצְרָיִם׃	אֶרֶץ	בְּכָל־	גָּדוֹל	שָׂבָע
sheva	*Vekamú*	*. Mitsráyim*	*érets*	*bejol*	*gadol*	*savá*
שבע	וקמו	מצרים	ארץ	בכל	גדול	שבע
𐤔𐤁𐤏	𐤅𐤒𐤌𐤅	𐤌𐤑𐤓𐤉𐤌	𐤀𐤓𐤑	𐤁𐤊𐤋	𐤂𐤃𐤅𐤋	𐤔𐤁𐤏
siete	Y-se-levantarán	. Mitsráyim	tierra-de [la seca]	en-toda	grande [escritura plena]	saciedad

293 | 1103	377	50	384	274 | 924	272	360
ארץ	שבע	כלל	שכח	אחר	רעב	שנה
בְּאֶרֶץ	הַשָּׂבָע	כָּל־	וְנִשְׁכַּח	אַחֲרֵיהֶן	רָעָב	שְׁנֵי
be'érets	*hasavá*	*kol*	*venishkaj*	*ajareyhén*	*ra'av*	*shney*
בארץ	השבע	כל	ונשכח	אחריהן	רעב	שני
𐤁𐤀𐤓𐤑	𐤄𐤔𐤁𐤏	𐤊𐤋	𐤅𐤍𐤔𐤊𐤇	𐤀𐤇𐤓𐤉𐤄𐤍	𐤓𐤏𐤁	𐤔𐤍𐤉
en-tierra-de [la seca]	la-saciedad	toda	y-se-olvidará	tras-ellas	hambre	años-de otra-vez [dos]

41:31

90	31	296 | 1106	401	277	61	380 | 940
ידע	לא	ארץ	את	רעב	כלה	צור
יִוָּדַע	וְלֹא־	הָאָרֶץ׃	אֶת־	הָרָעָב	וְכִלָּה	מִצְרַיִם
yivadá	*Veló*	*. ha'árets*	*et*	*hara'av*	*vejilah*	*Mitsráyim*
יודע	ולא	הארץ	את	הרעב	וכלה	מצרים
𐤉𐤅𐤃𐤏	𐤅𐤋𐤀	𐤄𐤀𐤓𐤑	𐤀𐤕	𐤄𐤓𐤏𐤁	𐤅𐤊𐤋𐤄	𐤌𐤑𐤓𐤉𐤌
se-conocerá	Y-no	. la-tierra [la seca]	..	el-hambre	y-consumirá	Mitsráyim

70 | 720	219	17	277	180	293 | 1103	377
כן	אחר	הוא	רעב	פנה	ארץ	שבע
כֵן	אַחֲרֵי־	הַהוּא	הָרָעָב	מִפְּנֵי	בָּאָרֶץ	הַשָּׂבָע
jen	*ajarey*	*hahú*	*hara'av*	*mipeney*	*ba'árets*	*hasavá*
כן	אחרי	ההוא	הרעב	מפני	בארץ	השבע
𐤊𐤍	𐤀𐤇𐤓𐤉	𐤄𐤄𐤅𐤀	𐤄𐤓𐤏𐤁	𐤌𐤐𐤍𐤉	𐤁𐤀𐤓𐤑	𐤄𐤔𐤁𐤏
eso enderezar; rectamente	después-de	el-aquel	el-hambre	de-las-faces-de presencia; superficie	en-la-tierra [la seca]	la-saciedad

41:32

89 | 649	761	106	45	12	26	30
חלם	שנה	עלה	מאד	הוא	כבד	כי
הַחֲלוֹם	הִשָּׁנוֹת	וְעַל	מְאֹד׃	הוּא	כָבֵד	כִּי־
hajalom	*hishanot*	*Ve'al*	*. me'od*	*hu*	*javed*	*ki*
החלום	השנות	ועל	מאד	הוא	כבד	כי
𐤄𐤇𐤋𐤅𐤌	𐤄𐤔𐤍𐤅𐤕	𐤅𐤏𐤋	𐤌𐤀𐤃	𐤄𐤅𐤀	𐤊𐤁𐤃	𐤊𐤉
el-sueño	ser-repetido	Y-sobre	. mucho fuerza; poder; vigor	él	pesado grave; severo	que porque

150 | 710	211	126 | 776	30	240 | 800	355	31
עם	דבר	כון	כי	פעם	·	אלה
מֵעִם	הַדָּבָר	נָכוֹן	כִּי־	פַּעֲמָיִם	פַּרְעֹה	אֶל־
me'im	*hadavar*	*najón*	*ki*	*pa'amáyim*	*paroh*	*el*
מעם	הדבר	נכון	כי	פעמים	פרעה	אל
𐤌𐤏𐤌	𐤄𐤃𐤁𐤓	𐤍𐤊𐤅𐤍	𐤊𐤉	𐤐𐤏𐤌𐤉𐤌	𐤐𐤓𐤏𐤄	𐤀𐤋
de-con	la-palabra asunto; cosa	está-firme	que porque	dos-veces	faraón	a hacia

41:33

355	211	481	806	91 | 651	291	91 | 651
·	ראה	עת	עשה	אלהה	מהר	אלהה
פַרְעֹה	יֵרֶא	וְעַתָּה	לַעֲשֹׂתוֹ׃	הָאֱלֹהִים	וּמְמַהֵר	הָאֱלֹהִים
faroh	*yeré*	*Ve'atah*	*. la'asotó*	*ha'elohim*	*umemaher*	*ha'elohim*
פרעה	ירא	ועתה	לעשתו	האלהים	וממהר	האלהים
𐤐𐤓𐤏𐤄	𐤉𐤓𐤀	𐤅𐤏𐤕𐤄	𐤋𐤏𐤔𐤕𐤅	𐤄𐤀𐤋𐤄𐤉𐤌	𐤅𐤌𐤌𐤄𐤓	𐤄𐤀𐤋𐤄𐤉𐤌
faraón	vea	Y-ahora en-este-tiempo	. para-su-hacer	*ha'elohim* Dios; dioses; magistrados	y-se-apresura	*ha'elohim* Dios; dioses; magistrados

380 | 940	291 | 1101	100	737	74 | 634	108 | 758	311
צור	ארץ	עלה	שית	חכם	בין	איש
מִצְרָיִם׃	אֶרֶץ	עַל־	וִישִׁיתֵהוּ	וְחָכָם	נָבוֹן	אִישׁ
. Mitsráyim	*érets*	*al*	*vishitehu*	*vejajam*	*navón*	*ish*
מצרים	ארץ	על	וישיתהו	וחכם	נבון	איש
𐤌𐤑𐤓𐤉𐤌	𐤀𐤓𐤑	𐤏𐤋	𐤅𐤉𐤔𐤉𐤕𐤄𐤅	𐤅𐤇𐤊𐤌	𐤍𐤁𐤅𐤍	𐤀𐤉𐤔
. Mitsráyim	tierra-de [la seca]	sobre	y-póngale	y-sabio	entendido	varón

41:34

354	296 | 1106	100	234 | 794	200	355	385
חמש	ארץ	עלה	פקד	פקד	·	עשה
וְחִמֵּשׁ	הָאָרֶץ	עַל־	פְּקִדִים	וְיַפְקֵד	פַרְעֹה	יַעֲשֶׂה
vejimesh	*ha'árets*	*al*	*pekidim*	*veyafked*	*faroh*	*Ya'aseh*
וחמש	הארץ	על	פקדים	ויפקד	פרעה	יעשה
𐤅𐤇𐤌𐤔	𐤄𐤀𐤓𐤑	𐤏𐤋	𐤐𐤒𐤃𐤉𐤌	𐤅𐤉𐤐𐤒𐤃	𐤐𐤓𐤏𐤄	𐤉𐤏𐤔𐤄
y-quintará	la-tierra [la seca]	sobre	encargados	y-encargará	faraón	Hará

41:35

214	377	360	374	380 | 940	291 | 1101	401
קבץ	שבע	שנה	שבע	צור	ארץ	את
וְיִקְבְּצוּ	הַשָּׂבָע׃	שְׁנֵי	בְּשֶׁבַע	מִצְרָיִם	אֶרֶץ	אֶת־
Veyikbetsú	*. hasavá*	*shney*	*besheva*	*Mitsráyim*	*érets*	*et*
ויקבצו	השבע	שני	בשבע	מצרים	ארץ	את
𐤅𐤉𐤒𐤁𐤑𐤅	𐤄𐤔𐤁𐤏	𐤔𐤍𐤉	𐤁𐤔𐤁𐤏	𐤌𐤑𐤓𐤉𐤌	𐤀𐤓𐤑	𐤀𐤕
Y-recogerán	. la-saciedad	años-de otra-vez [dos]	en-siete	Mitsráyim	tierra-de [la seca]	..

41	408	416	405 | 965	51	50	401
אלה	בוא	טוב	שנה	אכל	כלל	את
הָאֵלֶּה	הַבָּאֹת	הַטֹּבֹת	הַשָּׁנִים	אֹכֶל	כָּל־	אֶת־
ha'éleh	*haba'ot*	*hatovot*	*hashanim*	*ojel*	*kol*	*et*
האלה	הבאת	הטבת	השנים	אכל	כל	את
𐤄𐤀𐤋𐤄	𐤄𐤁𐤀𐤕	𐤄𐤈𐤁𐤕	𐤄𐤔𐤍𐤉𐤌	𐤀𐤊𐤋	𐤊𐤋	𐤀𐤕
los-estos	los-que-vienen	los-buenos bien; hermoso	los-años cambio	comida-de	toda	..

322 | 882	51	355	14	808	202	314
עיר	אכל	·	יד	תחת	ברר	צבר
בֶּעָרִים	אֹכֶל	פַּרְעֹה	יַד־	תַּחַת	בָּר	וְיִצְבְּרוּ־
be'arim	*ojel*	*paroh*	*yad*	*tájat*	*var*	*veyitsberú*
בערים	אכל	פרעה	יד	תחת	בר	ויצברו
𐤁𐤏𐤓𐤉𐤌	𐤀𐤊𐤋	𐤐𐤓𐤏𐤄	𐤉𐤃	𐤕𐤇𐤕	𐤁𐤓	𐤅𐤉𐤑𐤁𐤓𐤅
en-las-ciudades	comida	faraón	mano-de	bajo	grano	y-acumularán

41:36

360	402	321 | 1131	270 | 920	56	26	552
שנה	שבע	ארץ	פקד	אכל	היה	שמר
שְׁנֵי	לְשֶׁבַע	לָאָרֶץ	לְפִקָּדוֹן	הָאֹכֶל	וְהָיָה	וְשָׁמָרוּ׃
shney	*lesheva*	*la'árets*	*lefikadón*	*ha'ojel*	*Vehayah*	*. veshamarú*
שני	לשבע	לארץ	לפקדון	האכל	והיה	ושמרו
𐤔𐤍𐤉	𐤋𐤔𐤁𐤏	𐤋𐤀𐤓𐤑	𐤋𐤐𐤒𐤃𐤅𐤍	𐤄𐤀𐤊𐤋	𐤅𐤄𐤉𐤄	𐤅𐤔𐤌𐤓𐤅
años-de otra-vez [dos]	para-siete	para-la-tierra [la seca]	para-depósito [propiedad encargada]	la-comida	Y-será	. y-guardarán

1020	31	380 | 940	293 | 1103	475 | 1125	501	277
כרת	לא	צור	ארץ	היה	אשר	רעב
תִּכָּרֵת	וְלֹא־	מִצְרָיִם	בְּאֶרֶץ	תִּהְיֶיןָ	אֲשֶׁר	הָרָעָב
tikaret	*veló*	*Mitsráyim*	*be'érets*	*tihyeyna*	*asher*	*hara'av*
תכרת	ולא	מצרים	בארץ	תהיין	אשר	הרעב
𐤕𐤊𐤓𐤕	𐤅𐤋𐤀	𐤌𐤑𐤓𐤉𐤌	𐤁𐤀𐤓𐤑	𐤕𐤄𐤉𐤉𐤍	𐤀𐤔𐤓	𐤄𐤓𐤏𐤁
será-cortada	y-no	Mitsráyim	en-tierra-de [la seca]	habrá	que	el-hambre

41:37

148	355	142	211	37	274	296 | 1106
עין	·	עין	דבר	יטב	רעב	ארץ
וּבְעֵינֵי	פַּרְעֹה	בְּעֵינֵי	הַדָּבָר	וַיִּיטַב	בָּרָעָב׃	הָאָרֶץ
uve'eyney	*faroh*	*be'eyney*	*hadavar*	*Vayitav*	*. bara'av*	*ha'árets*
ובעיני	פרעה	בעיני	הדבר	וייטב	ברעב	הארץ
𐤅𐤁𐤏𐤉𐤍𐤉	𐤐𐤓𐤏𐤄	𐤁𐤏𐤉𐤍𐤉	𐤄𐤃𐤁𐤓	𐤅𐤉𐤉𐤈𐤁	𐤁𐤓𐤏𐤁	𐤄𐤀𐤓𐤑
y-en-ojos-de	faraón	en-ojos-de	la-palabra asunto; cosa	Y-pareció-bien	. con-el-hambre	la-tierra [la seca]

41:38

186	92	31	355	257	92	50
מצא	עבד	אלה	·	אמר	עבד	כלל
הֲנִמְצָא	עֲבָדָיו	אֶל־	פַּרְעֹה	וַיֹּאמֶר	עֲבָדָיו׃	כָּל־
hanimtsá	*avadav*	*el*	*paroh*	*Vayómer*	*. avadav*	*kol*
הנמצא	עבדיו	אל	פרעה	ויאמר	עבדיו	כל
𐤄𐤍𐤌𐤑𐤀	𐤏𐤁𐤃𐤉𐤅	𐤀𐤋	𐤐𐤓𐤏𐤄	𐤅𐤉𐤀𐤌𐤓	𐤏𐤁𐤃𐤉𐤅	𐤊𐤋
¿Acaso-encontraremos	sus-siervos	a hacia	faraón	Y-dijo	. sus-siervos	todos

41:39

257	8	86 | 646	214	501	311	32
אמר	הוא	אלהה	רוח	אשר	איש	זה
וַיֹּאמֶר	בּוֹ׃	אֱלֹהִים	רוּחַ	אֲשֶׁר	אִישׁ	כָּזֶה
Vayómer	*. bo*	*Elohim*	*rú'aj*	*asher*	*ish*	*jazeh*
ויאמר	בו	אלהים	רוח	אשר	איש	כזה
𐤅𐤉𐤀𐤌𐤓	𐤁𐤅	𐤀𐤋𐤄𐤉𐤌	𐤓𐤅𐤇	𐤀𐤔𐤓	𐤀𐤉𐤔	𐤊𐤆𐤄
Y-dijo	. en-él	*elohim* Dios; dioses; magistrados	espíritu-de aliento; viento	que	varón	como-éste

427 | 907	86 | 646	95	219	156 | 876	31	355
את	אלהה	ידע	אחר	יסף	אלה	·
אוֹתְךָ	אֱלֹהִים	הוֹדִיעַ	אַחֲרֵי	יוֹסֵף	אֶל־	פַּרְעֹה
otja	*Elohim*	*hodí'a*	*ajarey*	*Yosef*	*el*	*paroh*
אותך	אלהים	הודיע	אחרי	יוסף	אל	פרעה
𐤀𐤅𐤕𐤊	𐤀𐤋𐤄𐤉𐤌	𐤄𐤅𐤃𐤉𐤏	𐤀𐤇𐤓𐤉	𐤉𐤅𐤎𐤐	𐤀𐤋	𐤐𐤓𐤏𐤄
a-ti [escritura plena]	*elohim* Dios; dioses; magistrados	hacer-conocer	después-de	Yosef	a hacia	faraón

86 | 566	74 | 634	108 | 758	61 | 711	408	50	401
כמו	חכם	בין	אין	זה	כלל	את
כָּמוֹךָ׃	וְחָכָם	נָבוֹן	אֵין־	זֹאת	כָּל־	אֶת־
. kamoja	*vejajam*	*navón*	*eyn*	*zot*	*kol*	*et*
כמוך	וחכם	נבון	אין	זאת	כל	את
𐤊𐤌𐤅𐤊	𐤅𐤇𐤊𐤌	𐤍𐤁𐤅𐤍	𐤀𐤉𐤍	𐤆𐤀𐤕	𐤊𐤋	𐤀𐤕
. como-tú	y-sabio	entendido	no-hay	esto	todo	..

41:40

410	110 | 590	106	422	100	420	406
נשק	פאה	עלה	בנה	עלה	היה	את
יִשַּׁק	פִּיךָ	וְעַל־	בֵּיתִי	עַל־	תִּהְיֶה	אַתָּה
yishak	*pija*	*ve'al*	*beytí*	*al*	*tihyeh*	*Atah*
ישק	פיך	ועל	ביתי	על	תהיה	אתה
𐤉𐤔𐤒	𐤐𐤉𐤊	𐤅𐤏𐤋	𐤁𐤉𐤕𐤉	𐤏𐤋	𐤕𐤄𐤉𐤄	𐤀𐤕𐤄
se-ordenará	tu-boca	y-por	mi-casa	sobre	estarás	Tú

41:41

257	100 | 580	38	86	300	120	50
אמר	מן	גדל	כסה	רקק	עמם	כלל
וַיֹּאמֶר	מִמֶּךָּ׃	אֶגְדַּל	הַכִּסֵּא	רַק	עַמִּי	כָּל־
Vayómer	*. mimeka*	*egdal*	*hakisé*	*rak*	*amí*	*kol*
ויאמר	ממך	אגדל	הכסא	רק	עמי	כל
𐤅𐤉𐤀𐤌𐤓	𐤌𐤌𐤊	𐤀𐤂𐤃𐤋	𐤄𐤊𐤎𐤀	𐤓𐤒	𐤏𐤌𐤉	𐤊𐤋
Y-dijo	. de-ti	engrandeceré	el-trono	sólo	mi-pueblo	todo

100	421 | 901	860	206	156 | 876	31	355
עלה	את	נתן	ראה	יסף	אלה	·
עַל	אֹתְךָ	נָתַתִּי	רְאֵה	יוֹסֵף	אֶל־	פַּרְעֹה
al	*otja*	*natati*	*re'eh*	*Yosef*	*el*	*paroh*
על	אתך	נתתי	ראה	יוסף	אל	פרעה
𐤏𐤋	𐤀𐤕𐤊	𐤍𐤕𐤕𐤉	𐤓𐤀𐤄	𐤉𐤅𐤎𐤐	𐤀𐤋	𐤐𐤓𐤏𐤄
sobre	a-ti	he-puesto dar	mira	Yosef	a hacia	faraón

41:42

487	401	355	276	380 | 940	291 | 1101	50
טבע	את	·	סור	צור	ארץ	כלל
טַבַּעְתּוֹ	אֶת־	פַּרְעֹה	וַיָּסַר	מִצְרָיִם׃	אֶרֶץ	כָּל־
tabató	*et*	*paroh*	*Vayasar*	*. Mitsráyim*	*érets*	*kol*
טבעתו	את	פרעה	ויסר	מצרים	ארץ	כל
𐤈𐤁𐤏𐤕𐤅	𐤀𐤕	𐤐𐤓𐤏𐤄	𐤅𐤉𐤎𐤓	𐤌𐤑𐤓𐤉𐤌	𐤀𐤓𐤑	𐤊𐤋
su-sortija	..	faraón	Y-apartó	. Mitsráyim	tierra-de [la seca]	toda

156 | 876	14	100	406	466 | 1116	20	140
יסף	יד	עלה	את	נתן	יד	עלה
יוֹסֵף	יַד־	עַל־	אֹתָהּ	וַיִּתֵּן	יָדוֹ	מֵעַל
Yosef	*yad*	*al*	*otah*	*vayitén*	*yadó*	*me'al*
יוסף	יד	על	אתה	ויתן	ידו	מעל
𐤉𐤅𐤎𐤐	𐤉𐤃	𐤏𐤋	𐤀𐤕𐤄	𐤅𐤉𐤕𐤍	𐤉𐤃𐤅	𐤌𐤏𐤋
Yosef	mano-de	sobre	a-ella	y-dio	su-mano	de-sobre

19	206	356 | 916	600	19	407	348
זהב	רבד	שים	שש	בגד	את	לבש
הַזָּהָב	רְבִד	וַיָּשֶׂם	שֵׁשׁ	בִּגְדֵי־	אֹתוֹ	וַיַּלְבֵּשׁ
hazahav	*revid*	*vayásem*	*shesh*	*bigdey*	*otó*	*vayalbesh*
הזהב	רבד	וישם	שש	בגדי	אתו	וילבש
𐤄𐤆𐤄𐤁	𐤓𐤁𐤃	𐤅𐤉𐤔𐤌	𐤔𐤔	𐤁𐤂𐤃𐤉	𐤀𐤕𐤅	𐤅𐤉𐤋𐤁𐤔
el-oro	collar-de	y-puso [ubicación]	lino	ropas-de	a-él	y-vistió

41:43

501	400	664	407	238	303	100
אשר	שנה	רכב	את	רכב	צור	עלה
אֲשֶׁר־	הַמִּשְׁנֶה	בְּמִרְכֶּבֶת	אֹתוֹ	וַיַּרְכֵּב	צַוָּארוֹ׃	עַל־
asher	*hamishneh*	*bemirkévet*	*otó*	*Vayarkev*	*. tsavaró*	*al*
אשר	המשנה	במרכבת	אתו	וירכב	צוארו	על
𐤀𐤔𐤓	𐤄𐤌𐤔𐤍𐤄	𐤁𐤌𐤓𐤊𐤁𐤕	𐤀𐤕𐤅	𐤅𐤉𐤓𐤊𐤁	𐤑𐤅𐤀𐤓𐤅	𐤏𐤋
que	el-segundo	en-carruaje	a-él	E-hizo-montar	. su-cuello garganta	sobre

100	407	512	223 | 703	176	323	36
עלה	את	נתן	·	פנה	קרא	הוא
עַל	אֹתוֹ	וְנָתוֹן	אַבְרֵךְ	לְפָנָיו	וַיִּקְרְאוּ	לוֹ
al	*otó*	*venatón*	*avrej*	*lefanav*	*vayikre'ú*	*lo*
על	אתו	ונתון	אברך	לפניו	ויקראו	לו
𐤏𐤋	𐤀𐤕𐤅	𐤅𐤍𐤕𐤅𐤍	𐤀𐤁𐤓𐤊	𐤋𐤐𐤍𐤉𐤅	𐤅𐤉𐤒𐤓𐤀𐤅	𐤋𐤅
sobre	a-él	y-poner dar	*avrej* [hapax legomenon]	ante-él presencia; superficie	y-llamaron	para-él

41:44

156 | 876	31	355	257	380 | 940	291 | 1101	50
יסף	אלה	·	אמר	צור	ארץ	כלל
יוֹסֵף	אֶל־	פַּרְעֹה	וַיֹּאמֶר	מִצְרָיִם׃	אֶרֶץ	כָּל־
Yosef	*el*	*paroh*	*Vayómer*	*. Mitsráyim*	*érets*	*kol*
יוסף	אל	פרעה	ויאמר	מצרים	ארץ	כל
𐤉𐤅𐤎𐤐	𐤀𐤋	𐤐𐤓𐤏𐤄	𐤅𐤉𐤀𐤌𐤓	𐤌𐤑𐤓𐤉𐤌	𐤀𐤓𐤑	𐤊𐤋
Yosef	a hacia	faraón	Y-dijo	. Mitsráyim	tierra-de [la seca]	toda

401	311	260 | 820	31	142 | 622	355	61
את	איש	רום	לא	בל + עד	·	אנך
אֶת־	אִישׁ	יָרִים	לֹא־	וּבִלְעָדֶיךָ	פַּרְעֹה	אֲנִי
et	*ish*	*yarim*	*lo*	*uviladeyja*	*faroh*	*aní*
את	איש	ירים	לא	ובלעדיך	פרעה	אני
𐤀𐤕	𐤀𐤉𐤔	𐤉𐤓𐤉𐤌	𐤋𐤀	𐤅𐤁𐤋𐤏𐤃𐤉𐤊	𐤐𐤓𐤏𐤄	𐤀𐤍𐤉
··	varón	elevará	no	y-aparte-de-ti	faraón	yo

41:45

317	380 | 940	291 | 1101	52	239	407	20
קרא	צור	ארץ	כלל	רגל	את	יד
וַיִּקְרָא	מִצְרָיִם׃	אֶרֶץ	בְּכָל־	רַגְלוֹ	וְאֶת־	יָדוֹ
Vayikrá	*. Mitsráyim*	*érets*	*bejol*	*ragló*	*ve'et*	*yadó*
ויקרא	מצרים	ארץ	בכל	רגלו	ואת	ידו
𐤅𐤉𐤒𐤓𐤀	𐤌𐤑𐤓𐤉𐤌	𐤀𐤓𐤑	𐤁𐤊𐤋	𐤓𐤂𐤋𐤅	𐤅𐤀𐤕	𐤉𐤃𐤅
Y-llamó	. Mitsráyim	tierra-de [la seca]	en-toda	su-pie	y-···	su-mano

36	466 | 1116	208	620	156 | 876	340 | 900	355
הוא	נתן	·	·	יסף	שם	·
לוֹ	וַיִּתֶּן־	פַּעְנֵחַ	צָפְנַת	יוֹסֵף	שֵׁם־	פַרְעֹה
lo	*vayitén*	*Pané'aj*	*Tsafnat*	*Yosef*	*shem*	*faroh*
לו	ויתן	פענח	צפנת	יוסף	שם	פרעה
𐤋𐤅	𐤅𐤉𐤕𐤍	𐤐𐤏𐤍𐤇	𐤑𐤐𐤍𐤕	𐤉𐤅𐤎𐤐	𐤔𐤌	𐤐𐤓𐤏𐤄
a-él	y-dio	Pané'aj	Tsafnat	Yosef	nombre-de [ubicación]	faraón

51 | 701	75 | 725	350	105	402	511	401
·	כהן	·	·	בנה	·	את
אֹן	כֹּהֵן	פֶרַע	פּוֹטִי	בַּת־	אָסְנַת	אֶת־
On	*kohen*	*Fera*	*Poti*	*bat*	*Asnat*	*et*
אן	כהן	פרע	פוטי	בת	אסנת	את
𐤀𐤍	𐤊𐤄𐤍	𐤐𐤓𐤏	𐤐𐤅𐤈𐤉	𐤁𐤕	𐤀𐤎𐤍𐤕	𐤀𐤕
On	sacerdote-de	Fera	Poti	hija-de	Asnat	··

41:46

162 | 882	380 | 940	291 | 1101	100	156 | 876	107	336
יסף	צור	ארץ	עלה	יסף	יצא	איש
וְיוֹסֵ֣ף	מִצְרָֽיִם׃	אֶ֫רֶץ	עַל־	יוֹסֵף֙	וַיֵּצֵ֤א	לְאִשָּׁ֑ה
VeYosef	*. Mitsráyim*	*érets*	*al*	*Yosef*	*vayetse*	*le'ishah*
ויוסף	מצרים	ארץ	על	יוסף	ויצא	לאשה
𐤅𐤉𐤅𐤎𐤐	𐤌𐤑𐤓𐤉𐤌	𐤀𐤓𐤑	𐤏𐤋	𐤉𐤅𐤎𐤐	𐤅𐤉𐤑𐤀	𐤋𐤀𐤔𐤄
Y-Yosef	. Mitsráyim	tierra-de [la seca]	sobre	Yosef	y-salió	para-varona

90 | 570	355	170	122	355	680 | 1240	52 | 702
מלך	·	פנה	עמד	שנה	שלש	בנה
מֶ֣לֶךְ־	פַּרְעֹ֖ה	לִפְנֵי֙	בְּעָמְד֔וֹ	שָׁנָ֔ה	שְׁלֹשִׁ֣ים	בֶּן־
mélej	*paroh*	*lifney*	*be'omdó*	*shanah*	*shloshim*	*ben*
מלך	פרעה	לפני	בעמדו	שנה	שלשים	בן
𐤌𐤋𐤊	𐤐𐤓𐤏𐤄	𐤋𐤐𐤍𐤉	𐤁𐤏𐤌𐤃𐤅	𐤔𐤍𐤄	𐤔𐤋𐤔𐤉𐤌	𐤁𐤍
rey-de	faraón	ante presencia; superficie	en-su-estar [de pie]	año cambio	treinta	hijo-de edificador

52	288	355	210	156 | 876	107	380 | 940
כלל	עבר	·	פנה	יסף	יצא	צור
בְּכָל־	וַֽיַּעֲבֹ֖ר	פַרְעֹ֔ה	מִלִּפְנֵ֣י	יוֹסֵף֙	וַיֵּצֵ֤א	מִצְרָ֑יִם
bejol	*vayavor*	*faroh*	*milifney*	*Yosef*	*vayetse*	*Mitsráyim*
בכל	ויעבר	פרעה	מלפני	יוסף	ויצא	מצרים
𐤁𐤊𐤋	𐤅𐤉𐤏𐤁𐤓	𐤐𐤓𐤏𐤄	𐤌𐤋𐤐𐤍𐤉	𐤉𐤅𐤎𐤐	𐤅𐤉𐤑𐤀	𐤌𐤑𐤓𐤉𐤌
por-toda	y-cruzó	faraón	de-delante-de presencia; superficie	Yosef	y-salió	Mitsráyim

41:47

377	360	374	296 | 1106	776	380 | 940	291 | 1101
שבע	שנה	שבע	ארץ	עשה	צור	ארץ
הַשָּׂבָ֑ע	שְׁנֵ֣י	בְּשֶׁ֖בַע	הָאָ֔רֶץ	וַתַּ֣עַשׂ	מִצְרָֽיִם׃	אֶ֥רֶץ
hasavá	*shney*	*besheva*	*ha'árets*	*Vata'as*	*. Mitsráyim*	*érets*
השבע	שני	בשבע	הארץ	ותעש	מצרים	ארץ
𐤄𐤔𐤁𐤏	𐤔𐤍𐤉	𐤁𐤔𐤁𐤏	𐤄𐤀𐤓𐤑	𐤅𐤕𐤏𐤔	𐤌𐤑𐤓𐤉𐤌	𐤀𐤓𐤑
la-saciedad	años-de otra-vez [dos]	en-siete	la-tierra [la seca]	E-hizo	. Mitsráyim	tierra-de [la seca]

41:48

400 | 960	372	51	50	401	208 | 1018	310 | 870
שנה	שבע	אכל	כלל	את	קבץ	קמץ
שָׁנִ֗ים	שֶׁ֣בַע	אֹ֣כֶל	כָּל־	אֶת־	וַיִּקְבֹּ֞ץ	לִקְמָצִֽים׃
shanim	*sheva*	*ojel*	*kol*	*et*	*Vayikbots*	*. likmatsim*
שנים	שבע	אכל	כל	את	ויקבץ	לקמצים
𐤔𐤍𐤉𐤌	𐤔𐤁𐤏	𐤀𐤊𐤋	𐤊𐤋	𐤀𐤕	𐤅𐤉𐤒𐤁𐤑	𐤋𐤒𐤌𐤑𐤉𐤌
años cambio	siete	comida	toda	··	Y-recogió	. a-montones

322 | 882	51	466 | 1116	380 | 940	293 | 1103	21	501
עיר	אכל	נתן	צור	ארץ	היה	אשר
בֶּעָרִים	אֹכֶל	וַיִּתֶּן־	מִצְרַיִם	בְּאֶרֶץ	הָיוּ	אֲשֶׁר
be'arim	*ojel*	*vayitén*	*Mitsráyim*	*be'érets*	*hayú*	*asher*
בערים	אכל	ויתן	מצרים	בארץ	היו	אשר
𐤁𐤏𐤓𐤉𐤌	𐤀𐤊𐤋	𐤅𐤉𐤕𐤍	𐤌𐤑𐤓𐤉𐤌	𐤁𐤀𐤓𐤑	𐤄𐤉𐤅	𐤀𐤔𐤓
en-las-ciudades	comida	y-dio poner	Mitsráyim	en-tierra-de [la seca]	fueron	que

433	500 | 1150	489	501	285	309	51
תוך	נתן	סבב	אשר	עור	שדה	אכל
בְּתוֹכָהּ׃	נָתַן	סְבִיבֹתֶיהָ	אֲשֶׁר	הָעִיר	שְׂדֵה־	אֹכֶל
. betojah	*natán*	*svivoteyha*	*asher*	*ha'ir*	*sdeh*	*ojel*
בתוכה	נתן	סביבתיה	אשר	העיר	שדה	אכל
𐤁𐤕𐤅𐤊𐤄	𐤍𐤕𐤍	𐤎𐤁𐤉𐤁𐤕𐤉𐤄	𐤀𐤔𐤓	𐤄𐤏𐤉𐤓	𐤔𐤃𐤄	𐤀𐤊𐤋
. en-su-medio	dio poner	a-sus-alrededores	que	la-ciudad	campo-de	comida

41:49

45	212	55 | 615	64	202	156 | 876	308
מאד	רבה	ימם	חול	ברר	יסף	צבר
מְאֹד	הַרְבֵּה	הַיָּם	כְּחוֹל	בָּר	יוֹסֵף	וַיִּצְבֹּר
me'od	*harbeh*	*hayam*	*kejol*	*bar*	*Yosef*	*Vayitsbor*
מאד	הרבה	הים	כחול	בר	יוסף	ויצבר
𐤌𐤀𐤃	𐤄𐤓𐤁𐤄	𐤄𐤉𐤌	𐤊𐤇𐤅𐤋	𐤁𐤓	𐤉𐤅𐤎𐤐	𐤅𐤉𐤑𐤁𐤓
mucho fuerza; poder; vigor	hacer-aumentar crecer; multiplicar	el-mar	como-arena-de	grano	Yosef	Y-acumuló

380	61 | 711	30	370	42	30	74
ספר	אין	כי	ספר	חדל	כי	עדה
מִסְפָּר׃	אֵין	כִּי־	לִסְפֹּר	חָדַל	כִּי־	עַד
. mispar	*eyn*	*ki*	*lispor*	*jadal*	*ki*	*ad*
מספר	אין	כי	לספר	חדל	כי	עד
𐤌𐤎𐤐𐤓	𐤀𐤉𐤍	𐤊𐤉	𐤋𐤎𐤐𐤓	𐤇𐤃𐤋	𐤊𐤉	𐤏𐤃
. número	no-había	que porque	para-contar	cesó	que porque	hasta

41:50

750	409	251 | 811	102 | 662	360	44	187 | 907
שנה	בוא	טרם	בנה	שנה	ילד	יסף
שְׁנַת	תָּבוֹא	בְּטֶרֶם	בָנִים	שְׁנֵי	יֻלַּד	וּלְיוֹסֵף
shnat	*tavó*	*betérem*	*vanim*	*shney*	*yulad*	*UleYosef*
שנת	תבוא	בטרם	בנים	שני	ילד	וליוסף
𐤔𐤍𐤕	𐤕𐤁𐤅𐤀	𐤁𐤈𐤓𐤌	𐤁𐤍𐤉𐤌	𐤔𐤍𐤉	𐤉𐤋𐤃	𐤅𐤋𐤉𐤅𐤎𐤐
año-de	viniera	antes-que	hijos edificador	dos otra-vez [años]	fue-engendrado	Y-para-Yosef

105	402	511	36	49	501	277
·	בנה	·	הוא	ילד	אשר	רעב
פּוֹטִי	בַּת־	אָסְנַת	לוֹ	יָלְדָה־	אֲשֶׁר	הָרָעָב
Poti	*bat*	*Asnat*	*lo*	*yaldah*	*asher*	*hara'av*
פוטי	בת	אסנת	לו	ילדה	אשר	הרעב
פוטי	בת	אסנת	לו	ילדה	אשר	הרעב
Poti	hija-de	Asnat	para-él	engendró	que	el-hambre

41:51

340 | 900	401	156 | 876	317	51 | 701	75 | 725	350
שם	את	יסף	קרא	·	כהן	·
שֵׁם	אֶת־	יוֹסֵף	וַיִּקְרָא	אוֹן׃	כֹּהֵן	פֶּרַע
shem	*et*	*Yosef*	*Vayikrá*	*. On*	*kohen*	*Fera*
שם	את	יוסף	ויקרא	און	כהן	פרע
שם	את	יוסף	ויקרא	און	כהן	פרע
nombre-de [ubicación]	..	Yosef	Y-llamó	. On	sacerdote-de	Fera

50	401	86 | 646	410	30	395	227
כלל	את	אלהה	נשה	כי	נשה	בכר
כָּל־	אֶת־	אֱלֹהִים	נַשַּׁנִי	כִּי־	מְנַשֶּׁה	הַבְּכוֹר
kol	*et*	*Elohim*	*nashani*	*ki*	*Menasheh*	*habejor*
כל	את	אלהים	נשני	כי	מנשה	הבכור
כל	את	אלהים	נשני	כי	מנשה	הבכור
toda	..	*elohim* Dios; dioses; magistrados	me-hizo-olvidar	que porque	Menasheh	el-primogénito primicia

41:52

340 | 900	407	13	412	50	407	150
שם	את	אב	בנה	כלל	את	עמל
שֵׁם	וְאֵת	אָבִי׃	בֵּית	כָּל־	וְאֶת	עֲמָלִי
shem	*Ve'et*	*. aví*	*beyt*	*kol*	*ve'et*	*amalí*
שם	ואת	אבי	בית	כל	ואת	עמלי
שם	ואת	אבי	בית	כל	ואת	עמלי
nombre-de [ubicación]	Y-···	. mi-padre	casa-de	toda	y-···	mi-fatiga

293 | 1103	86 | 646	345	30	331 | 891	301	365
ארץ	אלהה	פרה	כי	פרה	קרא	שנה
בְּאֶרֶץ	אֱלֹהִים	הִפְרַנִי	כִּי־	אֶפְרָיִם	קָרָא	הַשֵּׁנִי
be'érets	*Elohim*	*hifrani*	*ki*	*Efráyim*	*kará*	*hashení*
בארץ	אלהים	הפרני	כי	אפרים	קרא	השני
בארץ	אלהים	הפרני	כי	אפרים	קרא	השני
en-tierra-de [la seca]	*elohim* Dios; dioses; magistrados	me-hizo-fructífero	que porque	Efráyim	llamó	el-segundo otra-vez

41:53

20	501	377	360	372	521	140
היה	אשר	שבע	שנה	שבע	כלה	ענה
הָיָה	אֲשֶׁר	הַשָּׂבָע	שְׁנֵי	שֶׁבַע	וַתִּכְלֶינָה	עָנְיִי׃
hayah	*asher*	*hasavá*	*shney*	*sheva*	*Vatijleynah*	*. onyí*
היה	אשר	השבע	שני	שבע	ותכלינה	עניי
היה	אשר	השבע	שני	שבע	ותכלינה	עניי
fue	que	la-saciedad	años-de otra-vez [dos]	siete	Y-se-acabaron	. mi-aflicción

41:54

39	277	360	372	509	380 | 940	293 | 1103
בוא	רעב	שנה	שבע	חלל	צור	ארץ
לָבוֹא	הָרָעָב	שְׁנֵי	שֶׁבַע	וַתְּחִלֶּינָה	מִצְרָיִם׃	בְּאֶרֶץ
lavó	*hara'av*	*shney*	*sheva*	*Vatejileynah*	*. Mitsráyim*	*be'érets*
לבוא	הרעב	שני	שבע	ותחלינה	מצרים	בארץ
לבוא	הרעב	שני	שבע	ותחלינה	מצרים	בארץ
a-venir	el-hambre	años-de otra-vez [dos]	siete	Y-comenzaron [profanar]	. Mitsráyim	en-tierra-de [la seca]

702	52	272	31	156 | 876	241	521
ארץ	כלל	רעב	היה	יסף	אמר	אשר
הָאֲרָצוֹת	בְּכָל־	רָעָב	וַיְהִי	יוֹסֵף	אָמַר	כַּאֲשֶׁר
ha'aratsot	*bejol*	*ra'av*	*vayehí*	*Yosef*	*amar*	*ka'asher*
הארצות	בכל	רעב	ויהי	יוסף	אמר	כאשר
הארצות	בכל	רעב	ויהי	יוסף	אמר	כאשר
las-tierras	en-todas	hambre	y-fue	Yosef	dijo	como según

41:55

50	678	78 | 638	20	380 | 940	291 | 1101	58
כלל	רעב	לחם	היה	צור	ארץ	כלל
כָּל־	וַתִּרְעַב	לָחֶם׃	הָיָה	מִצְרַיִם	אֶרֶץ	וּבְכָל־
kol	*Vatirav*	*. lájem*	*hayah*	*Mitsráyim*	*érets*	*uvejol*
כל	ותרעב	לחם	היה	מצרים	ארץ	ובכל
כל	ותרעב	לחם	היה	מצרים	ארץ	ובכל
toda	Y-tuvo-hambre	. pan [alimento básico]	era	Mitsráyim	tierra-de [la seca]	y-en-toda

108 | 668	355	31	115 | 675	276	380 | 940	291 | 1101
לחם	·	אלה	עמם	צעק	צור	ארץ
לַלָּחֶם	פַּרְעֹה	אֶל־	הָעָם	וַיִּצְעַק	מִצְרַיִם	אֶרֶץ
lalájem	*paroh*	*el*	*ha'am*	*vayitsak*	*Mitsráyim*	*érets*
ללחם	פרעה	אל	העם	ויצעק	מצרים	ארץ
ללחם	פרעה	אל	העם	ויצעק	מצרים	ארץ
para-pan [alimento básico]	faraón	a hacia	el-pueblo	y-clamó gritar	Mitsráyim	tierra-de [la seca]

156 | 876	31	56	380 | 940	80	355	257
יסף	אלה	הלך	צור	כלל	·	אמר
יוֹסֵף	אֶל־	לְכוּ	מִצְרַיִם	לְכָל־	פַּרְעֹה	וַיֹּאמֶר
Yosef	*el*	*lejú*	*Mitsráyim*	*lejol*	*paroh*	*vayómer*
יוסף	אל	לכו	מצרים	לכל	פרעה	ויאמר
𐤉𐤅𐤎𐤐	𐤀𐤋	𐤋𐤊𐤅	𐤌𐤑𐤓𐤉𐤌	𐤋𐤊𐤋	𐤐𐤓𐤏𐤄	𐤅𐤉𐤀𐤌𐤓
Yosef	a hacia	andad	Mitsráyim	a-todo	faraón	y-dijo

41:56

100	20	283	776	90 | 650	251	501
עלה	היה	רעב	עשה	·	אמר	אשר
עַל	הָיָה	וְהָרָעָב	תַּעֲשׂוּ׃	לָכֶם	יֹאמַר	אֲשֶׁר־
al	*hayah*	*Vehara'av*	*. ta'asú*	*lajem*	*yomar*	*asher*
על	היה	והרעב	תעשו	לכם	יאמר	אשר
𐤏𐤋	𐤄𐤉𐤄	𐤅𐤄𐤓𐤏𐤁	𐤕𐤏𐤔𐤅	𐤋𐤊𐤌	𐤉𐤀𐤌𐤓	𐤀𐤔𐤓
sobre	fue	Y-el-hambre	. haréis	a-vosotros	dirá	que

50	401	156 | 876	504	296 | 1106	140	50
כלל	את	יסף	פתח	ארץ	פנה	כלל
כָּל־	אֶת־	יוֹסֵף	וַיִּפְתַּח	הָאָרֶץ	פְּנֵי	כָּל־
kol	*et*	*Yosef*	*vayiftaj*	*ha'árets*	*peney*	*kol*
כל	את	יוסף	ויפתח	הארץ	פני	כל
𐤊𐤋	𐤀𐤕	𐤉𐤅𐤎𐤐	𐤅𐤉𐤐𐤕𐤇	𐤄𐤀𐤓𐤑	𐤐𐤍𐤉	𐤊𐤋
todo	..	Yosef	y-abrió	la-tierra [la seca]	faces-de presencia; superficie	todas

293 | 1103	277	131	410 | 970	518	47 | 607	501
ארץ	רעב	חזק	צור	שבר	הם	אשר
בְּאֶרֶץ	הָרָעָב	וַיֶּחֱזַק	לְמִצְרַיִם	וַיִּשְׁבֹּר	בָּהֶם	אֲשֶׁר
be'érets	*hara'av*	*vayejezak*	*leMitsráyim*	*vayishbor*	*bahem*	*asher*
בארץ	הרעב	ויחזק	למצרים	וישבר	בהם	אשר
𐤁𐤀𐤓𐤑	𐤄𐤓𐤏𐤁	𐤅𐤉𐤇𐤆𐤒	𐤋𐤌𐤑𐤓𐤉𐤌	𐤅𐤉𐤔𐤁𐤓	𐤁𐤄𐤌	𐤀𐤔𐤓
en-tierra-de [la seca]	el-hambre	y-se-fortaleció	a-Mitsráyim	y-vendió [grano]	en-ellos	que

41:57

31	532	385	9	296 | 1106	56	380 | 940
אלה	שבר	צור	בוא	ארץ	כלל	צור
אֶל־	לִשְׁבֹּר	מִצְרַיְמָה	בָּאוּ	הָאָרֶץ	וְכָל־	מִצְרָיִם׃
el	*lishbor*	*Mitsráymah*	*ba'u*	*ha'árets*	*Vejol*	*. Mitsráyim*
אל	לשבר	מצרימה	באו	הארץ	וכל	מצרים
𐤀𐤋	𐤋𐤔𐤁𐤓	𐤌𐤑𐤓𐤉𐤌𐤄	𐤁𐤀𐤅	𐤄𐤀𐤓𐤑	𐤅𐤊𐤋	𐤌𐤑𐤓𐤉𐤌
a hacia	para-comprar [grano]	a-Mitsráyim	vinieron	la-tierra [la seca]	Y-toda	. Mitsráyim

296 | 1106	52	277	115	30	156 | 876
ארץ	כלל	רעב	חזק	כי	יסף
הָאָֽרֶץ׃	בְּכָל־	הָרָעָב	חָזַק	כִּי־	יוֹסֵף
. ha'árets	*bejol*	*hara'av*	*jazak*	*ki*	*Yosef*
הארץ	בכל	הרעב	חזק	כי	יוסף
𐤄𐤀𐤓𐤑	𐤁𐤊𐤋	𐤄𐤓𐤏𐤁	𐤇𐤆𐤒	𐤊𐤉	𐤉𐤅𐤎𐤐
. la-tierra [la seca]	en-toda	el-hambre	se-fortaleció	que porque	Yosef

Total de palabras hebreas: 776.
Total de consonantes hebreas: 2971.
Consonantes ausentes: -

42:1

257	382 | 942	502	310	30	182	217
אמר	צור	שבר	יש	כי	עקב	ראה
וַיֹּאמֶר	בְּמִצְרָיִם	שֶׁבֶר	יֶשׁ־	כִּי	יַעֲקֹב	וַיַּרְא
vayómer	*beMitsráyim*	*shéver*	*yesh*	*ki*	*Ya'akov*	*Vayar*
ויאמר	במצרים	שבר	יש	כי	יעקב	וירא
𐤅𐤉𐤀𐤌𐤓	𐤁𐤌𐤑𐤓𐤉𐤌	𐤔𐤁𐤓	𐤉𐤔	𐤊𐤉	𐤉𐤏𐤒𐤁	𐤅𐤉𐤓𐤀
y-dijo	en-Mitsráyim	provisión [grano]	hay	que porque	Ya'akov	Y-vio

42:2

820	60	257	1007	75	98	182
שמע	הן	אמר	ראה	מה	בנה	עקב
שָׁמַעְתִּי	הִנֵּה	וַיֹּאמֶר	תִּתְרָאוּ׃	לָמָּה	לְבָנָיו	יַעֲקֹב
shamati	*hineh*	*Vayómer*	*. titra'ú*	*lámah*	*levanav*	*Ya'akov*
שמעתי	הנה	ויאמר	תתראו	למה	לבניו	יעקב
𐤔𐤌𐤏𐤕𐤉	𐤄𐤍𐤄	𐤅𐤉𐤀𐤌𐤓	𐤕𐤕𐤓𐤀𐤅	𐤋𐤌𐤄	𐤋𐤁𐤍𐤉𐤅	𐤉𐤏𐤒𐤁
oí	¡Mira! he-aquí	Y-dijo	. os-miráis	¿Por-qué	a-sus-hijos	Ya'akov

514	345	210	382 | 942	502	310	30
שבר	שם	ירד	צור	שבר	יש	כי
וְשִׁבְרוּ־	שָׁמָּה	רְדוּ־	בְּמִצְרָיִם	שֶׁבֶר	יֶשׁ־	כִּי
veshivrú	*shamah*	*redú*	*beMitsráyim*	*shéver*	*yesh*	*ki*
ושברו	שמה	רדו	במצרים	שבר	יש	כי
𐤅𐤔𐤁𐤓𐤅	𐤔𐤌𐤄	𐤓𐤃𐤅	𐤁𐤌𐤑𐤓𐤉𐤌	𐤔𐤁𐤓	𐤉𐤔	𐤊𐤉
y-comprad [grano]	allí [ubicación]	descended	en-Mitsráyim	provisión [grano]	hay	que porque

42:3

19	226	496	37	79	380 | 940	86
אח	ירד	מות	לא	חיה	שם	·
אֲחֵי־	וַיֵּרְדוּ	נָמוּת׃	וְלֹא	וְנִחְיֶה	מִשָּׁם	לָנוּ
ajey	*Vayerdú*	*. namut*	*veló*	*venijyeh*	*misham*	*lanu*
אחי	וירדו	נמות	ולא	ונחיה	משם	לנו
𐤀𐤇𐤉	𐤅𐤉𐤓𐤃𐤅	𐤍𐤌𐤅𐤕	𐤅𐤋𐤀	𐤅𐤍𐤇𐤉𐤄	𐤌𐤔𐤌	𐤋𐤍𐤅
hermanos-de	Y-descendieron	. moriremos	y-no	y-viviremos	de-allí [ubicación]	para-nosotros

42:4

162 | 812	407	420 | 980	202	532	575	156 | 876
בנה + ימן	את	צור	ברר	שבר	עשר	יסף
בִּנְיָמִין	וְאֶת־	מִמִּצְרָיִם׃	בָּר	לִשְׁבֹּר	עֲשָׂרָה	יוֹסֵף
Binyamín	*Ve'et*	*. miMitsráyim*	*bar*	*lishbor*	*asarah*	*Yosef*
בנימין	ואת	ממצרים	בר	לשבר	עשרה	יוסף
𐤁𐤍𐤉𐤌𐤉𐤍	𐤅𐤀𐤕	𐤌𐤌𐤑𐤓𐤉𐤌	𐤁𐤓	𐤋𐤔𐤁𐤓	𐤏𐤔𐤓𐤄	𐤉𐤅𐤎𐤐
Binyamín	Y-···	. de-Mitsráyim	grano	para-comprar [grano]	diez	Yosef

25	401	182	338	31	156 | 876	19
אח	את	עקב	שלח	לא	יסף	אח
אֶחָיו	אֶת־	יַעֲקֹב	שָׁלַח	לֹא־	יוֹסֵף	אֲחִי
ejav	*et*	*Ya'akov*	*shalaj*	*lo*	*Yosef*	*ají*
אחיו	את	יעקב	שלח	לא	יוסף	אחי
𐤀𐤇𐤉𐤅	𐤀𐤕	𐤉𐤏𐤒𐤁	𐤔𐤋𐤇	𐤋𐤀	𐤉𐤅𐤎𐤐	𐤀𐤇𐤉
sus-hermanos	..	Ya'akov	envió	no	Yosef	hermano-de

42:5

62	25	117 | 767	367	130 | 780	241	30
בנה	בוא	אסן	קרא	פן	אמר	כי
בְּנֵי	וַיָּבֹאוּ	אָסוֹן׃	יִקְרָאֶנּוּ	פֶּן־	אָמַר	כִּי
beney	*Vayavó'u*	*. asón*	*yikra'enu*	*pen*	*amar*	*ki*
בני	ויבאו	אסון	יקראנו	פן	אמר	כי
𐤁𐤍𐤉	𐤅𐤉𐤁𐤀𐤅	𐤀𐤎𐤅𐤍	𐤉𐤒𐤓𐤀𐤍𐤅	𐤐𐤍	𐤀𐤌𐤓	𐤊𐤉
hijos-de edificador	Y-vinieron	. accidente [mortal]	le-suceda	no-sea-que quizá	dijo	que porque

277	20	30	58 | 618	428 | 908	532	541
רעב	היה	כי	בוא	תוך	שבר	שרה + אל
הָרָעָב	הָיָה	כִּי־	הַבָּאִים	בְּתוֹךְ	לִשְׁבֹּר	יִשְׂרָאֵל
hara'av	*hayah*	*ki*	*haba'im*	*betoj*	*lishbor*	*Yisra'El*
הרעב	היה	כי	הבאים	בתוך	לשבר	ישראל
𐤄𐤓𐤏𐤁	𐤄𐤉𐤄	𐤊𐤉	𐤄𐤁𐤀𐤉𐤌	𐤁𐤕𐤅𐤊	𐤋𐤔𐤁𐤓	𐤉𐤔𐤓𐤀𐤋
el-hambre	fue	que porque	los-que-vinieron	en-medio-de	para-comprar [grano]	Yisra'El

42:6

296 | 1106	100	354	12	162 | 882	190 | 840	293 | 1103
ארץ	עלה	שלט	הוא	יסף	כנע	ארץ
הָאָרֶץ	עַל־	הַשַּׁלִּיט	הוּא	וְיוֹסֵף	כְּנָעַן׃	בְּאֶרֶץ
ha'árets	*al*	*hashalit*	*hu*	*VeYosef*	*. Kena'an*	*be'érets*
הארץ	על	השליט	הוא	ויוסף	כנען	בארץ
𐤄𐤀𐤓𐤑	𐤏𐤋	𐤄𐤔𐤋𐤉𐤈	𐤄𐤅𐤀	𐤅𐤉𐤅𐤎𐤐	𐤊𐤍𐤏𐤍	𐤁𐤀𐤓𐤑
la-tierra [la seca]	sobre	el-gobernador	él	Y-Yosef	. Kena'an	en-tierra-de [la seca]

19	25	296 | 1106	110 | 670	80	557	12
אח	בוא	ארץ	עמם	כלל	שבר	הוא
אֲחֵי	וַיָּבֹאוּ	הָאָרֶץ	עַם	לְכָל־	הַמַּשְׁבִּיר	הוּא
ajey	*vayavó'u*	*ha'árets*	*am*	*lejol*	*hamashbir*	*hu*
אחי	ויבאו	הארץ	עם	לכל	המשביר	הוא
𐤀𐤇𐤉	𐤅𐤉𐤁𐤀𐤅	𐤄𐤀𐤓𐤑	𐤏𐤌	𐤋𐤊𐤋	𐤄𐤌𐤔𐤁𐤉𐤓	𐤄𐤅𐤀
hermanos-de	y-vinieron	la-tierra [la seca]	pueblo-de	para-todo	el-vendedor [grano]	él

42:7

156 | 876	217	296	131 | 691	36	736	156 | 876
יסף	ראה	ארץ	אנף	הוא	שחה	יסף
יוֹסֵף	וַיַּרְא	אָרְצָה׃	אַפַּיִם	לוֹ	וַיִּשְׁתַּחֲווּ־	יוֹסֵף
Yosef	*Vayar*	*. artsah*	*apáyim*	*lo*	*vayishtajavú*	*Yosef*
יוסף	וירא	ארצה	אפים	לו	וישתחוו	יוסף
𐤉𐤅𐤎𐤐	𐤅𐤉𐤓𐤀	𐤀𐤓𐤑𐤄	𐤀𐤐𐤉𐤌	𐤋𐤅	𐤅𐤉𐤔𐤕𐤇𐤅𐤅	𐤉𐤅𐤎𐤐
Yosef	Y-vio	. a-tierra [la seca]	narices	a-él	y-se-postraron	Yosef

441 | 1001	222	86 | 646	686	276 | 836	25	401
את	דבר	אלה	נכר	נכר	אח	את
אִתָּם	וַיְדַבֵּר	אֲלֵיהֶם	וַיִּתְנַכֵּר	וַיַּכִּרֵם	אֶחָיו	אֶת־
itam	*vayedaber*	*aleyhem*	*vayitnaker*	*vayakirem*	*ejav*	*et*
אתם	וידבר	אליהם	ויתנכר	ויכרם	אחיו	את
𐤀𐤕𐤌	𐤅𐤉𐤃𐤁𐤓	𐤀𐤋𐤉𐤄𐤌	𐤅𐤉𐤕𐤍𐤊𐤓	𐤅𐤉𐤊𐤓𐤌	𐤀𐤇𐤉𐤅	𐤀𐤕
con-ellos	y-habló	para-ellos	y-se-hizo-extraño [irreconocible]	y-les-reconoció	sus-hermanos	..

331 | 1141	263	443 | 1003	101 | 751	76 | 636	257	806
ארץ	אמר	בוא	אין	אלה	אמר	קשה
מֵאֶרֶץ	וַיֹּאמְרוּ	בָּאתֶם	מֵאַיִן	אֲלֵהֶם	וַיֹּאמֶר	קָשׁוֹת
me'érets	*vayomrú*	*batem*	*me'ayin*	*aléhem*	*vayómer*	*kashot*
מארץ	ויאמרו	באתם	מאין	אלהם	ויאמר	קשות
𐤌𐤀𐤓𐤑	𐤅𐤉𐤀𐤌𐤓𐤅	𐤁𐤀𐤕𐤌	𐤌𐤀𐤉𐤍	𐤀𐤋𐤄𐤌	𐤅𐤉𐤀𐤌𐤓	𐤒𐤔𐤅𐤕
de-tierra-de [la seca]	y-dijeron	venís	¿De-dónde	a-ellos	y-dijo	durezas

42:8

25	401	156 | 876	236	51	532	190 | 840
אח	את	יסף	נכר	אכל	שבר	כנע
אֶחָיו	אֶת־	יוֹסֵף	וַיַּכֵּר	אֹכֶל׃	לִשְׁבָּר־	כְּנַעַן
ejav	*et*	*Yosef*	*Vayáker*	*. ojel*	*lishbor*	*Kena'an*
אחיו	את	יוסף	ויכר	אכל	לשבר	כנען
𐤀𐤇𐤉𐤅	𐤀𐤕	𐤉𐤅𐤎𐤐	𐤅𐤉𐤊𐤓	𐤀𐤊𐤋	𐤋𐤔𐤁𐤓	𐤊𐤍𐤏𐤍
sus-hermanos	..	Yosef	Y-reconoció	. comida	para-comprar [grano]	Kena'an

42:9

489	401	156 | 876	243	236	31	51 | 611
חלם	את	יסף	זכר	נכר	לא	הוא
הַחֲלֹמוֹת	אֵת	יוֹסֵף	וַיִּזְכֹּר	הִכִּרֻהוּ׃	לֹא	וְהֵם
hajalomot	*et*	*Yosef*	*Vayizkor*	*. hikiruhu*	*lo*	*vehem*
החלמות	את	יוסף	ויזכר	הכרהו	לא	והם
𐤄𐤇𐤋𐤌𐤅𐤕	𐤀𐤕	𐤉𐤅𐤎𐤐	𐤅𐤉𐤆𐤊𐤓	𐤄𐤊𐤓𐤄𐤅	𐤋𐤀	𐤅𐤄𐤌
los-sueños	..	Yosef	Y-recordó	. le-reconocieron	no	y-ellos

441 | 1001	323 | 883	76 | 636	257	75 | 635	78 | 638	501
את	רגל	אלה	אמר	הוא	חלם	אשר
אַתֶּם	מְרַגְּלִים	אֲלֵהֶם	וַיֹּאמֶר	לָהֶם	חָלָם	אֲשֶׁר
atem	*meragelim*	*aléhem*	*vayómer*	*lahem*	*jalam*	*asher*
אתם	מרגלים	אלהם	ויאמר	להם	חלם	אשר
𐤀𐤕𐤌	𐤌𐤓𐤂𐤋𐤉𐤌	𐤀𐤋𐤄𐤌	𐤅𐤉𐤀𐤌𐤓	𐤋𐤄𐤌	𐤇𐤋𐤌	𐤀𐤔𐤓
vosotros	espías	a-ellos	y-dijo	a-ellos	soñó	que

42:10

47	263	443 | 1003	296 | 1106	676	401	637
אלה	אמר	בוא	ארץ	ערה	את	ראה
אֵלָיו	וַיֹּאמְרוּ	בָּאתֶם׃	הָאָרֶץ	עֶרְוַת	אֶת־	לִרְאוֹת
elav	*Vayomrú*	*. batem*	*ha'árets*	*ervat*	*et*	*lirot*
אליו	ויאמרו	באתם	הארץ	ערות	את	לראות
𐤀𐤋𐤉𐤅	𐤅𐤉𐤀𐤌𐤓𐤅	𐤁𐤀𐤕𐤌	𐤄𐤀𐤓𐤑	𐤏𐤓𐤅𐤕	𐤀𐤕	𐤋𐤓𐤀𐤅𐤕
a-él	Y-dijeron	. venís	la-tierra [la seca]	desnudez-de	..	para-ver

42:11

106	51	532	9	112 | 592	65	31
כלל	אכל	שבר	בוא	עבד	אדן	לא
כֻּלָּנוּ	אֹכֶל׃	לִשְׁבָּר־	בָּאוּ	וַעֲבָדֶיךָ	אֲדֹנִי	לֹא
Kulanu	*. ojel*	*lishbor*	*ba'u*	*va'avadeyja*	*adoní*	*lo*
כלנו	אכל	לשבר	באו	ועבדיך	אדני	לא
𐤊𐤋𐤍𐤅	𐤀𐤊𐤋	𐤋𐤔𐤁𐤓	𐤁𐤀𐤅	𐤅𐤏𐤁𐤃𐤉𐤊	𐤀𐤃𐤍𐤉	𐤋𐤀
Todos-nosotros	. comida	para-comprar [grano]	vinieron	y-tus-siervos	mi-señor	no

31	115	120 | 680	114	13	311	62
לא	אנך	כן	אנך	אחד	איש	בנה
לֹא־	אֲנַחְנוּ	כֵּנִים	נַחְנוּ	אֶחָד	אִישׁ־	בְּנֵי
lo	*anajnu*	*kenim*	*najnu*	*ejad*	*ish*	*beney*
לא	אנחנו	כנים	נחנו	אחד	איש	בני
𐤋𐤀	𐤀𐤍𐤇𐤍𐤅	𐤊𐤍𐤉𐤌	𐤍𐤇𐤍𐤅	𐤀𐤇𐤃	𐤀𐤉𐤔	𐤁𐤍𐤉
no	nosotros	rectos honrado	nosotros	uno único; unido	varón	hijos-de edificador

42:12

30	31	76 | 636	257	323 | 883	106 | 586	27
כי	לא	אלה	אמר	רגל	עבד	היה
כִּי־	לֹא	אֲלֵהֶם	וַיֹּאמֶר	מְרַגְּלִים׃	עֲבָדֶיךָ	הָיוּ
ki	*lo*	*aléhem*	*Vayómer*	*. meragelim*	*avadeyja*	*hayú*
כי	לא	אלהם	ויאמר	מרגלים	עבדיך	היו
𐤊𐤉	𐤋𐤀	𐤀𐤋𐤄𐤌	𐤅𐤉𐤀𐤌𐤓	𐤌𐤓𐤂𐤋𐤉𐤌	𐤏𐤁𐤃𐤉𐤊	𐤄𐤉𐤅
que porque	no	a-ellos	Y-dijo	. espías	tus-siervos	son

42:13

570	400 | 960	263	637	443 | 1003	296 | 1106	676
עשר	שנה	אמר	ראה	בוא	ארץ	ערה
עָשָׂר	שְׁנֵים	וַיֹּאמְרוּ	לִרְאוֹת׃	בָּאתֶם	הָאָרֶץ	עֶרְוַת
asar	*shneym*	*Vayomrú*	*. lirot*	*batem*	*ha'árets*	*ervat*
עשר	שנים	ויאמרו	לראות	באתם	הארץ	ערות
𐤏𐤔𐤓	𐤔𐤍𐤉𐤌	𐤅𐤉𐤀𐤌𐤓𐤅	𐤋𐤓𐤀𐤅𐤕	𐤁𐤀𐤕𐤌	𐤄𐤀𐤓𐤑	𐤏𐤓𐤅𐤕
diez	dos	Y-dijeron	. para-ver	venís	la-tierra [la seca]	desnudez-de

293 | 1103	13	311	62	115	59 | 619	106 | 586
ארץ	אחד	איש	בנה	אנך	אח	עבד
בְּאֶרֶץ	אֶחָד	אִישׁ־	בְּנֵי	אֲנַחְנוּ	אַחִים	עֲבָדֶיךָ
be'érets	*ejad*	*ish*	*beney*	*anajnu*	*ajim*	*avadeyja*
בארץ	אחד	איש	בני	אנחנו	אחים	עבדיך
𐤁𐤀𐤓𐤑	𐤀𐤇𐤃	𐤀𐤉𐤔	𐤁𐤍𐤉	𐤀𐤍𐤇𐤍𐤅	𐤀𐤇𐤉𐤌	𐤏𐤁𐤃𐤉𐤊
en-tierra-de [la seca]	uno único; unido	varón	hijos-de edificador	nosotros	hermanos	tus-siervos

24	61 | 621	69	401	164 | 814	66	190 | 840
אחד	יום	אב	את	קטן	הן	כנע
וְהָאֶחָד	הַיּוֹם	אָבִינוּ	אֶת־	הַקָּטֹן	וְהִנֵּה	כְּנָעַן
veha'ejad	*hayom*	*avinu*	*et*	*hakatón*	*vehineh*	*Kena'an*
והאחד	היום	אבינו	את	הקטן	והנה	כנען
𐤅𐤄𐤀𐤇𐤃	𐤄𐤉𐤅𐤌	𐤀𐤁𐤉𐤍𐤅	𐤀𐤕	𐤄𐤒𐤈𐤍	𐤅𐤄𐤍𐤄	𐤊𐤍𐤏𐤍
y-el-uno único; unido	hoy día; tiempo [la luz]	nuestro-padre	..	el-pequeño [no merecer; disminuir]	y-¡Mira! he-aquí	Kena'an

42:14

616	501	12	156 | 876	76 | 636	257	117
דבר	אשר	הוא	יסף	אלה	אמר	אין
דִּבַּרְתִּי	אֲשֶׁר	הוּא	יוֹסֵף	אֲלֵהֶם	וַיֹּאמֶר	אֵינֶנּוּ׃
dibarti	*asher*	*hu*	*Yosef*	*aléhem*	*Vayómer*	*. eynenu*
דברתי	אשר	הוא	יוסף	אלהם	ויאמר	איננו
𐤃𐤁𐤓𐤕𐤉	𐤀𐤔𐤓	𐤄𐤅𐤀	𐤉𐤅𐤎𐤐	𐤀𐤋𐤄𐤌	𐤅𐤉𐤀𐤌𐤓	𐤀𐤉𐤍𐤍𐤅
he-hablado	que	eso	Yosef	a-ellos	Y-dijo	. no-está

42:15

18	466	410	441 | 1001	323 | 883	271	91 | 651
חיה	בחן	זה	את	רגל	אמר	אלה
חֵי	תִּבָּחֵנוּ	בְּזֹאת	אַתֶּם׃	מְרַגְּלִים	לֵאמֹר	אֲלֵכֶם
jey	*tibajenu*	*Bezot*	*. atem*	*meragelim*	*lemor*	*aléjem*
חי	תבחנו	בזאת	אתם	מרגלים	לאמר	אלכם
𐤇𐤉	𐤕𐤁𐤇𐤍𐤅	𐤁𐤆𐤀𐤕	𐤀𐤕𐤌	𐤌𐤓𐤂𐤋𐤉𐤌	𐤋𐤀𐤌𐤓	𐤀𐤋𐤊𐤌
vive	seréis-probados	En-esto	. vosotros	espías	al-decir	a-vosotros

11	41 | 601	30	52	497	41 | 601	355
בוא	אם	כי	זה	יצא	אם	·
בְּב֛וֹא	אִם־	כִּ֣י	מִזֶּ֑ה	תֵּצְא֖וּ	אִם־	פַרְעֹה֙
bevó	*im*	*ki*	*mizeh*	*tetsú*	*im*	*faroh*
בבוא	אם	כי	מזה	תצאו	אם	פרעה
𐤁𐤁𐤅𐤀	𐤀𐤌	𐤊𐤉	𐤌𐤆𐤄	𐤕𐤑𐤀𐤅	𐤀𐤌	𐤐𐤓𐤏𐤄
en-venir	si	que porque	de-esto	saldréis	que-no	faraón

42:16

124	13	100 | 660	344	60	164 | 814	79 | 639
לקח	אחד	·	שלח	הן	קטן	אח
וְיִקַּ֣ח	אֶחָד֮	מִכֶּ֣ם	שִׁלְח֨וּ	הֵֽנָּה׃	הַקָּטֹ֖ן	אֲחִיכֶ֣ם
veyikaj	*ejad*	*mikem*	*Shiljú*	*. henah*	*hakatón*	*ajijem*
ויקח	אחד	מכם	שלחו	הנה	הקטן	אחיכם
𐤅𐤉𐤒𐤇	𐤀𐤇𐤃	𐤌𐤊𐤌	𐤔𐤋𐤇𐤅	𐤄𐤍𐤄	𐤄𐤒𐤈𐤍	𐤀𐤇𐤉𐤊𐤌
y-tome	uno único; unido	de-vosotros	Enviad	. aquí	el-pequeño [no merecer; disminuir]	vuestro-hermano

446	276 | 836	82	272	447 | 1007	79 | 639	401
אמן	דבר	בחן	אסר	את	אח	את
הַֽאֱמֶ֖ת	דִּבְרֵיכֶ֔ם	וְיִבָּֽחֲנוּ֙	הֵאָ֣סְר֔וּ	וְאַתֶּם֙	אֲחִיכֶם֒	אֶת־
ha'émet	*divreyjem*	*veyibajanu*	*he'asrú*	*ve'atem*	*ajijem*	*et*
האמת	דבריכם	ויבחנו	האסרו	ואתם	אחיכם	את
𐤄𐤀𐤌𐤕	𐤃𐤁𐤓𐤉𐤊𐤌	𐤅𐤉𐤁𐤇𐤍𐤅	𐤄𐤀𐤎𐤓𐤅	𐤅𐤀𐤕𐤌	𐤀𐤇𐤉𐤊𐤌	𐤀𐤕
la-verdad	vuestras-palabras	y-serán-probadas	quedad-presos	y-vosotros	vuestro-hermano	..

323 | 883	30	355	18	31	47 | 607	461 | 1021
רגל	כי	·	חיה	לא	אם	את
מְרַגְּלִ֖ים	כִּ֥י	פַרְעֹ֔ה	חֵ֣י	לֹ֔א	וְאִם־	אִתְּכֶ֑ם
meragelim	*ki*	*faroh*	*jey*	*lo*	*ve'im*	*itejem*
מרגלים	כי	פרעה	חי	לא	ואם	אתכם
𐤌𐤓𐤂𐤋𐤉𐤌	𐤊𐤉	𐤐𐤓𐤏𐤄	𐤇𐤉	𐤋𐤀	𐤅𐤀𐤌	𐤀𐤕𐤊𐤌
espías	que porque	faraón	vive	no	y-si	con-vosotros

42:17

100 | 660	1030	580	31	447 | 1007	157 | 877	441 | 1001
יום	שלש	שמר	אלה	את	אסף	את
יָמִֽים׃	שְׁלֹ֥שֶׁת	מִשְׁמָ֖ר	אֶל־	אֹתָ֛ם	וַיֶּאֱסֹ֥ף	אַתֶּֽם׃
. yamim	*shlóshet*	*mishmar*	*el*	*otam*	*Vaye'esof*	*. atem*
ימים	שלשת	משמר	אל	אתם	ויאסף	אתם
𐤉𐤌𐤉𐤌	𐤔𐤋𐤔𐤕	𐤌𐤔𐤌𐤓	𐤀𐤋	𐤀𐤕𐤌	𐤅𐤉𐤀𐤎𐤐	𐤀𐤕𐤌
. días tiempo [la luz]	tres	guardia	a hacia	a-ellos	Y-reunió cosechar; recoger	. vosotros

42:18

376	408	655	58 | 618	156 | 876	76 | 636	257
עשה	זה	שלש	יום	יסף	אלה	אמר
עֲשׂוּ	זֹאת	הַשְּׁלִישִׁי	בַּיּוֹם	יוֹסֵף	אֲלֵהֶם	וַיֹּאמֶר
asú	*zot*	*hashelishí*	*bayom*	*Yosef*	*aléhem*	*Vayómer*
עשו	זאת	השלישי	ביום	יוסף	אלהם	ויאמר
𐤏𐤔𐤅	𐤆𐤀𐤕	𐤄𐤔𐤋𐤉𐤔𐤉	𐤁𐤉𐤅𐤌	𐤉𐤅𐤎𐤐	𐤀𐤋𐤄𐤌	𐤅𐤉𐤀𐤌𐤓
haced	esto	el-tercero	en-el-día tiempo [la luz]	Yosef	a-ellos	Y-dijo

42:19

120 | 680	41 | 601	211	61	91 | 651	401	30
כן	אם	ירא	אנך	אלהה	את	חיה
כֵּנִים	אִם־	יָרֵא׃	אֲנִי	הָאֱלֹהִים	אֶת־	וִחְיוּ
kenim	*Im*	*. yaré*	*aní*	*ha'elohim*	*et*	*vijyú*
כנים	אם	ירא	אני	האלהים	את	וחיו
𐤊𐤍𐤉𐤌	𐤀𐤌	𐤉𐤓𐤀	𐤀𐤍𐤉	𐤄𐤀𐤋𐤄𐤉𐤌	𐤀𐤕	𐤅𐤇𐤉𐤅
rectos honrado	Si	. temo	yo	*ha'elohim* Dios; dioses; magistrados	··	y-viviréis

447 | 1007	640 | 1200	414	271	13	79 | 639	441 | 1001
את	שמר	בנה	אסר	אחד	אח	את
וְאַתֶּם	מִשְׁמַרְכֶם	בְּבֵית	יֵאָסֵר	אֶחָד	אֲחִיכֶם	אַתֶּם
ve'atem	*mishmárjem*	*beveyt*	*ye'aser*	*ejad*	*ajijem*	*atem*
ואתם	משמרכם	בבית	יאסר	אחד	אחיכם	אתם
𐤅𐤀𐤕𐤌	𐤌𐤔𐤌𐤓𐤊𐤌	𐤁𐤁𐤉𐤕	𐤉𐤀𐤎𐤓	𐤀𐤇𐤃	𐤀𐤇𐤉𐤊𐤌	𐤀𐤕𐤌
y-vosotros	vuestra-guardia	en-casa-de	se-quede-preso	uno único; unido	vuestro-hermano	vosotros

42:20

79 | 639	407	472 | 1032	328 | 978	502	24	56
אח	את	בנה	רעב	שבר	בוא	הלך
אֲחִיכֶם	וְאֶת־	בָּתֵּיכֶם׃	רַעֲבוֹן	שֶׁבֶר	הָבִיאוּ	לְכוּ
ajijem	*Ve'et*	*. bateyjem*	*ra'avón*	*shéver*	*haví'u*	*lejú*
אחיכם	ואת	בתיכם	רעבון	שבר	הביאו	לכו
𐤀𐤇𐤉𐤊𐤌	𐤅𐤀𐤕	𐤁𐤕𐤉𐤊𐤌	𐤓𐤏𐤁𐤅𐤍	𐤔𐤁𐤓	𐤄𐤁𐤉𐤀𐤅	𐤋𐤊𐤅
vuestro-hermano	Y-··	. vuestras-casas	hambre-de	provisión [grano]	llevad	andad

852	37	276 | 836	113	41	418	164 | 814
מות	לא	דבר	אמן	אלה	בוא	קטן
תָמוּתוּ	וְלֹא	דִבְרֵיכֶם	וְיֵאָמְנוּ	אֵלַי	תָּבִיאוּ	הַקָּטֹן
tamutú	*veló*	*divreyjem*	*veye'amnu*	*elay*	*taví'u*	*hakatón*
תמותו	ולא	דבריכם	ויאמנו	אלי	תביאו	הקטן
𐤕𐤌𐤅𐤕𐤅	𐤅𐤋𐤀	𐤃𐤁𐤓𐤉𐤊𐤌	𐤅𐤉𐤀𐤌𐤍𐤅	𐤀𐤋𐤉	𐤕𐤁𐤉𐤀𐤅	𐤄𐤒𐤈𐤍
moriréis	y-no	vuestras-palabras	y-serán-creídas	a-mí	haréis-venir	el-pequeño [no merecer; disminuir]

42:21

33	25	31	311	263	70 | 720	392
אבל	אח	אלה	איש	אמר	כן	עשה
אֲבָל	אָחִיו	אֶל־	אִישׁ	וַיֹּאמְרוּ	כֵּן׃	וַיַּעֲשׂוּ־
aval	*ajiv*	*el*	*ish*	*Vayomrú*	*. jen*	*vaya'asú*
אבל	אחיו	אל	איש	ויאמרו	כן	ויעשו
אבל	אחיו	אל	איש	ויאמרו	כן	ויעשו
verdaderamente	su-hermano	a hacia	varón [cada uno]	Y-dijeron	. así enderezar; rectamente	e-hicieron

690	267	501	75	100	115	391 | 951
צרר	ראה	אשר	אח	עלה	אנך	אשם
צָרַת	רָאִינוּ	אֲשֶׁר	אָחִינוּ	עַל־	אֲנַחְנוּ	אֲשֵׁמִים
tsarat	*ra'inu*	*asher*	*ajinu*	*al*	*anajnu*	*ashemim*
צרת	ראינו	אשר	אחינו	על	אנחנו	אשמים
צרת	ראינו	אשר	אחינו	על	אנחנו	אשמים
angustia-de	vimos	que	nuestro-hermano	por	nosotros	culpados

70 | 720	100	466	37	97	521	436
כן	עלה	שמע	לא	אלה	חנן	נפש
כֵּן	עַל־	שָׁמָעְנוּ	וְלֹא	אֵלֵינוּ	בְּהִתְחַנְנוֹ	נַפְשׁוֹ
ken	*al*	*shamanu*	*veló*	*eleynu*	*behitjannó*	*nafshó*
כן	על	שמענו	ולא	אלינו	בהתחננו	נפשו
כן	על	שמענו	ולא	אלינו	בהתחננו	נפשו
eso enderezar; rectamente	por	oímos	y-no	a-nosotros	en-su-rogar	su-alma aliento; garganta; ser

42:22

441 | 1001	259 | 909	136 | 786	413	300	97	8
את	ראה + בנה	ענה	זה	צרר	אלה	בוא
אֹתָם	רְאוּבֵן	וַיַּעַן	הַזֹּאת׃	הַצָּרָה	אֵלֵינוּ	בָּאָה
otam	*Re'uvén*	*Vaya'an*	*. hazot*	*hatsarah*	*eleynu*	*ba'ah*
אתם	ראובן	ויען	הזאת	הצרה	אלינו	באה
אתם	ראובן	ויען	הזאת	הצרה	אלינו	באה
a-ellos	Re'uvén	Y-respondió	. la-ésta	la-angustia	a-nosotros	está-viniendo

424	31	271	101 | 661	651	36	271
חטא	אלה	אמר	אלה	אמר	לא	אמר
תֶּחֶטְאוּ	אַל־	לֵאמֹר	אֲלֵיכֶם	אָמַרְתִּי	הֲלוֹא	לֵאמֹר
tejetú	*al*	*lemor*	*aleyjem*	*amarti*	*haló*	*lemor*
תחטאו	אל	לאמר	אליכם	אמרתי	הלוא	לאמר
תחטאו	אל	לאמר	אליכם	אמרתי	הלוא	לאמר
pequéis	no	al-decir	a-vosotros	dije	¿Acaso-no	al-decir

554	60	50	49 | 609	850 | 1410	37	46
דרש	הן	דמם	גם	שמע	לא	ילד
נִדְרָֽשׁ׃	הִנֵּ֥ה	דָּמ֖וֹ	וְגַם־	שְׁמַעְתֶּ֑ם	וְלֹ֣א	בַיֶּ֖לֶד
. nidrash	*hineh*	*damó*	*vegam*	*shmatem*	*veló*	*vayéled*
נדרש	הנה	דמו	וגם	שמעתם	ולא	בילד
𐤍𐤃𐤓𐤔	𐤄𐤍𐤄	𐤃𐤌𐤅	𐤅𐤂𐤌	𐤔𐤌𐤏𐤕𐤌	𐤅𐤋𐤀	𐤁𐤉𐤋𐤃
. se-demanda indagar	¡Mira! he-aquí	su-sangre	y-también	oísteis	y-no	con-el-niño

42:23

30	156 | 876	410	30	90	31	51 | 611
כי	יסף	שמע	כי	ידע	לא	הוא
כִּ֚י	יוֹסֵ֔ף	שֹׁמֵ֖עַ	כִּ֥י	יָֽדְע֔וּ	לֹ֣א	וְהֵם֙
ki	*Yosef*	*shome'a*	*ki*	*yadú*	*lo*	*Vehem*
כי	יוסף	שמע	כי	ידעו	לא	והם
𐤊𐤉	𐤉𐤅𐤎𐤐	𐤔𐤌𐤏	𐤊𐤉	𐤉𐤃𐤏𐤅	𐤋𐤀	𐤅𐤄𐤌
que porque	Yosef	estaba-oyendo	que porque	conocieron	no	Y-ellos

42:24

76 | 636	318	38 | 518	195 | 755	78	502 | 1062	175 | 985
אלה	שוב	בכה	עלה	סבב	בין	ליץ
אֲלֵהֶם֙	וַיָּ֤שָׁב	וַיֵּ֑בְךְּ	מֵעֲלֵיהֶ֖ם	וַיִּסֹּ֥ב	בֵּינֹתָֽם׃	הַמֵּלִ֖יץ
aléhem	*vayáshov*	*vayevk*	*me'aleyhem*	*Vayisov*	*. beynotam*	*hamelits*
אלהם	וישב	ויבך	מעליהם	ויסב	בינתם	המליץ
𐤀𐤋𐤄𐤌	𐤅𐤉𐤔𐤁	𐤅𐤉𐤁𐤊	𐤌𐤏𐤋𐤉𐤄𐤌	𐤅𐤉𐤎𐤁	𐤁𐤉𐤍𐤕𐤌	𐤄𐤌𐤋𐤉𐤑
a-ellos	y-volvió	y-lloró	de-sobre-ellos	Y-se-retiró	. entre-ellos	el-traductor

277	466 | 1116	401	481 | 1041	124	76 | 636	222
אסר	שמע	את	את	לקח	אלה	דבר
וַיֶּאֱסֹ֥ר	שִׁמְע֔וֹן	אֶת־	מֵאִתָּם֙	וַיִּקַּ֤ח	אֲלֵהֶ֔ם	וַיְדַבֵּ֣ר
vaye'esor	*Shimón*	*et*	*me'itam*	*vayikaj*	*aléhem*	*vayedaber*
ויאסר	שמעון	את	מאתם	ויקח	אלהם	וידבר
𐤅𐤉𐤀𐤎𐤓	𐤔𐤌𐤏𐤅𐤍	𐤀𐤕	𐤌𐤀𐤕𐤌	𐤅𐤉𐤒𐤇	𐤀𐤋𐤄𐤌	𐤅𐤉𐤃𐤁𐤓
y-aprisionó	Shimón	..	de-ellos	y-tomó	a-ellos	y-habló

42:25

105| 665	401	93	156 | 876	112	215 | 775	407
כלה	את	מלא	יסף	צוה	עין	את
כְּלֵיהֶם֙	אֶת־	וַיְמַלְא֣וּ	יוֹסֵ֗ף	וַיְצַ֣ו	לְעֵינֵיהֶֽם׃	אֹת֖וֹ
keleyhem	*et*	*vayemalú*	*Yosef*	*Vayetsav*	*. le'eyneyhem*	*otó*
כליהם	את	וימלאו	יוסף	ויצו	לעיניהם	אתו
𐤊𐤋𐤉𐤄𐤌	𐤀𐤕	𐤅𐤉𐤌𐤋𐤀𐤅	𐤉𐤅𐤎𐤐	𐤅𐤉𐤑𐤅	𐤋𐤏𐤉𐤍𐤉𐤄𐤌	𐤀𐤕𐤅
sus-objetos-de vasijas	..	y-llenaron completar; cumplir	Yosef	Y-mandó	. a-sus-ojos	a-él

<table>
<tr><td>836</td><td>406</td><td>31</td><td>311</td><td>215 | 775</td><td>353</td><td>202</td></tr>
<tr><td>נתן</td><td>שקק</td><td>אלה</td><td>איש</td><td>כסף</td><td>שוב</td><td>ברר</td></tr>
<tr><td>וְלָתֵת</td><td>שַׂקּוֹ</td><td>אֶל־</td><td>אִישׁ</td><td>כַּסְפֵּיהֶם</td><td>וּלְהָשִׁיב</td><td>בָּר</td></tr>
<tr><td>*velatet*</td><td>*sakó*</td><td>*el*</td><td>*ish*</td><td>*kaspeyhem*</td><td>*ulehashiv*</td><td>*bar*</td></tr>
<tr><td>ולתת</td><td>שקו</td><td>אל</td><td>איש</td><td>כספיהם</td><td>ולהשיב</td><td>בר</td></tr>
<tr><td>𐤅𐤋𐤕𐤕</td><td>𐤔𐤒𐤅</td><td>𐤀𐤋</td><td>𐤀𐤉𐤔</td><td>𐤊𐤎𐤐𐤉𐤄𐤌</td><td>𐤅𐤋𐤄𐤔𐤉𐤁</td><td>𐤁𐤓</td></tr>
<tr><td>y-para-dar</td><td>su-saco</td><td>a
hacia</td><td>varón
[cada uno]</td><td>sus-platas</td><td>y-para-hacer-volver</td><td>grano</td></tr>
</table>

42:26

<table>
<tr><td>323</td><td>70 | 720</td><td>75 | 635</td><td>386</td><td>254 | 734</td><td>99</td><td>75 | 635</td></tr>
<tr><td>נשא</td><td>כן</td><td>הוא</td><td>עשה</td><td>דרך</td><td>צוד</td><td>הוא</td></tr>
<tr><td>וַיִּשְׂאוּ</td><td>כֵּן׃</td><td>לָהֶם</td><td>וַיַּעַשׂ</td><td>לַדָּרֶךְ</td><td>צֵדָה</td><td>לָהֶם</td></tr>
<tr><td>*Vayisú*</td><td>*. ken*</td><td>*lahem*</td><td>*vaya'as*</td><td>*ladárej*</td><td>*tsedah*</td><td>*lahem*</td></tr>
<tr><td>וישאו</td><td>כן</td><td>להם</td><td>ויעש</td><td>לדרך</td><td>צדה</td><td>להם</td></tr>
<tr><td>𐤅𐤉𐤔𐤀𐤅</td><td>𐤊𐤍</td><td>𐤋𐤄𐤌</td><td>𐤅𐤉𐤏𐤔</td><td>𐤋𐤃𐤓𐤊</td><td>𐤑𐤃𐤄</td><td>𐤋𐤄𐤌</td></tr>
<tr><td>Y-alzaron</td><td>. así
enderezar; rectamente</td><td>a-ellos</td><td>e-hizo</td><td>para-el-camino</td><td>provisión
[caza]</td><td>a-ellos</td></tr>
</table>

42:27

<table>
<tr><td>504</td><td>380 | 940</td><td>72</td><td>303 | 863</td><td>100</td><td>542 | 1102</td><td>401</td></tr>
<tr><td>פתח</td><td>שם</td><td>הלך</td><td>חמר</td><td>עלה</td><td>שבר</td><td>את</td></tr>
<tr><td>וַיִּפְתַּח</td><td>מִשָּׁם׃</td><td>וַיֵּלְכוּ</td><td>חֲמֹרֵיהֶם</td><td>עַל־</td><td>שִׁבְרָם</td><td>אֶת־</td></tr>
<tr><td>*Vayiftaj*</td><td>*. misham*</td><td>*vayeljú*</td><td>*jamoreyhem*</td><td>*al*</td><td>*shivram*</td><td>*et*</td></tr>
<tr><td>ויפתח</td><td>משם</td><td>וילכו</td><td>חמריהם</td><td>על</td><td>שברם</td><td>את</td></tr>
<tr><td>𐤅𐤉𐤐𐤕𐤇</td><td>𐤌𐤔𐤌</td><td>𐤅𐤉𐤋𐤊𐤅</td><td>𐤇𐤌𐤓𐤉𐤄𐤌</td><td>𐤏𐤋</td><td>𐤔𐤁𐤓𐤌</td><td>𐤀𐤕</td></tr>
<tr><td>Y-abrió</td><td>. de-allí
[ubicación]</td><td>y-anduvieron</td><td>sus-asnos</td><td>sobre</td><td>su-provisión
[grano]</td><td>..</td></tr>
</table>

<table>
<tr><td>128 | 778</td><td>284</td><td>187</td><td>830</td><td>406</td><td>401</td><td>18</td></tr>
<tr><td>לון</td><td>חמר</td><td>ספא</td><td>נתן</td><td>שקק</td><td>את</td><td>אחד</td></tr>
<tr><td>בַּמָּלוֹן</td><td>לַחֲמֹרוֹ</td><td>מִסְפּוֹא</td><td>לָתֵת</td><td>שַׂקּוֹ</td><td>אֶת־</td><td>הָאֶחָד</td></tr>
<tr><td>*bamalón*</td><td>*lajamoró*</td><td>*mispó*</td><td>*latet*</td><td>*sakó*</td><td>*et*</td><td>*ha'ejad*</td></tr>
<tr><td>במלון</td><td>לחמרו</td><td>מספוא</td><td>לתת</td><td>שקו</td><td>את</td><td>האחד</td></tr>
<tr><td>𐤁𐤌𐤋𐤅𐤍</td><td>𐤋𐤇𐤌𐤓𐤅</td><td>𐤌𐤎𐤐𐤅𐤀</td><td>𐤋𐤕𐤕</td><td>𐤔𐤒𐤅</td><td>𐤀𐤕</td><td>𐤄𐤀𐤇𐤃</td></tr>
<tr><td>en-la-posada</td><td>a-su-asno</td><td>forraje</td><td>para-dar</td><td>su-saco</td><td>..</td><td>el-uno
único; unido</td></tr>
</table>

<table>
<tr><td>823</td><td>92</td><td>12</td><td>66</td><td>166</td><td>401</td><td>217</td></tr>
<tr><td>מתח</td><td>פאה</td><td>הוא</td><td>הן</td><td>כסף</td><td>את</td><td>ראה</td></tr>
<tr><td>אַמְתַּחְתּוֹ׃</td><td>בְּפִי</td><td>הוּא</td><td>וְהִנֵּה־</td><td>כַּסְפּוֹ</td><td>אֶת־</td><td>וַיַּרְא</td></tr>
<tr><td>*. amtajtó*</td><td>*befí*</td><td>*hu*</td><td>*vehineh*</td><td>*kaspó*</td><td>*et*</td><td>*vayar*</td></tr>
<tr><td>אמתחתו</td><td>בפי</td><td>הוא</td><td>והנה</td><td>כספו</td><td>את</td><td>וירא</td></tr>
<tr><td>𐤀𐤌𐤕𐤇𐤕𐤅</td><td>𐤁𐤐𐤉</td><td>𐤄𐤅𐤀</td><td>𐤅𐤄𐤍𐤄</td><td>𐤊𐤎𐤐𐤅</td><td>𐤀𐤕</td><td>𐤅𐤉𐤓𐤀</td></tr>
<tr><td>. su-costal</td><td>en-boca-de</td><td>él</td><td>y-¡Mira!
he-aquí</td><td>su-plata</td><td>..</td><td>y-vio</td></tr>
</table>

42:28

60	49 | 609	170	313	25	31	257
הן	גם	כסף	שוב	אח	אלה	אמר
הִנֵּ֣ה	וְגַ֗ם	כַסְפִּ֔י	הוּשַׁ֣ב	אֶחָיו֙	אֶל־	וַיֹּ֣אמֶר
hineh	*vegam*	*kaspí*	*hushav*	*ejav*	*el*	*Vayómer*
הנה	וגם	כספי	הושב	אחיו	אל	ויאמר
𐤄𐤍𐤄	𐤅𐤂𐤌	𐤊𐤎𐤐𐤉	𐤄𐤅𐤔𐤁	𐤀𐤇𐤉𐤅	𐤀𐤋	𐤅𐤉𐤀𐤌𐤓
¡Mira! he-aquí	y-también	mi-plata	fue-devuelta	sus-hermanos	a hacia	Y-dijo

25	31	311	234	72 | 632	107	861
אח	אלה	איש	חרד	לבב	יצא	מתח
אָחִיו֙	אֶל־	אִ֣ישׁ	וַיֶּחֶרְד֞וּ	לִבָּ֗ם	וַיֵּ֣צֵא	בְאַמְתַּחְתִּ֑י
ajiv	*el*	*ish*	*vayejerdú*	*libam*	*vayetse*	*ve'amtajtí*
אחיו	אל	איש	ויחרדו	לבם	ויצא	באמתחתי
𐤀𐤇𐤉𐤅	𐤀𐤋	𐤀𐤉𐤔	𐤅𐤉𐤇𐤓𐤃𐤅	𐤋𐤁𐤌	𐤅𐤉𐤑𐤀	𐤁𐤀𐤌𐤕𐤇𐤕𐤉
su-hermano	a hacia	varón [cada uno]	y-temblaron	corazón-de-ellos	y-salió	en-mi-costal

42:29

25	86	86 | 646	375	408	45	271
בוא	·	אלהה	עשה	זה	מה	אמר
וַיָּבֹ֛אוּ	לָֽנוּ׃	אֱלֹהִ֖ים	עָשָׂ֥ה	זֹּ֛את	מַה־	לֵאמֹ֔ר
Vayavó'u	*. lanu*	*Elohim*	*asah*	*zot*	*mah*	*lemor*
ויבאו	לנו	אלהים	עשה	זאת	מה	לאמר
𐤅𐤉𐤁𐤀𐤅	𐤋𐤍𐤅	𐤀𐤋𐤄𐤉𐤌	𐤏𐤔𐤄	𐤆𐤀𐤕	𐤌𐤄	𐤋𐤀𐤌𐤓
Y-vinieron	. a-nosotros	*elohim* Dios; dioses; magistrados	hizo	esto	¿Qué	al-decir

36	39	190 | 840	296	58 | 618	182	31
הוא	נגד	כנע	ארץ	אב	עקב	אלה
ל֔וֹ	וַיַּגִּ֣ידוּ	כְּנָ֑עַן	אַ֣רְצָה	אֲבִיהֶ֖ם	יַעֲקֹ֥ב	אֶל־
lo	*vayagidu*	*Kena'an*	*artsah*	*avihem*	*Ya'akov*	*el*
לו	ויגידו	כנען	ארצה	אביהם	יעקב	אל
𐤋𐤅	𐤅𐤉𐤂𐤉𐤃𐤅	𐤊𐤍𐤏𐤍	𐤀𐤓𐤑𐤄	𐤀𐤁𐤉𐤄𐤌	𐤉𐤏𐤒𐤁	𐤀𐤋
a-él	y-manifestaron contar; declarar	Kena'an	a-tierra-de [la seca]	su-padre	Ya'akov	a hacia

42:30

316	206	271	441 | 1001	705	50	401
איש	דבר	אמר	את	קרה	כלל	את
הָאִ֞ישׁ	דִּ֠בֶּר	לֵאמֹֽר׃	אֹתָ֖ם	הַקֹּרֹ֥ת	כָּל־	אֵ֛ת
ha'ish	*Diber*	*. lemor*	*otam*	*hakorot*	*kol*	*et*
האיש	דבר	לאמר	אתם	הקרת	כל	את
𐤄𐤀𐤉𐤔	𐤃𐤁𐤓	𐤋𐤀𐤌𐤓	𐤀𐤕𐤌	𐤄𐤒𐤓𐤕	𐤊𐤋	𐤀𐤕
el-varón	Habló	. al-decir	a-ellos	los-sucesos	todos	..

343 | 903	457	466 | 1116	806	457	296 | 1106	65
רגל	את	נתן	קשה	את	ארץ	אדן
כְּמְרַגְּלִים	אֹתָנוּ	וַיִּתֵּן	קָשׁוֹת	אִתָּנוּ	הָאָרֶץ	אֲדֹנֵי
kimeragelim	*otanu*	*vayitén*	*kashot*	*itanu*	*ha'árets*	*adoney*
כמרגלים	אתנו	ויתן	קשות	אתנו	הארץ	אדני
𐤊𐤌𐤓𐤂𐤋𐤉𐤌	𐤀𐤕𐤍𐤅	𐤅𐤉𐤕𐤍	𐤒𐤔𐤅𐤕	𐤀𐤕𐤍𐤅	𐤄𐤀𐤓𐤑	𐤀𐤃𐤍𐤉
como-espías	a-nosotros	y-puso dar	durezas cruel	con-nosotros	la-tierra [la seca]	señor-de señores [plural]

42:31

31	115	120 | 680	47	297	296 | 1106	401
לא	אנך	כן	אלה	אמר	ארץ	את
לֹא	אֲנָחְנוּ	כֵּנִים	אֵלָיו	וַנֹּאמֶר	הָאָרֶץ:	אֶת־
lo	*anajnu*	*kenim*	*elav*	*Vanómer*	*. ha'árets*	*et*
לא	אנחנו	כנים	אליו	ונאמר	הארץ	את
𐤋𐤀	𐤀𐤍𐤇𐤍𐤅	𐤊𐤍𐤉𐤌	𐤀𐤋𐤉𐤅	𐤅𐤍𐤀𐤌𐤓	𐤄𐤀𐤓𐤑	𐤀𐤕
no	nosotros	rectos honrado	a-él	Y-dijimos	. la-tierra [la seca]	..

42:32

62	59 | 619	115	570	400 | 960	323 | 883	81
בנה	אח	אנך	עשר	שנה	רגל	היה
בְּנֵי	אַחִים	אֲנַחְנוּ	עָשָׂר	שְׁנֵים־	מְרַגְּלִים:	הָיִינוּ
beney	*ajim*	*anajnu*	*asar*	*Shneym*	*. meragelim*	*hayinu*
בני	אחים	אנחנו	עשר	שנים	מרגלים	היינו
𐤁𐤍𐤉	𐤀𐤇𐤉𐤌	𐤀𐤍𐤇𐤍𐤅	𐤏𐤔𐤓	𐤔𐤍𐤉𐤌	𐤌𐤓𐤂𐤋𐤉𐤌	𐤄𐤉𐤉𐤍𐤅
hijos-de edificador	hermanos	nosotros	diez	Dos	. espías	somos

69	401	61 | 621	170 | 820	117	18	69
אב	את	יום	קטן	אין	אחד	אב
אָבִינוּ	אֶת־	הַיּוֹם	וְהַקָּטֹן	אֵינֶנּוּ	הָאֶחָד	אָבִינוּ
avinu	*et*	*hayom*	*vehakatón*	*eynenu*	*ha'ejad*	*avinu*
אבינו	את	היום	והקטן	איננו	האחד	אבינו
𐤀𐤁𐤉𐤍𐤅	𐤀𐤕	𐤄𐤉𐤅𐤌	𐤅𐤄𐤒𐤈𐤍	𐤀𐤉𐤍𐤍𐤅	𐤄𐤀𐤇𐤃	𐤀𐤁𐤉𐤍𐤅
nuestro-padre	..	hoy día; tiempo [la luz]	y-el-pequeño [no merecer; disminuir]	no-está	el-uno único; unido	nuestro-padre

42:33

296 | 1106	65	316	97	257	190 | 840	293 | 1103
ארץ	אדן	איש	אלה	אמר	כנע	ארץ
הָאָרֶץ	אֲדֹנֵי	הָאִישׁ	אֵלֵינוּ	וַיֹּאמֶר	כְּנָעַן:	בְּאֶרֶץ
ha'árets	*adoney*	*ha'ish*	*eleynu*	*Vayómer*	*. Kena'an*	*be'érets*
הארץ	אדני	האיש	אלינו	ויאמר	כנען	בארץ
𐤄𐤀𐤓𐤑	𐤀𐤃𐤍𐤉	𐤄𐤀𐤉𐤔	𐤀𐤋𐤉𐤍𐤅	𐤅𐤉𐤀𐤌𐤓	𐤊𐤍𐤏𐤍	𐤁𐤀𐤓𐤑
la-tierra [la seca]	señor-de señores [plural]	el-varón	a-nosotros	Y-dijo	. Kena'an	en-tierra-de [la seca]

<table>
<tr><td>18</td><td>79 | 639</td><td>441 | 1001</td><td>120 | 680</td><td>30</td><td>75</td><td>410</td></tr>
<tr><td>אחד</td><td>אח</td><td>את</td><td>כן</td><td>כי</td><td>ידע</td><td>זה</td></tr>
<tr><td>הָאֶחָד</td><td>אֲחִיכֶם</td><td>אַתֶּם</td><td>כֵּנִים</td><td>כִּי</td><td>אֵדַע</td><td>בְּזֹאת</td></tr>
<tr><td>ha'ejad</td><td>ajijem</td><td>atem</td><td>jenim</td><td>ki</td><td>edá</td><td>bezot</td></tr>
<tr><td>האחד</td><td>אחיכם</td><td>אתם</td><td>כנים</td><td>כי</td><td>אדע</td><td>בזאת</td></tr>
<tr><td>𐤄𐤀𐤇𐤃</td><td>𐤀𐤇𐤉𐤊𐤌</td><td>𐤀𐤕𐤌</td><td>𐤊𐤍𐤉𐤌</td><td>𐤊𐤉</td><td>𐤀𐤃𐤏</td><td>𐤁𐤆𐤀𐤕</td></tr>
<tr><td>el-uno
único; unido</td><td>vuestro-hermano</td><td>vosotros</td><td>rectos
enderezado</td><td>que
porque</td><td>conoceré</td><td>con-esto</td></tr>
</table>

<table>
<tr><td>62</td><td>114</td><td>472 | 1032</td><td>328 | 978</td><td>407</td><td>411</td><td>79</td></tr>
<tr><td>הלך</td><td>לקח</td><td>בנה</td><td>רעב</td><td>את</td><td>את</td><td>נוח</td></tr>
<tr><td>וָלֵכוּ׃</td><td>קְחוּ</td><td>בָּתֵּיכֶם</td><td>רַעֲבוֹן</td><td>וְאֶת־</td><td>אִתִּי</td><td>הַנִּיחוּ</td></tr>
<tr><td>. valeju</td><td>kejú</td><td>bateyjem</td><td>ra'avón</td><td>ve'et</td><td>ití</td><td>haniju</td></tr>
<tr><td>ולכו</td><td>קחו</td><td>בתיכם</td><td>רעבון</td><td>ואת</td><td>אתי</td><td>הניחו</td></tr>
<tr><td>𐤅𐤋𐤊𐤅</td><td>𐤒𐤇𐤅</td><td>𐤁𐤕𐤉𐤊𐤌</td><td>𐤓𐤏𐤁𐤅𐤍</td><td>𐤅𐤀𐤕</td><td>𐤀𐤕𐤉</td><td>𐤄𐤍𐤉𐤇𐤅</td></tr>
<tr><td>. y-andad</td><td>tomad</td><td>vuestras-casas</td><td>hambre-de</td><td>y-···</td><td>conmigo</td><td>haced-descansar</td></tr>
</table>

42:34

<table>
<tr><td>30</td><td>86</td><td>41</td><td>164 | 814</td><td>79 | 639</td><td>401</td><td>30</td></tr>
<tr><td>כי</td><td>ידע</td><td>אלה</td><td>קטן</td><td>אח</td><td>את</td><td>בוא</td></tr>
<tr><td>כִּי</td><td>וְאֵדְעָה</td><td>אֵלַי</td><td>הַקָּטֹן</td><td>אֲחִיכֶם</td><td>אֶת־</td><td>וְהָבִיאוּ</td></tr>
<tr><td>ki</td><td>ve'edah</td><td>elay</td><td>hakatón</td><td>ajijem</td><td>et</td><td>Vehaví'u</td></tr>
<tr><td>כי</td><td>ואדעה</td><td>אלי</td><td>הקטן</td><td>אחיכם</td><td>את</td><td>והביאו</td></tr>
<tr><td>𐤊𐤉</td><td>𐤅𐤀𐤃𐤏𐤄</td><td>𐤀𐤋𐤉</td><td>𐤄𐤒𐤈𐤍</td><td>𐤀𐤇𐤉𐤊𐤌</td><td>𐤀𐤕</td><td>𐤅𐤄𐤁𐤉𐤀𐤅</td></tr>
<tr><td>que
porque</td><td>y-conoceré</td><td>a-mí</td><td>el-pequeño
[no merecer; disminuir]</td><td>vuestro-hermano</td><td>··</td><td>Y-traed</td></tr>
</table>

<table>
<tr><td>401</td><td>441 | 1001</td><td>120 | 680</td><td>30</td><td>441 | 1001</td><td>323 | 883</td><td>31</td></tr>
<tr><td>את</td><td>את</td><td>כן</td><td>כי</td><td>את</td><td>רגל</td><td>לא</td></tr>
<tr><td>אֶת־</td><td>אַתֶּם</td><td>כֵּנִים</td><td>כִּי</td><td>אַתֶּם</td><td>מְרַגְּלִים</td><td>לֹא</td></tr>
<tr><td>et</td><td>atem</td><td>jenim</td><td>ki</td><td>atem</td><td>meragelim</td><td>lo</td></tr>
<tr><td>את</td><td>אתם</td><td>כנים</td><td>כי</td><td>אתם</td><td>מרגלים</td><td>לא</td></tr>
<tr><td>𐤀𐤕</td><td>𐤀𐤕𐤌</td><td>𐤊𐤍𐤉𐤌</td><td>𐤊𐤉</td><td>𐤀𐤕𐤌</td><td>𐤌𐤓𐤂𐤋𐤉𐤌</td><td>𐤋𐤀</td></tr>
<tr><td>··</td><td>vosotros</td><td>rectos
enderezado</td><td>que
porque</td><td>vosotros</td><td>espías</td><td>no</td></tr>
</table>

42:35

<table>
<tr><td>31</td><td>674</td><td>296 | 1106</td><td>407</td><td>90 | 650</td><td>451 | 1101</td><td>79 | 639</td></tr>
<tr><td>היה</td><td>סחר</td><td>ארץ</td><td>את</td><td>·</td><td>נתן</td><td>אח</td></tr>
<tr><td>וַיְהִי</td><td>תִּסְחָרוּ׃</td><td>הָאָרֶץ</td><td>וְאֶת־</td><td>לָכֶם</td><td>אֶתֵּן</td><td>אֲחִיכֶם</td></tr>
<tr><td>Vayehí</td><td>. tisjarú</td><td>ha'árets</td><td>ve'et</td><td>lajem</td><td>etén</td><td>ajijem</td></tr>
<tr><td>ויהי</td><td>תסחרו</td><td>הארץ</td><td>ואת</td><td>לכם</td><td>אתן</td><td>אחיכם</td></tr>
<tr><td>𐤅𐤉𐤄𐤉</td><td>𐤕𐤎𐤇𐤓𐤅</td><td>𐤄𐤀𐤓𐤑</td><td>𐤅𐤀𐤕</td><td>𐤋𐤊𐤌</td><td>𐤀𐤕𐤍</td><td>𐤀𐤇𐤉𐤊𐤌</td></tr>
<tr><td>Y-fue</td><td>. mercadearéis</td><td>la-tierra
[la seca]</td><td>y-···</td><td>a-vosotros</td><td>daré</td><td>vuestro-hermano</td></tr>
</table>

166	496	311	66	455 | 1015	400 | 960	45 | 605
כסף	צרר	איש	הן	שקק	ריק	הוא
כַּסְפּוֹ	צְרוֹר־	אִישׁ	וְהִנֵּה־	שַׂקֵּיהֶם	מְרִיקִים	הֵם
kaspó	*tsror*	*ish*	*vehineh*	*sakeyhem*	*merikim*	*hem*
כספו	צרור	איש	והנה	שקיהם	מריקים	הם
𐤊𐤎𐤐𐤅	𐤑𐤓𐤅𐤓	𐤀𐤉𐤔	𐤅𐤄𐤍𐤄	𐤔𐤒𐤉𐤄𐤌	𐤌𐤓𐤉𐤒𐤉𐤌	𐤄𐤌
su-plata	bolsa-de	varón [cada uno]	y-¡Mira! he-aquí	sus-sacos	estaban-vaciando	ellos

64 | 624	50	215 | 775	896	401	223	408
אב	הוא	כסף	צרר	את	ראה	שקק
וַאֲבִיהֶם	הֵמָּה	כַּסְפֵּיהֶם	צְרֹרוֹת	אֶת־	וַיִּרְאוּ	בְּשַׂקּוֹ
va'avihem	*hemah*	*kaspeyhem*	*tsrorot*	*et*	*vayirú*	*besakó*
ואביהם	המה	כספיהם	צררות	את	ויראו	בשקו
𐤅𐤀𐤁𐤉𐤄𐤌	𐤄𐤌𐤄	𐤊𐤎𐤐𐤉𐤄𐤌	𐤑𐤓𐤓𐤅𐤕	𐤀𐤕	𐤅𐤉𐤓𐤀𐤅	𐤁𐤔𐤒𐤅
y-su-padre	ellos aquellos	sus-platas	bolsas-de	··	y-vieron	en-su-saco

42:36

790 | 1350	411	58 | 618	182	76 | 636	257	233
שכל	את	אב	עקב	אלה	אמר	ירא
שִׁכַּלְתֶּם	אֹתִי	אֲבִיהֶם	יַעֲקֹב	אֲלֵהֶם	וַיֹּאמֶר	וַיִּירָאוּ׃
shikáltem	*otí*	*avihem*	*Ya'akov*	*aléhem*	*Vayómer*	*. vayira'ú*
שכלתם	אתי	אביהם	יעקב	אלהם	ויאמר	וייראו
𐤔𐤊𐤋𐤕𐤌	𐤀𐤕𐤉	𐤀𐤁𐤉𐤄𐤌	𐤉𐤏𐤒𐤁	𐤀𐤋𐤄𐤌	𐤅𐤉𐤀𐤌𐤓	𐤅𐤉𐤉𐤓𐤀𐤅
deshijasteis [perder los hijos]	a-mí	su-padre	Ya'akov	a-ellos	Y-dijo	. y-temieron

514	152 | 802	407	117	472 | 1122	117	156 | 876
לקח	בנה + ימן	את	אין	שמע	אין	יסף
תִּקָּחוּ	בִּנְיָמִן	וְאֶת־	אֵינֶנּוּ	וְשִׁמְעוֹן	אֵינֶנּוּ	יוֹסֵף
tikaju	*Binyamín*	*ve'et*	*eynenu*	*veShimón*	*eynenu*	*Yosef*
תקחו	בנימן	ואת	איננו	ושמעון	איננו	יוסף
𐤕𐤒𐤇𐤅	𐤁𐤍𐤉𐤌𐤍	𐤅𐤀𐤕	𐤀𐤉𐤍𐤍𐤅	𐤅𐤔𐤌𐤏𐤅𐤍	𐤀𐤉𐤍𐤍𐤅	𐤉𐤅𐤎𐤐
tomaréis	Binyamín	y-··	no-está	y-Shimón	no-está	Yosef

42:37

19	31	259 | 909	257	105	27	110
אב	אלה	ראה + בנה	אמר	כלל	היה	עלה
אָבִיו	אֶל־	רְאוּבֵן	וַיֹּאמֶר	כֻלָּנָה׃	הָיוּ	עָלַי
aviv	*el*	*Re'uvén*	*Vayómer*	*. julánah*	*hayú*	*alay*
אביו	אל	ראובן	ויאמר	כלנה	היו	עלי
𐤀𐤁𐤉𐤅	𐤀𐤋	𐤓𐤀𐤅𐤁𐤍	𐤅𐤉𐤀𐤌𐤓	𐤊𐤋𐤍𐤄	𐤄𐤉𐤅	𐤏𐤋𐤉
su-padre	a hacia	Re'uvén	Y-dijo	. todas-ellas	fueron	sobre-mí

31	41 | 601	850	62	360	401	271
לא	אם	מות	בנה	שנה	את	אמר
לֹ֖א	אִם־	תָּמִ֑ית	בָּנַי֙	שְׁנֵ֤י	אֶת־	לֵאמֹ֔ר
lo	*im*	*tamit*	*vanay*	*shney*	*et*	*lemor*
לא	אם	תמית	בני	שני	את	לאמר
𐤋𐤀	𐤀𐤌	𐤕𐤌𐤉𐤕	𐤁𐤍𐤉	𐤔𐤍𐤉	𐤀𐤕	𐤋𐤀𐤌𐤓
no	si	harás-morir	mis-hijos edificador	dos-de otra-vez [años]	..	al-decir

67	24	100	407	455	61 | 541	70
אנך	יד	עלה	את	נתן	אלה	בוא
וַאֲנִ֨י	יָדִ֔י	עַל־	אֹתוֹ֙	תְּנָ֤ה	אֵלֶ֑יךָ	אֲבִיאֶ֖נּוּ
va'aní	*yadí*	*al*	*otó*	*tenah*	*eleyja*	*avi'enu*
ואני	ידי	על	אתו	תנה	אליך	אביאנו
𐤅𐤀𐤍𐤉	𐤉𐤃𐤉	𐤏𐤋	𐤀𐤕𐤅	𐤕𐤍𐤄	𐤀𐤋𐤉𐤊	𐤀𐤁𐤉𐤀𐤍𐤅
y-yo	mi-mano	sobre	a-él	da	a-ti	le-traigo

42:38

170 | 730	62	214	31	257	61 | 541	369
עם	בנה	ירד	לא	אמר	אלה	שוב
עִמָּכֶ֑ם	בְּנִ֖י	יֵרֵ֥ד	לֹא־	וַיֹּ֕אמֶר	אֵלֶֽיךָ׃	אֲשִׁיבֶ֥נּוּ
imajem	*bení*	*yéred*	*lo*	*Vayómer*	*. eleyja*	*ashivenu*
עמכם	בני	ירד	לא	ויאמר	אליך	אשיבנו
𐤏𐤌𐤊𐤌	𐤁𐤍𐤉	𐤉𐤓𐤃	𐤋𐤀	𐤅𐤉𐤀𐤌𐤓	𐤀𐤋𐤉𐤊	𐤀𐤔𐤉𐤁𐤍𐤅
con-vosotros	mi-hijo edificador	descenderá	no	Y-dijo	. a-ti	le-haré-volver

318	551	42	18	440	25	30
קרא	שאר	בד	הוא	מות	אח	כי
וּקְרָאָ֤הוּ	נִשְׁאָ֔ר	לְבַדּ֣וֹ	וְה֤וּא	מֵ֔ת	אָחִ֨יו	כִּי־
ukra'ahu	*nishar*	*levadó*	*vehú*	*met*	*ajiv*	*ki*
וקראהו	נשאר	לבדו	והוא	מת	אחיו	כי
𐤅𐤒𐤓𐤀𐤄𐤅	𐤍𐤔𐤀𐤓	𐤋𐤁𐤃𐤅	𐤅𐤄𐤅𐤀	𐤌𐤕	𐤀𐤇𐤉𐤅	𐤊𐤉
y-le-sucede	queda	a-su-solas miembro; parte	y-él	murió	su-hermano	que porque

401	661 | 1221	7	456	501	226 | 706	117 | 767
את	ירד	·	הלך	אשר	דרך	אסון
אֶת־	וְהוֹרַדְתֶּ֧ם	בָּ֔הּ	תֵּֽלְכוּ־	אֲשֶׁ֣ר	בַּדֶּ֙רֶךְ֙	אָסוֹן֙
et	*vehoradtem*	*vah*	*teljú*	*asher*	*badérej*	*asón*
את	והורדתם	בה	תלכו	אשר	בדרך	אסון
𐤀𐤕	𐤅𐤄𐤅𐤓𐤃𐤕𐤌	𐤁𐤄	𐤕𐤋𐤊𐤅	𐤀𐤔𐤓	𐤁𐤃𐤓𐤊	𐤀𐤎𐤅𐤍
..	y-haréis-descender	en-él	andaréis	que	en-el-camino	accidente [mortal]

342	71 | 721	722
שאל	יגה	שיב
שְׁאוֹלָה:	בְּיָגוֹן	שֵׂיבָתִי
. Shólah	beyagón	seyvatí
שאולה	ביגון	שיבתי
𐤔𐤀𐤅𐤋𐤄	𐤁𐤉𐤂𐤅𐤍	𐤔𐤉𐤁𐤕𐤉
. al-She'ol [escritura plena]	con-dolor	mi-vejez ancianidad; canas

Total de palabras hebreas: 528.
Total de consonantes hebreas: 2046.
Consonantes ausentes: -

			43:2			43:1
81	56	521	31	293 | 1103	26	283
אכל	כלה	אשר	היה	ארץ	כבד	רעב
לֶאֱכֹל	כִּלּוּ	כַּאֲשֶׁר	וַיְהִי	בָּאָרֶץ׃	כָּבֵד	וְהָרָעָב
le'ejol	*kilú*	*ka'asher*	*Vayehí*	*. ba'árets*	*kaved*	*Vehara'av*
לאכל	כלו	כאשר	ויהי	בארץ	כבד	והרעב
𐤋𐤀𐤊𐤋	𐤊𐤋𐤅	𐤊𐤀𐤔𐤓	𐤅𐤉𐤄𐤉	𐤁𐤀𐤓𐤑	𐤊𐤁𐤃	𐤅𐤄𐤓𐤏𐤁
para-comer	acabaron	como según	Y-fue	. en-la-tierra [la seca]	pesado grave; severo	Y-el-hambre

86 | 646	257	420 | 980	24	501	507	401
אלה	אמר	צור	בוא	אשר	שבר	את
אֲלֵיהֶם	וַיֹּאמֶר	מִמִּצְרָיִם	הֵבִיאוּ	אֲשֶׁר	הַשֶּׁבֶר	אֶת־
aleyhem	*vayómer*	*miMitsráyim*	*heví'u*	*asher*	*hashéver*	*et*
אליהם	ויאמר	ממצרים	הביאו	אשר	השבר	את
𐤀𐤋𐤉𐤄𐤌	𐤅𐤉𐤀𐤌𐤓	𐤌𐤌𐤑𐤓𐤉𐤌	𐤄𐤁𐤉𐤀𐤅	𐤀𐤔𐤓	𐤄𐤔𐤁𐤓	𐤀𐤕
a-ellos	y-dijo	de-Mitsráyim	trajeron	que	la-provisión [grano]	..

43:3						
257	51	119	58 | 618	508	308	58 | 618
אמר	אכל	מעט	אב	שבר	שוב	אב
וַיֹּאמֶר	אֹכֶל׃	מְעַט־	לָנוּ	שִׁבְרוּ־	שֻׁבוּ	אֲבִיהֶם
Vayómer	*. ojel*	*me'at*	*lanu*	*shivrú*	*shuvú*	*avihem*
ויאמר	אכל	מעט	לנו	שברו	שבו	אביהם
𐤅𐤉𐤀𐤌𐤓	𐤀𐤊𐤋	𐤌𐤏𐤈	𐤋𐤍𐤅	𐤔𐤁𐤓𐤅	𐤔𐤁𐤅	𐤀𐤁𐤉𐤄𐤌
Y-dijo	. comida	poco-de	para-nosotros	comprad [grano]	volved	su-padre

316	58	79	79	271	30	47
איש	·	עוד	עוד	אמר	היה + ידה	אלה
הָאִישׁ	בָּנוּ	הָעִד	הָעֵד	לֵאמֹר	יְהוּדָה	אֵלָיו
ha'ish	*banu*	*he'id*	*ha'ed*	*lemor*	*Yehudah*	*elav*
האיש	בנו	העד	העד	לאמר	יהודה	אליו
𐤄𐤀𐤉𐤔	𐤁𐤍𐤅	𐤄𐤏𐤃	𐤄𐤏𐤃	𐤋𐤀𐤌𐤓	𐤉𐤄𐤅𐤃𐤄	𐤀𐤋𐤉𐤅
el-varón	en-nosotros	advirtió	advertir ciertamente	al-decir	Yehudah	a-él

461 | 1021	79 | 639	442	140	607	31	271
את	אח	בלה	פנה	ראה	לא	אמר
אִתְּכֶם׃	אֲחִיכֶם	בִּלְתִּי	פָּנַי	תִרְאוּ	לֹא־	לֵאמֹר
. itejem	*ajijem*	*biltí*	*fanay*	*tirú*	*lo*	*lemor*
אתכם	אחיכם	בלתי	פני	תראו	לא	לאמר
𐤀𐤕𐤊𐤌	𐤀𐤇𐤉𐤊𐤌	𐤁𐤋𐤕𐤉	𐤐𐤍𐤉	𐤕𐤓𐤀𐤅	𐤋𐤀	𐤋𐤀𐤌𐤓
. con-vosotros	vuestro-hermano	a-no-ser	mis-faces presencia; superficie	veréis	no	al-decir

259	457	75	401	378	330 | 810	41 | 601
ירד	את	אח	את	שלח	יש	אם
נֵרְדָה	אִתָּנוּ	אָחִינוּ	אֶת־	מְשַׁלֵּחַ	יֶשְׁךָ	אִם־
nerdah	*itanu*	*ajinu*	*et*	*meshalé'aj*	*yeshja*	*Im*
נרדה	אתנו	אחינו	את	משלח	ישך	אם
𐤍𐤓𐤃𐤄	𐤀𐤕𐤍𐤅	𐤀𐤇𐤉𐤍𐤅	𐤀𐤕	𐤌𐤔𐤋𐤇	𐤉𐤔𐤊	𐤀𐤌
descendamos	con-nosotros	nuestro-hermano	..	de-estar-enviando [con fuerza o urgencia]	tienes-deseo	Si

43:5

31	378	81 | 561	47 | 607	51	50 | 530	563
לא	שלח	אין	אם	אכל	·	שבר
לֹא	מְשַׁלֵּחַ	אֵינְךָ	וְאִם־	אֹכֶל׃	לְךָ	וְנִשְׁבְּרָה
lo	*meshalé'aj*	*eynja*	*Ve'im*	*. ojel*	*lejá*	*venishberah*
לא	משלח	אינך	ואם	אכל	לך	ונשברה
𐤋𐤀	𐤌𐤔𐤋𐤇	𐤀𐤉𐤍𐤊	𐤅𐤀𐤌	𐤀𐤊𐤋	𐤋𐤊	𐤅𐤍𐤔𐤁𐤓𐤄
no	de-estar-enviando [con fuerza o urgencia]	tú-no	Y-si	. comida	para-ti	y-compremos [grano]

607	31	97	241	316	30	254
ראה	לא	אלה	אמר	איש	כי	ירד
תִרְאוּ	לֹא־	אֵלֵינוּ	אָמַר	הָאִישׁ	כִּי־	נֵרֵד
tirú	*lo*	*eleynu*	*amar*	*ha'ish*	*ki*	*néred*
תראו	לא	אלינו	אמר	האיש	כי	נרד
𐤕𐤓𐤀𐤅	𐤋𐤀	𐤀𐤋𐤉𐤍𐤅	𐤀𐤌𐤓	𐤄𐤀𐤉𐤔	𐤊𐤉	𐤍𐤓𐤃
veréis	no	a-nosotros	dijo	el-varón	que porque	descenderemos

43:6

75	541	257	461 | 1021	79 | 639	442	140
מה	שרה + אל	אמר	את	אח	בלה	פנה
לָמָּה	יִשְׂרָאֵל	וַיֹּאמֶר	אִתְּכֶם׃	אֲחִיכֶם	בִּלְתִּי	פָנָי
lámah	*Yisra'El*	*Vayómer*	*. itejem*	*ajijem*	*biltí*	*fanay*
למה	ישראל	ויאמר	אתכם	אחיכם	בלתי	פני
𐤋𐤌𐤄	𐤉𐤔𐤓𐤀𐤋	𐤅𐤉𐤀𐤌𐤓	𐤀𐤕𐤊𐤌	𐤀𐤇𐤉𐤊𐤌	𐤁𐤋𐤕𐤉	𐤐𐤍𐤉
¿Por-qué	Yisra'El	Y-dijo	. con-vosotros	vuestro-hermano	a-no-ser	mis-faces presencia; superficie

9	90 | 650	85	341	52	40	715 | 1275
אח	·	עד	איש	נגד	·	רעע
אָח׃	לָכֶם	הַעוֹד	לָאִישׁ	לְהַגִּיד	לִי	הֲרֵעֹתֶם
. aj	*lajem*	*ha'od*	*la'ish*	*lehagid*	*li*	*hare'otem*
אח	לכם	העוד	לאיש	להגיד	לי	הרעתם
𐤀𐤇	𐤋𐤊𐤌	𐤄𐤏𐤅𐤃	𐤋𐤀𐤉𐤔	𐤋𐤄𐤂𐤉𐤃	𐤋𐤉	𐤄𐤓𐤏𐤕𐤌
. hermano	para-vosotros	¿Aún otra-vez	al-varón	al-manifestar contar; declarar	a-mí	habéis-hecho-mal

43:7

271	572	86	316	331	337	263
אמר	ילד	·	איש	שאל	שאל	אמר
לֵאמֹר	וּלְמוֹלַדְתֵּנוּ	לָנוּ	הָאִישׁ	שָׁאַל־	שָׁאוֹל	וַיֹּאמְרוּ
lemor	*ulemoladtenu*	*lanu*	*ha'ish*	*sha'al*	*sha'ol*	*Vayomrú*
לאמר	ולמולדתנו	לנו	האיש	שאל	שאול	ויאמרו
𐤋𐤀𐤌𐤓	𐤅𐤋𐤌𐤅𐤋𐤃𐤕𐤍𐤅	𐤋𐤍𐤅	𐤄𐤀𐤉𐤔	𐤔𐤀𐤋	𐤔𐤀𐤅𐤋	𐤅𐤉𐤀𐤌𐤓𐤅
al-decir	y-por-nuestra-parentela linaje; nacimiento	a-nosotros	el-varón	preguntó	preguntar ciertamente	Y-dijeron

63	9	90 | 650	315	18	73 | 633	85
נגד	אח	·	יש	חיה	אב	עד
וַנַּגֶּד־	אָח	לָכֶם	הֲיֵשׁ	חַי	אֲבִיכֶם	הַעוֹד
vanáged	*aj*	*lajem*	*hayesh*	*jay*	*avijem*	*ha'od*
ונגד	אח	לכם	היש	חי	אביכם	העוד
𐤅𐤍𐤂𐤃	𐤀𐤇	𐤋𐤊𐤌	𐤄𐤉𐤔	𐤇𐤉	𐤀𐤁𐤉𐤊𐤌	𐤄𐤏𐤅𐤃
y-manifestamos contar; declarar	hermano	para-vosotros	¿Hay	vivo viviente	vuestro-padre	¿Aún otra-vez

124	95	41	261 | 821	90	100	36
ידע	ידע	אלה	דבר	פאה	עלה	הוא
נֵדַע	הֲיָדוֹעַ	הָאֵלֶּה	הַדְּבָרִים	פִּי	עַל־	לוֹ
nedá	*hayadó'a*	*ha'éleh*	*hadevarim*	*pi*	*al*	*lo*
נדע	הידוע	האלה	הדברים	פי	על	לו
𐤍𐤃𐤏	𐤄𐤉𐤃𐤅𐤏	𐤄𐤀𐤋𐤄	𐤄𐤃𐤁𐤓𐤉𐤌	𐤐𐤉	𐤏𐤋	𐤋𐤅
conocíamos	¿Conocer ciertamente	las-éstas	las-palabras asunto; cosa	boca-de	por	a-él

43:8

30	257	79 | 639	401	231	251	30
היה + ידה	אמר	אח	את	ירד	אמר	כי
יְהוּדָה	וַיֹּאמֶר	אֲחִיכֶם׃	אֶת־	הוֹרִידוּ	יֹאמַר	כִּי
Yehudah	*Vayómer*	*. ajijem*	*et*	*horidu*	*yomar*	*ki*
יהודה	ויאמר	אחיכם	את	הורידו	יאמר	כי
𐤉𐤄𐤅𐤃𐤄	𐤅𐤉𐤀𐤌𐤓	𐤀𐤇𐤉𐤊𐤌	𐤀𐤕	𐤄𐤅𐤓𐤉𐤃𐤅	𐤉𐤀𐤌𐤓	𐤊𐤉
Yehudah	Y-dijo	. vuestro-hermano	··	haced-descender	diría	que porque

207	411	325	343	19	541	31
קום	את	נער	שלח	אב	שרה + אל	אלה
וְנָקוּמָה	אִתִּי	הַנַּעַר	שִׁלְחָה	אָבִיו	יִשְׂרָאֵל	אֶל־
venakumah	*ití*	*hana'ar*	*shiljah*	*aviv*	*Yisra'El*	*el*
ונקומה	אתי	הנער	שלחה	אביו	ישראל	אל
𐤅𐤍𐤒𐤅𐤌𐤄	𐤀𐤕𐤉	𐤄𐤍𐤏𐤓	𐤔𐤋𐤇𐤄	𐤀𐤁𐤉𐤅	𐤉𐤔𐤓𐤀𐤋	𐤀𐤋
y-levantémonos	conmigo	el-mozo	envía	su-padre	Yisra'El	a hacia

43 | 603	115	43 | 603	496	37	79	111
גם	אנך	גם	מות	לא	חיה	הלך
גַּם־	אֲנַחְנוּ	גַּם־	נָמוּת	וְלֹא	וְנִחְיֶה	וְנֵלֵכָה
gam	*anajnu*	*gam*	*namut*	*veló*	*venijyeh*	*veneléjah*
גם	אנחנו	גם	נמות	ולא	ונחיה	ונלכה
𐤂𐤌	𐤀𐤍𐤇𐤍𐤅	𐤂𐤌	𐤍𐤌𐤅𐤕	𐤅𐤋𐤀	𐤅𐤍𐤇𐤉𐤄	𐤅𐤍𐤋𐤊𐤄
también	nosotros	también	moriremos	y-no	y-viviremos	y-andemos

43:9

858	64	329	81	145	43 | 603	406
בקש	יד	ערב	אנך	טפף	גם	את
תְּבַקְשֶׁנּוּ	מִיָּדִי	אֶעֶרְבֶנּוּ	אָנֹכִי	טַפֵּנוּ׃	גַּם־	אַתָּה
tevakshenu	*miyadí*	*e'ervenu*	*Anojí*	*. tapenu*	*gam*	*atah*
תבקשנו	מידי	אערבנו	אנכי	טפנו	גם	אתה
𐤕𐤁𐤒𐤔𐤍𐤅	𐤌𐤉𐤃𐤉	𐤀𐤏𐤓𐤁𐤍𐤅	𐤀𐤍𐤊𐤉	𐤈𐤐𐤍𐤅	𐤂𐤌	𐤀𐤕𐤄
lo-reclamarás	de-mi-mano	saldré-fiador-de-él	Yo	. nuestros-niños	también	tú

434	190 | 670	520	61 | 541	434	31	41 | 601
חטא	פנה	יצג	אלה	בוא	לא	אם
וְחָטָאתִי	לְפָנֶיךָ	וְהִצַּגְתִּיו	אֵלֶיךָ	הֲבִיאֹתִיו	לֹא	אִם־
vejatatí	*lefaneyja*	*vehitsagtiv*	*eleyja*	*havi'otiv*	*lo*	*im*
וחטאתי	לפניך	והצגתיו	אליך	הביאתיו	לא	אם
𐤅𐤇𐤈𐤀𐤕𐤉	𐤋𐤐𐤍𐤉𐤊	𐤅𐤄𐤑𐤂𐤕𐤉𐤅	𐤀𐤋𐤉𐤊	𐤄𐤁𐤉𐤀𐤕𐤉𐤅	𐤋𐤀	𐤀𐤌
y-pecaré	ante-ti presencia; superficie	y-le-presento	a-ti	le-devuelvo	no	si

43:10

30	551	67	30	105 | 665	50	50 | 530
כי	·	לול	כי	יום	כלל	·
כִּי־	הִתְמַהְמָהְנוּ	לוּלֵא	כִּי	הַיָּמִים׃	כָּל־	לְךָ
ki	*hitmahmahnu*	*lulé*	*Ki*	*. hayamim*	*kol*	*lejá*
כי	התמהמהנו	לולא	כי	הימים	כל	לך
𐤊𐤉	𐤄𐤕𐤌𐤄𐤌𐤄𐤍𐤅	𐤋𐤅𐤋𐤀	𐤊𐤉	𐤄𐤉𐤌𐤉𐤌	𐤊𐤋	𐤋𐤊
que porque	nos-hubiéramos- detenido	si-no	Que porque	. los-días tiempo [la luz]	todos	para-ti

43:11

541	76 | 636	257	240 | 800	12	358	475
שרה + אל	אלה	אמר	פעם	זה	שוב	עת
יִשְׂרָאֵל	אֲלֵהֶם	וַיֹּאמֶר	פַּעֲמָיִם׃	זֶה	שַׁבְנוּ	עַתָּה
Yisra'El	*aléhem*	*Vayómer*	*. fa'amáyim*	*zeh*	*shavnu*	*atah*
ישראל	אלהם	ויאמר	פעמים	זה	שבנו	עתה
𐤉𐤔𐤓𐤀𐤋	𐤀𐤋𐤄𐤌	𐤅𐤉𐤀𐤌𐤓	𐤐𐤏𐤌𐤉𐤌	𐤆𐤄	𐤔𐤁𐤍𐤅	𐤏𐤕𐤄
Yisra'El	a-ellos	Y-dijo	. dos-veces	éstas	habríamos-vuelto	ahora en-este-tiempo

114	376	408	88	70 | 720	41 | 601	58 | 618
לקח	עשה	זה	אפא	כן	אם	אב
קְח֨וּ	עֲשׂ֒וּ	זֹ֣את	אֵפ֗וֹא	כֵּ֣ן	אִם־	אֲבִיהֶ֑ם
kejú	*asú*	*zot*	*efó*	*ken*	*im*	*avihem*
קחו	עשו	זאת	אפוא	כן	אם	אביהם
𐤒𐤇𐤅	𐤏𐤔𐤅	𐤆𐤀𐤕	𐤀𐤐𐤅𐤀	𐤊𐤍	𐤀𐤌	𐤀𐤁𐤉𐤄𐤌
tomad	haced	esto	.... [refuerza el imperativo]	así enderezar; rectamente	si	su-padre

119	103	336	237	122 | 682	296 | 1106	687
מעט	מנח	איש	ירד	כלה	ארץ	זמר
מְעַ֤ט	מִנְחָ֑ה	לָאִ֖ישׁ	וְהוֹרִ֥ידוּ	בִּכְלֵיכֶ֔ם	הָאָ֙רֶץ֙	מִזִּמְרַ֤ת
me'at	*minjah*	*la'ish*	*vehoridu*	*bijleyjem*	*ha'árets*	*mizimrat*
מעט	מנחה	לאיש	והורידו	בכליכם	הארץ	מזמרת
𐤌𐤏𐤈	𐤌𐤍𐤇𐤄	𐤋𐤀𐤉𐤔	𐤅𐤄𐤅𐤓𐤉𐤃𐤅	𐤁𐤊𐤋𐤉𐤊𐤌	𐤄𐤀𐤓𐤑	𐤌𐤆𐤌𐤓𐤕
un-poco-de	ofrenda regalo; tributo [vegetal]	al-varón	y-haced-descender	en-vuestros-objetos vasija	la-tierra [la seca]	del-fruto-podado-de

460 | 1020	111 | 671	45	471	306	125	300
שקד	בטן	לוט	נכא	דבש	מעט	צרה
וּשְׁקֵדִֽים׃	בָּטְנִ֖ים	וָלֹ֔ט	נְכֹ֣את	דְּבַ֔שׁ	וּמְעַ֣ט	צֳרִי֙
. ushkedim	*botnim*	*valot*	*nejot*	*devash*	*ume'at*	*tsorí*
ושקדים	בטנים	ולט	נכאת	דבש	ומעט	צרי
𐤅𐤔𐤒𐤃𐤉𐤌	𐤁𐤈𐤍𐤉𐤌	𐤅𐤋𐤈	𐤍𐤊𐤀𐤕	𐤃𐤁𐤔	𐤅𐤌𐤏𐤈	𐤑𐤓𐤉
. y-almendras	pistachos/nueces [hapax legomenon]	y-mirra	perfumes [resina aromática]	miel	y-un-poco-de	bálsamo

43:12

353	165 | 885	407	76 | 636	114	395	166 | 886
שוב	כסף	את	יד	לקח	שנה	כסף
הַמּוּשָׁ֨ב	הַכֶּ֜סֶף	וְאֶת־	בְיֶדְכֶ֑ם	קְח֣וּ	מִשְׁנֶ֖ה	וְכֶ֥סֶף
hamushav	*hakésef*	*ve'et*	*veyedjem*	*kejú*	*mishneh*	*Vejésef*
המושב	הכסף	ואת	בידכם	קחו	משנה	וכסף
𐤄𐤌𐤅𐤔𐤁	𐤄𐤊𐤎𐤐	𐤅𐤀𐤕	𐤁𐤉𐤃𐤊𐤌	𐤒𐤇𐤅	𐤌𐤔𐤍𐤄	𐤅𐤊𐤎𐤐
la-que-fue-devuelta	la-plata	y-···	en-vuestra-mano	tomad	doble	Y-plata

12	348	47	76 | 636	718	919 | 1479	92
הוא	שגה	אוה	יד	שוב	מתח	פאה
הֽוּא׃	מִשְׁגֶּ֖ה	אוּלַ֥י	בְיֶדְכֶ֑ם	תָּשִׁ֣יבוּ	אַמְתְּחֹתֵיכֶם֙	בְּפִ֤י
. hu	*mishgeh*	*ulay*	*veyedjem*	*tashivu*	*amtejoteyjem*	*befí*
הוא	משגה	אולי	בידכם	תשיבו	אמתחתיכם	בפי
𐤄𐤅𐤀	𐤌𐤔𐤂𐤄	𐤀𐤅𐤋𐤉	𐤁𐤉𐤃𐤊𐤌	𐤕𐤔𐤉𐤁𐤅	𐤀𐤌𐤕𐤇𐤕𐤉𐤊𐤌	𐤁𐤐𐤉
. él	equivocación	tal-vez [implica anhelo]	en-vuestra-mano	haced-volver	vuestros-costales	en-boca-de

43:13

316	31	314	158	114	79 / 639	407
איש	אלה	שוב	קום	לקח	אח	את
הָאִישׁ׃	אֶל־	שׁוּבוּ	וְקוּמוּ	קְחוּ	אֲחִיכֶם	וְאֶת־
. ha'ish	*el*	*shuvú*	*vekumú*	*kajú*	*ajijem*	*Ve'et*
האיש	אל	שובו	וקומו	קחו	אחיכם	ואת
𐤄𐤀𐤉𐤔	𐤀𐤋	𐤔𐤅𐤁𐤅	𐤅𐤒𐤅𐤌𐤅	𐤒𐤇𐤅	𐤀𐤇𐤉𐤊𐤌	𐤅𐤀𐤕
. el-varón	a hacia	y-volved	y-levantaos	tomad	vuestro-hermano	Y-···

43:14

316	170	298 / 858	90 / 650	460 / 1110	314	37
איש	פנה	רחם	·	נתן	שדד	·
הָאִישׁ	לִפְנֵי	רַחֲמִים	לָכֶם	יִתֵּן	שַׁדַּי	וְאֵל
ha'ish	*lifney*	*rajamim*	*lajem*	*yitén*	*shaday*	*Ve'El*
האיש	לפני	רחמים	לכם	יתן	שדי	ואל
𐤄𐤀𐤉𐤔	𐤋𐤐𐤍𐤉	𐤓𐤇𐤌𐤉𐤌	𐤋𐤊𐤌	𐤉𐤕𐤍	𐤔𐤃𐤉	𐤅𐤀𐤋
el-varón	ante presencia; superficie	misericordias compasión	a-vosotros	dé	*shaday*	Y-El

162 / 812	407	209	79 / 639	401	90 / 650	344
בנה + ימן	את	אחר	אח	את	·	שלח
בִּנְיָמִין	וְאֶת־	אַחֵר	אֲחִיכֶם	אֶת־	לָכֶם	וְשִׁלַּח
Binyamín	*ve'et*	*ajer*	*ajijem*	*et*	*lajem*	*veshilaj*
בנימין	ואת	אחר	אחיכם	את	לכם	ושלח
𐤁𐤍𐤉𐤌𐤉𐤍	𐤅𐤀𐤕	𐤀𐤇𐤓	𐤀𐤇𐤉𐤊𐤌	𐤀𐤕	𐤋𐤊𐤌	𐤅𐤔𐤋𐤇
Binyamín	y-···	otro	vuestro-hermano	··	a-vosotros	y-envíe [con fuerza o urgencia]

43:15

401	406 / 966	130	760	760	521	67
את	אנש	לקח	שכל	שכל	אשר	אנך
אֶת־	הָאֲנָשִׁים	וַיִּקְחוּ	שָׁכָלְתִּי׃	שָׁכֹלְתִּי	כַּאֲשֶׁר	וַאֲנִי
et	*ha'anashim*	*Vayikjú*	*. shajalti*	*shajolti*	*ka'asher*	*va'aní*
את	האנשים	ויקחו	שכלתי	שכלתי	כאשר	ואני
𐤀𐤕	𐤄𐤀𐤍𐤔𐤉𐤌	𐤅𐤉𐤒𐤇𐤅	𐤔𐤊𐤋𐤕𐤉	𐤔𐤊𐤋𐤕𐤉	𐤊𐤀𐤔𐤓	𐤅𐤀𐤍𐤉
··	los-hombres mortal	Y-tomaron	. me-deshije [perder los hijos]	me-deshijo [perder los hijos]	como según	y-yo

407	56 / 616	144	160 / 880	401	413	108
את	יד	לקח	כסף	שנה	זה	מנח
וְאֶת־	בְיָדָם	לָקְחוּ	כֶּסֶף	וּמִשְׁנֶה־	הַזֹּאת	הַמִּנְחָה
ve'et	*veyadam*	*lakjú*	*késef*	*umishneh*	*hazot*	*haminjah*
ואת	בידם	לקחו	כסף	ומשנה	הזאת	המנחה
𐤅𐤀𐤕	𐤁𐤉𐤃𐤌	𐤋𐤒𐤇𐤅	𐤊𐤎𐤐	𐤅𐤌𐤔𐤍𐤄	𐤄𐤆𐤀𐤕	𐤄𐤌𐤍𐤇𐤄
y-···	en-sus-manos	tomaron	plata	y-doble-de	la-ésta	la-ofrenda regalo; tributo [vegetal]

156 | 876	170	136	380 | 940	226	162	152 | 802
יסף	פנה	עמד	צור	ירד	קום	בנה + ימן
יוֹסֵף׃	לִפְנֵי	וַיַּעַמְדוּ	מִצְרַיִם	וַיֵּרְדוּ	וַיָּקֻמוּ	בִנְיָמִן
. Yosef	*lifney*	*vaya'amdú*	*Mitsráyim*	*vayerdú*	*vayakumú*	*Binyamín*
יוסף	לפני	ויעמדו	מצרים	וירדו	ויקמו	בנימן
𐤉𐤅𐤎𐤐	𐤋𐤐𐤍𐤉	𐤅𐤉𐤏𐤌𐤃𐤅	𐤌𐤑𐤓𐤉𐤌	𐤅𐤉𐤓𐤃𐤅	𐤅𐤉𐤒𐤌𐤅	𐤁𐤍𐤉𐤌𐤍
. Yosef	ante presencia; superficie	y-estuvieron [de pie]	Mitsráyim	y-descendieron	y-se-levantaron	Binyamín

43:16

531	257	162 | 812	401	441 | 1001	156 | 876	217
אשר	אמר	בנה + ימן	את	את	יסף	ראה
לַאֲשֶׁר	וַיֹּאמֶר	בִּנְיָמִין	אֶת־	אִתָּם	יוֹסֵף	וַיַּרְא
la'asher	*vayómer*	*Binyamín*	*et*	*itam*	*Yosef*	*Vayar*
לאשר	ויאמר	בנימין	את	אתם	יוסף	וירא
𐤋𐤀𐤔𐤓	𐤅𐤉𐤀𐤌𐤓	𐤁𐤍𐤉𐤌𐤉𐤍	𐤀𐤕	𐤀𐤕𐤌	𐤉𐤅𐤎𐤐	𐤅𐤉𐤓𐤀
al-que	y-dijo	Binyamín	..	con-ellos	Yosef	Y-vio

25	422	406 | 966	401	8	418	100
טבח	בנה	אנש	את	בוא	בנה	עלה
וּטְבֹחַ	הַבַּיְתָה	הָאֲנָשִׁים	אֶת־	הָבֵא	בֵּיתוֹ	עַל־
utevó'aj	*habáytah*	*ha'anashim*	*et*	*havé*	*beytó*	*al*
וטבח	הביתה	האנשים	את	הבא	ביתו	על
𐤅𐤈𐤁𐤇	𐤄𐤁𐤉𐤕𐤄	𐤄𐤀𐤍𐤔𐤉𐤌	𐤀𐤕	𐤄𐤁𐤀	𐤁𐤉𐤕𐤅	𐤏𐤋
y-degüella	a-la-casa	los-hombres mortal	..	lleva	su-casa	sobre

347 | 907	406 | 966	67	411	30	81 | 731	16
צהר	אנש	אכל	את	כי	כון	טבח
בַּצָּהֳרָיִם׃	הָאֲנָשִׁים	יֹאכְלוּ	אִתִּי	כִּי	וְהָכֵן	טֶבַח
. batsohoráyim	*ha'anashim*	*yojlú*	*ití*	*ki*	*vehajén*	*tevaj*
בצהרים	האנשים	יאכלו	אתי	כי	והכן	טבח
𐤁𐤑𐤄𐤓𐤉𐤌	𐤄𐤀𐤍𐤔𐤉𐤌	𐤉𐤀𐤊𐤋𐤅	𐤀𐤕𐤉	𐤊𐤉	𐤅𐤄𐤊𐤍	𐤈𐤁𐤇
. en-el-mediodía	los-hombres mortal	comerán	conmigo	que porque	y-prepara	degollina matanza

43:17

316	19	156 | 876	241	521	316	386
איש	בוא	יסף	אמר	אשר	איש	עשה
הָאִישׁ	וַיָּבֵא	יוֹסֵף	אָמַר	כַּאֲשֶׁר	הָאִישׁ	וַיַּעַשׂ
ha'ish	*vayavé*	*Yosef*	*amar*	*ka'asher*	*ha'ish*	*Vaya'as*
האיש	ויבא	יוסף	אמר	כאשר	האיש	ויעש
𐤄𐤀𐤉𐤔	𐤅𐤉𐤁𐤀	𐤉𐤅𐤎𐤐	𐤀𐤌𐤓	𐤊𐤀𐤔𐤓	𐤄𐤀𐤉𐤔	𐤅𐤉𐤏𐤔
el-varón	y-trajo	Yosef	dijo	como según	el-varón	E-hizo

43:18

30	406 | 966	223	156 | 876	417	406 | 966	401
כי	אנש	ירא	יסף	בנה	אנש	את
כִּֽי	הָֽאֲנָשִׁים	וַיִּֽירְאוּ	יוֹסֵף׃	בֵּיתָה	הָֽאֲנָשִׁים	אֶת־
ki	*ha'anashim*	*Vayirú*	*. Yosef*	*beytah*	*ha'anashim*	*et*
כי	האנשים	וייראו	יוסף	ביתה	האנשים	את
𐤊𐤉	𐤄𐤀𐤍𐤔𐤉𐤌	𐤅𐤉𐤉𐤓𐤀𐤅	𐤉𐤅𐤎𐤐	𐤁𐤉𐤕𐤄	𐤄𐤀𐤍𐤔𐤉𐤌	𐤀𐤕
que porque	los-hombres mortal	Y-temieron	. Yosef	a-casa-de	los-hombres mortal	··

165 | 885	206	100	263	156 | 876	412	20
כסף	דבר	עלה	אמר	יסף	בנה	בוא
הַכֶּסֶף	דְּבַר	עַל־	וַיֹּאמְרוּ	יוֹסֵף	בֵּית	הֽוּבָאוּ
hakésef	*devar*	*al*	*vayomrú*	*Yosef*	*beyt*	*huve'u*
הכסף	דבר	על	ויאמרו	יוסף	בית	הובאו
𐤄𐤊𐤎𐤐	𐤃𐤁𐤓	𐤏𐤋	𐤅𐤉𐤀𐤌𐤓𐤅	𐤉𐤅𐤎𐤐	𐤁𐤉𐤕	𐤄𐤅𐤁𐤀𐤅
la-plata	palabra-de asunto; cosa	por	y-dijeron	Yosef	casa-de	fueron-llevados

166	498	99 | 659	115	445	917	307
עלה	גלל	בוא	אנך	חלל	מתח	שוב
עָלֵינוּ	לְהִתְגֹּלֵל	מֽוּבָאִים	אֲנַחְנוּ	בַּתְּחִלָּה	בְּאַמְתְּחֹתֵינוּ	הַשָּׁב
aleynu	*lehitgolel*	*muva'im*	*anajnu*	*batejilah*	*be'amtejoteynu*	*hashev*
עלינו	להתגלל	מובאים	אנחנו	בתחלה	באמתחתינו	השב
𐤏𐤋𐤉𐤍𐤅	𐤋𐤄𐤕𐤂𐤋𐤋	𐤌𐤅𐤁𐤀𐤉𐤌	𐤀𐤍𐤇𐤍𐤅	𐤁𐤕𐤇𐤋𐤄	𐤁𐤀𐤌𐤕𐤇𐤕𐤉𐤍𐤅	𐤄𐤔𐤁
contra-nosotros	para-lanzar [al asalto]	somos-llevados	nosotros	en-el-comienzo	en-nuestros-costales	devuelta

314	407	156 | 716	457	544	166	601
חמר	את	עבד	את	לקח	עלה	נפל
חֲמֹרֵֽינוּ׃	וְאֶת־	לַעֲבָדִים	אֹתָנוּ	וְלָקַחַת	עָלֵינוּ	וּלְהִתְנַפֵּל
. jamoreynu	*ve'et*	*la'avadim*	*otanu*	*velakájat*	*aleynu*	*ulehitnapel*
חמרינו	ואת	לעבדים	אתנו	ולקחת	עלינו	ולהתנפל
𐤇𐤌𐤓𐤉𐤍𐤅	𐤅𐤀𐤕	𐤋𐤏𐤁𐤃𐤉𐤌	𐤀𐤕𐤍𐤅	𐤅𐤋𐤒𐤇𐤕	𐤏𐤋𐤉𐤍𐤅	𐤅𐤋𐤄𐤕𐤍𐤐𐤋
. nuestros-asnos	y-···	para-siervos	a-nosotros	y-para-tomar	sobre-nosotros	y-para-caer atacar

43:19

156 | 876	412	100	501	316	31	325
יסף	בנה	עלה	אשר	איש	אלה	נגש
יוֹסֵף	בֵּית	עַל־	אֲשֶׁר	הָאִישׁ	אֶל־	וַֽיִּגְּשׁוּ
Yosef	*beyt*	*al*	*asher*	*ha'ish*	*el*	*Vayigeshú*
יוסף	בית	על	אשר	האיש	אל	ויגשו
𐤉𐤅𐤎𐤐	𐤁𐤉𐤕	𐤏𐤋	𐤀𐤔𐤓	𐤄𐤀𐤉𐤔	𐤀𐤋	𐤅𐤉𐤂𐤔𐤅
Yosef	casa-de	sobre	que	el-varón	a hacia	Y-se-acercaron

43:20

65	12	263	417	488	47	228
אדן	·	אמר	בנה	פתח	אלה	דבר
אֲדֹנִ֔י	בִּ֣י	וַיֹּאמְר֖וּ	הַבָּֽיִת׃	פֶּ֥תַח	אֵלָ֖יו	וַיְדַבְּר֣וּ
adoní	*bi*	*Vayomrú*	*. habáyit*	*pétaj*	*elav*	*vayedaberú*
אדני	בי	ויאמרו	הבית	פתח	אליו	וידברו
𐤀𐤃𐤍𐤉	𐤁𐤉	𐤅𐤉𐤀𐤌𐤓𐤅	𐤄𐤁𐤉𐤕	𐤐𐤕𐤇	𐤀𐤋𐤉𐤅	𐤅𐤉𐤃𐤁𐤓𐤅
mi-señor	te-suplico con-permiso	Y-dijeron	. la-casa	entrada-de	a-él	y-hablaron

43:21

30	31	51	532	445	270	214
כי	היה	אכל	שבר	חלל	ירד	ירד
כִּֽי־	וַֽיְהִ֗י	אֹֽכֶל׃	לִשְׁבָּר־	בַּתְּחִלָּ֖ה	יָרַ֥דְנוּ	יָרֹ֥ד
ki	*Vayehí*	*. ojel*	*lishbor*	*batejilah*	*yaradnu*	*yarod*
כי	ויהי	אכל	לשבר	בתחלה	ירדנו	ירד
𐤊𐤉	𐤅𐤉𐤄𐤉	𐤀𐤊𐤋	𐤋𐤔𐤁𐤓	𐤁𐤕𐤇𐤋𐤄	𐤉𐤓𐤃𐤍𐤅	𐤉𐤓𐤃
que porque	Y-fue	. comida	para-comprar [grano]	en-el-comienzo	descendimos	descender ciertamente

66	915	401	549	131 | 781	31	59
הן	מתח	את	פתח	לון	אלה	בוא
וְהִנֵּ֤ה	אַמְתְּחֹתֵ֔ינוּ	אֶת־	וַֽנִּפְתְּחָה֙	הַמָּל֗וֹן	אֶל־	בָּ֣אנוּ
vehineh	*amtejoteynu*	*et*	*vaniftejah*	*hamalón*	*el*	*vanu*
והנה	אמתחתינו	את	ונפתחה	המלון	אל	באנו
𐤅𐤄𐤍𐤄	𐤀𐤌𐤕𐤇𐤕𐤉𐤍𐤅	𐤀𐤕	𐤅𐤍𐤐𐤕𐤇𐤄	𐤄𐤌𐤋𐤅𐤍	𐤀𐤋	𐤁𐤀𐤍𐤅
y-¡Mira! he-aquí	nuestros-costales	..	y-abrimos	la-posada	a hacia	vinimos

358	478	216	823	92	311	160 | 880
שוב	שקל	כסף	מתח	פאה	איש	כסף
וַנָּ֣שֶׁב	בְּמִשְׁקָלוֹ֙	כַּסְפֵּ֖נוּ	אַמְתַּחְתּ֔וֹ	בְּפִ֣י	אִ֗ישׁ	כֶּֽסֶף־
vanáshev	*bemishkaló*	*kaspenu*	*amtajtó*	*befí*	*ish*	*jésef*
ונשב	במשקלו	כספנו	אמתחתו	בפי	איש	כסף
𐤅𐤍𐤔𐤁	𐤁𐤌𐤔𐤒𐤋𐤅	𐤊𐤎𐤐𐤍𐤅	𐤀𐤌𐤕𐤇𐤕𐤅	𐤁𐤐𐤉	𐤀𐤉𐤔	𐤊𐤎𐤐
y-hacemos-volver	en-su-peso	nuestra-plata	su-costal	boca-de	varón [cada uno]	plata-de

43:22

532	72	271	209	166 | 886	72	407
שבר	יד	ירד	אחר	כסף	יד	את
לִשְׁבָּר־	בְּיָדֵ֖נוּ	הוֹרַ֥דְנוּ	אַחֵ֛ר	וְכֶ֧סֶף	בְּיָדֵֽנוּ׃	אֹתֽוֹ
lishbor	*veyadenu*	*horadnu*	*ajer*	*Vejésef*	*. beyadenu*	*otó*
לשבר	בידנו	הורדנו	אחר	וכסף	בידנו	אתו
𐤋𐤔𐤁𐤓	𐤁𐤉𐤃𐤍𐤅	𐤄𐤅𐤓𐤃𐤍𐤅	𐤀𐤇𐤓	𐤅𐤊𐤎𐤐	𐤁𐤉𐤃𐤍𐤅	𐤀𐤕𐤅
para-comprar [grano]	en-nuestra-mano	hemos-descendido	otra siguiente	Y-plata	. en-nuestra-mano	a-él

917	216	340 | 900	50	140	31	51
מתח	כסף	שים	מי	ידע	לא	אכל
בְּאַמְתְּחֹתֵינוּ׃	כַּסְפֵּנוּ	שָׂם	מִי־	יָדַעְנוּ	לֹא	אֹכֶל
. be'amtejoteynu	*kaspenu*	*sam*	*mi*	*yadanu*	*lo*	*ojel*
באמתחתינו	כספנו	שם	מי	ידענו	לא	אכל
𐤁𐤀𐤌𐤕𐤇𐤕𐤉𐤍𐤅	𐤊𐤎𐤐𐤍𐤅	𐤔𐤌	𐤌𐤉	𐤉𐤃𐤏𐤍𐤅	𐤋𐤀	𐤀𐤊𐤋
. en-nuestros-costales	nuestra-plata	puso [ubicación]	¿Quién	conocemos	no	comida

43:23

52	106 | 666	617	31	90 | 650	376 | 936	257
אלהה	אלהה	ירא	אלה	·	שלם	אמר
וֵֽאלֹהֵי	אֱלֹהֵיכֶם	תִּירָאוּ	אַל־	לָכֶם	שָׁלוֹם	וַיֹּאמֶר
velohey	*eloheyjem*	*tirá'u*	*al*	*lajem*	*shalom*	*Vayómer*
ואלהי	אלהיכם	תיראו	אל	לכם	שלום	ויאמר
𐤅𐤀𐤋𐤄𐤉	𐤀𐤋𐤄𐤉𐤊𐤌	𐤕𐤉𐤓𐤀𐤅	𐤀𐤋	𐤋𐤊𐤌	𐤔𐤋𐤅𐤌	𐤅𐤉𐤀𐤌𐤓
y-Dios-de y-dioses-de [plural]	vuestro-Dios vuestros-dioses [plural]	temáis	no	a-vosotros	paz plenitud	Y-dijo

3	220 | 780	921 | 1481	145 | 795	90 | 650	500 | 1150	73 | 633
בוא	כסף	מתח	טמן	·	נתן	אב
בָּא	כַּסְפְּכֶם	בְּאַמְתְּחֹתֵיכֶם	מַטְמוֹן	לָכֶם	נָתַן	אֲבִיכֶם
ba	*kaspéjem*	*be'amtejoteyjem*	*matmón*	*lajem*	*natán*	*avijem*
בא	כספכם	באמתחתיכם	מטמון	לכם	נתן	אביכם
𐤁𐤀	𐤊𐤎𐤐𐤊𐤌	𐤁𐤀𐤌𐤕𐤇𐤕𐤉𐤊𐤌	𐤌𐤈𐤌𐤅𐤍	𐤋𐤊𐤌	𐤍𐤕𐤍	𐤀𐤁𐤉𐤊𐤌
vino	vuestra-plata	en-vuestros-costales	tesoro [escondido]	a-vosotros	dio	vuestro-padre

43:24

316	19	466 | 1116	401	76 | 636	113	41
איש	בוא	שמע	את	אלה	יצא	אלה
הָאִישׁ	וַיָּבֵא	שִׁמְעוֹן׃	אֶת־	אֲלֵהֶם	וַיּוֹצֵא	אֵלָי
ha'ish	*Veyavé*	*. Shimón*	*et*	*aléhem*	*vayotsé*	*elay*
האיש	ויבא	שמעון	את	אלהם	ויוצא	אלי
𐤄𐤀𐤉𐤔	𐤅𐤉𐤁𐤀	𐤔𐤌𐤏𐤅𐤍	𐤀𐤕	𐤀𐤋𐤄𐤌	𐤅𐤉𐤅𐤑𐤀	𐤀𐤋𐤉
el-varón	E-hizo-entrar	. Shimón	..	a-ellos	e-hizo-salir	a-mí

320	90 | 650	466 | 1116	156 | 876	417	406 | 966	401
רחץ	מי	נתן	יסף	בנה	אנש	את
וַיִּרְחֲצוּ	מַיִם	וַיִּתֶּן־	יוֹסֵף	בֵּיתָה	הָאֲנָשִׁים	אֶת־
vayirjatsú	*máyim*	*vayitén*	*Yosef*	*beytah*	*ha'anashim*	*et*
וירחצו	מים	ויתן	יוסף	ביתה	האנשים	את
𐤅𐤉𐤓𐤇𐤑𐤅	𐤌𐤉𐤌	𐤅𐤉𐤕𐤍	𐤉𐤅𐤎𐤐	𐤁𐤉𐤕𐤄	𐤄𐤀𐤍𐤔𐤉𐤌	𐤀𐤕
y-se-lavaron	aguas	y-dio	Yosef	a-casa-de	los-hombres mortal	..

43:25

108	401	102	333 | 893	187	466 | 1116	288 | 848
מנח	את	כון	חמר	ספא	נתן	רגל
הַמִּנְחָה	אֶת־	וַיָּכִינוּ	לַחֲמֹרֵיהֶם׃	מִסְפּוֹא	וַיִּתֵּן	רַגְלֵיהֶם
haminjah	*et*	*Vayajinu*	*. lajamoreyhem*	*mispó*	*vayitén*	*ragleyhem*
המנחה	את	ויכינו	לחמריהם	מספוא	ויתן	רגליהם
𐤄𐤌𐤍𐤇𐤄	𐤀𐤕	𐤅𐤉𐤊𐤉𐤍𐤅	𐤋𐤇𐤌𐤓𐤉𐤄𐤌	𐤌𐤎𐤐𐤅𐤀	𐤅𐤉𐤕𐤍	𐤓𐤂𐤋𐤉𐤄𐤌
la-ofrenda regalo; tributo [vegetal]	..	Y-prepararon	. para-sus-asnos	forraje	y-dio	sus-pies

30	416	30	347 | 907	156 | 876	9	74
כי	שמע	כי	צהר	יסף	בוא	עד
כִּי־	שָׁמְעוּ	כִּי	בַּצָּהֳרָיִם	יוֹסֵף	בּוֹא	עַד־
ki	*shamú*	*ki*	*batsohoráyim*	*Yosef*	*bo*	*ad*
כי	שמעו	כי	בצהרים	יוסף	בוא	עד
𐤊𐤉	𐤔𐤌𐤏𐤅	𐤊𐤉	𐤁𐤑𐤄𐤓𐤉𐤌	𐤉𐤅𐤎𐤐	𐤁𐤅𐤀	𐤏𐤃
que porque	oyeron	que porque	en-el-mediodía	Yosef	venir	hasta

43:26

35	422	156 | 876	19	78 | 638	67	340 | 900
בוא	בנה	יסף	בוא	לחם	אכל	שם
וַיָּבִיאוּ	הַבַּיְתָה	יוֹסֵף	וַיָּבֹא	לָחֶם׃	יֹאכְלוּ	שָׁם
vayavi'ú	*habáytah*	*Yosef*	*Vayavó*	*. lájem*	*yojlú*	*sham*
ויביאו	הביתה	יוסף	ויבא	לחם	יאכלו	שם
𐤅𐤉𐤁𐤉𐤀𐤅	𐤄𐤁𐤉𐤕𐤄	𐤉𐤅𐤎𐤐	𐤅𐤉𐤁𐤀	𐤋𐤇𐤌	𐤉𐤀𐤊𐤋𐤅	𐤔𐤌
e-hicieron-venir	a-la-casa	Yosef	Y-vino entrar	. pan [alimento básico]	comerán	allí [ubicación]

736	422	56 | 616	501	108	401	36
שחה	בנה	יד	אשר	מנח	את	הוא
וַיִּשְׁתַּחֲווּ־	הַבָּיְתָה	בְּיָדָם	אֲשֶׁר־	הַמִּנְחָה	אֶת־	לוֹ
vayishtajavú	*habáytah*	*beyadam*	*asher*	*haminjah*	*et*	*lo*
וישתחוו	הביתה	בידם	אשר	המנחה	את	לו
𐤅𐤉𐤔𐤕𐤇𐤅𐤅	𐤄𐤁𐤉𐤕𐤄	𐤁𐤉𐤃𐤌	𐤀𐤔𐤓	𐤄𐤌𐤍𐤇𐤄	𐤀𐤕	𐤋𐤅
y-se-postraron	a-la-casa	en-sus-manos	que	la-ofrenda regalo; tributo [vegetal]	..	a-él

43:27

381 | 941	257	406 | 966	75 | 635	347	296	36
שלם	אמר	שלם	הוא	שאל	ארץ	הוא
הֲשָׁלוֹם	וַיֹּאמֶר	לְשָׁלוֹם	לָהֶם	וַיִּשְׁאַל	אָרְצָה׃	לוֹ
hashalom	*vayómer*	*leshalom*	*lahem*	*Vayishal*	*. artsah*	*lo*
השלום	ויאמר	לשלום	להם	וישאל	ארצה	לו
𐤄𐤔𐤋𐤅𐤌	𐤅𐤉𐤀𐤌𐤓	𐤋𐤔𐤋𐤅𐤌	𐤋𐤄𐤌	𐤅𐤉𐤔𐤀𐤋	𐤀𐤓𐤑𐤄	𐤋𐤅
¿Acaso-paz plenitud	y-dijo	para-paz plenitud	a-ellos	Y-preguntó	. a-tierra [la seca]	a-él

43:28

263	18	141	681 | 1241	501	162 | 812	73 | 633
אמר	חיה	עד	אמר	אשר	זקן	אב
וַיֹּאמְרוּ	חָי׃	הַעוֹדֶנּוּ	אֲמַרְתֶּם	אֲשֶׁר	הַזָּקֵן	אֲבִיכֶם
Vayomrú	*. jay*	*ha'odenu*	*amártem*	*asher*	*hazakén*	*avijem*
ויאמרו	חי	העודנו	אמרתם	אשר	הזקן	אביכם
ויאמרו	חי	העודנו	אמרתם	אשר	הזקן	אביכם
Y-dijeron	. vivo	¿Aún-él otra-vez	dijisteis	que	el-anciano	vuestro-padre

730	126	18	136	99	126 | 606	376 | 936
שחה	קדד	חיה	עד	אב	עבד	שלם
וַיִּשְׁתַּחוּ׃	וַיִּקְּדוּ	חָי	עוֹדֶנּוּ	לְאָבִינוּ	לְעַבְדְּךָ	שָׁלוֹם
vayishtajú	*vayikedú*	*jay*	*odenú*	*le'avinu*	*le'avdeja*	*shalom*
וישתחו	ויקדו	חי	עודנו	לאבינו	לעבדך	שלום
וישתחו	ויקדו	חי	עודנו	לאבינו	לעבדך	שלום
. y-se-postraron	y-se-inclinaron	vivo	aún-él otra-vez	para-nuestro-padre	para-tu-siervo	paz plenitud

43:29

52 | 702	25	162 | 812	401	217	146	317
בנה	אח	בנה + ימן	את	ראה	עין	נשא
בֶּן־	אָחִיו	בִּנְיָמִין	אֶת־	וַיַּרְא	עֵינָיו	וַיִּשָּׂא
ben	*ajiv*	*Binyamín*	*et*	*vayar*	*eynav*	*Vayisá*
בן	אחיו	בנימין	את	וירא	עיניו	וישא
בן	אחיו	בנימין	את	וירא	עיניו	וישא
hijo-de edificador	su-hermano	Binyamín	..	y-vio	sus-ojos	Y-alzó

681 | 1241	501	164 | 814	79 | 639	17	257	47
אמר	אשר	קטן	אח	זה	אמר	אמם
אֲמַרְתֶּם	אֲשֶׁר	הַקָּטֹן	אֲחִיכֶם	הֲזֶה	וַיֹּאמֶר	אִמּוֹ
amártem	*asher*	*hakatón*	*ajijem*	*hazeh*	*vayómer*	*imó*
אמרתם	אשר	הקטן	אחיכם	הזה	ויאמר	אמו
אמרתם	אשר	הקטן	אחיכם	הזה	ויאמר	אמו
dijisteis	que	el-pequeño [no merecer; disminuir]	vuestro-hermano	¿El-éste	y-dijo	su-madre

43:30

156 | 876	261	62	88 | 568	86 | 646	257	41
יסף	מהר	בנה	חנן	אלהה	אמר	אלה
יוֹסֵף	וַיְמַהֵר	בְּנִי׃	יָחְנְךָ	אֱלֹהִים	וַיֹּאמַר	אֵלָי
Yosef	*Vayemaher*	*. bení*	*yojneja*	*Elohim*	*vayomar*	*elay*
יוסף	וימהר	בני	יחנך	אלהים	ויאמר	אלי
יוסף	וימהר	בני	יחנך	אלהים	ויאמר	אלי
Yosef	Y-se-apresuró	. mi-hijo edificador	te-agracie favor	*elohim* Dios; dioses; magistrados	y-dijo	a-mí

458	418	25	31	264	316	30
בכה	בקש	אח	אלה	רחם	כמר	כי
לִבְכּוֹת	וַיְבַקֵּשׁ	אָחִיו	אֶל־	רַחֲמָיו	נִכְמְרוּ	כִּי־
livkot	*vayevakesh*	*ajiv*	*el*	*rajamav*	*nijmerú*	*ki*
לבכות	ויבקש	אחיו	אל	רחמיו	נכמרו	כי
𐤋𐤁𐤊𐤅𐤕	𐤅𐤉𐤁𐤒𐤔	𐤀𐤇𐤉𐤅	𐤀𐤋	𐤓𐤇𐤌𐤉𐤅	𐤍𐤊𐤌𐤓𐤅	𐤊𐤉
para-llorar	y-buscó	su-hermano	a hacia	sus-entrañas	se-conmovieron	que porque

43:31

107	146	314 | 1124	345	38 | 518	222	19
יצא	פנה	רחץ	שם	בכה	חדר	בוא
וַיֵּצֵא	פָּנָיו	וַיִּרְחַץ	שָׁמָּה׃	וַיֵּבְךְּ	הַחַדְרָה	וַיָּבֹא
vayetse	*panav*	*Vayirjats*	*. shamah*	*vayevk*	*hajadrah*	*vayavó*
ויצא	פניו	וירחץ	שמה	ויבך	החדרה	ויבא
𐤅𐤉𐤑𐤀	𐤐𐤍𐤉𐤅	𐤅𐤉𐤓𐤇𐤑	𐤔𐤌𐤄	𐤅𐤉𐤁𐤊	𐤄𐤇𐤃𐤓𐤄	𐤅𐤉𐤁𐤀
y-salió	sus-faces presencia; superficie	Y-lavó	. allí [ubicación]	y-lloró	a-la-cámara	y-vino entrar

43:32

42	36	372	78 | 638	356	257	597
בד	הוא	שים	לחם	שים	אמר	אפק
לְבַדּוֹ	לוֹ	וַיָּשִׂימוּ	לָחֶם׃	שִׂימוּ	וַיֹּאמֶר	וַיִּתְאַפַּק
levadó	*lo*	*Vayasimu*	*. lájem*	*simu*	*vayómer*	*vayitapak*
לבדו	לו	וישימו	לחם	שימו	ויאמר	ויתאפק
𐤋𐤁𐤃𐤅	𐤋𐤅	𐤅𐤉𐤔𐤉𐤌𐤅	𐤋𐤇𐤌	𐤔𐤉𐤌𐤅	𐤅𐤉𐤀𐤌𐤓	𐤅𐤉𐤕𐤀𐤐𐤒
a-su-solas miembro; parte	para-él	Y-pusieron [ubicación]	. pan [alimento básico]	poned [ubicación]	y-dijo	y-se-contuvo

30	76 | 636	407	106 | 666	416 | 976	76 | 636	81 | 641
כי	בד	את	אכל	צור	בד	הוא
כִּי	לְבַדָּם	אִתּוֹ	הָאֹכְלִים	וְלַמִּצְרִים	לְבַדָּם	וְלָהֶם
ki	*levadam*	*itó*	*ha'ojlim*	*velamitsrim*	*levadam*	*velahem*
כי	לבדם	אתו	האכלים	ולמצרים	לבדם	ולהם
𐤊𐤉	𐤋𐤁𐤃𐤌	𐤀𐤕𐤅	𐤄𐤀𐤊𐤋𐤉𐤌	𐤅𐤋𐤌𐤑𐤓𐤉𐤌	𐤋𐤁𐤃𐤌	𐤅𐤋𐤄𐤌
que porque	a-sus-solas miembro; parte	con-él	los-que-comían	y-para-los-mitsrim	a-sus-solas miembro; parte	y-para-ellos

78 | 638	327 | 887	401	81	385 | 945	122 | 772	31
לחם	עבר	את	אכל	צור	יכל	לא
לֶחֶם	הָעִבְרִים	אֶת־	לֶאֱכֹל	הַמִּצְרִים	יוּכְלוּן	לֹא
léjem	*ha'ivrim*	*et*	*le'ejol*	*hamitsrim*	*yujlún*	*lo*
לחם	העברים	את	לאכל	המצרים	יוכלון	לא
𐤋𐤇𐤌	𐤄𐤏𐤁𐤓𐤉𐤌	𐤀𐤕	𐤋𐤀𐤊𐤋	𐤄𐤌𐤑𐤓𐤉𐤌	𐤉𐤅𐤊𐤋𐤅𐤍	𐤋𐤀
pan [alimento básico]	los-ivrim [hebreos]	..	para-comer	los-mitsrim	podían	no

43:33

227	176	324	410 | 970	12	483	30
בכר	פנה	ישב	צור	הוא	תעב	כי
הַבְּכֹר	לְפָנָיו	וַיֵּשְׁבוּ	לְמִצְרָיִם׃	הִוא	תוֹעֵבָה	כִּי־
habejor	*lefanav*	*Vayeshvú*	*. leMitsráyim*	*hi*	*to'evah*	*ki*
הבכר	לפניו	וישבו	למצרים	הוא	תועבה	כי
𐤄𐤁𐤊𐤓	𐤋𐤐𐤍𐤉𐤅	𐤅𐤉𐤔𐤁𐤅	𐤋𐤌𐤑𐤓𐤉𐤌	𐤄𐤅𐤀	𐤕𐤅𐤏𐤁𐤄	𐤊𐤉
el-primogénito primicia [escrit. defect.]	ante-él presencia; superficie	Y-se-asentaron	. para-Mitsráyim	ella	abominación	que porque

31	311	406 | 966	467	786	381	648
אלה	איש	אנש	תמה	צער	צער	בכר
אֶל־	אִישׁ	הָאֲנָשִׁים	וַיִּתְמְהוּ	כִּצְעִרָתוֹ	וְהַצָּעִיר	כִּבְכֹרָתוֹ
el	*ish*	*ha'anashim*	*vayitmehú*	*kitsirató*	*vehatsa'ir*	*kivjorató*
אל	איש	האנשים	ויתמהו	כצערתו	והצעיר	כבכרתו
𐤀𐤋	𐤀𐤉𐤔	𐤄𐤀𐤍𐤔𐤉𐤌	𐤅𐤉𐤕𐤌𐤄𐤅	𐤊𐤑𐤏𐤓𐤕𐤅	𐤅𐤄𐤑𐤏𐤉𐤓	𐤊𐤁𐤊𐤓𐤕𐤅
a hacia	varón [cada uno]	los-hombres mortal	y-se-asombraron	según-su-juventud	y-el-menor	según-su-primogenitura

43:34

608	76 | 636	146	441	741	317	281
רבה	אלה	פנה	את	נשא	נשא	רעה
וַתֵּרֶב	אֲלֵהֶם	פָּנָיו	מֵאֵת	מַשְׂאֹת	וַיִּשָּׂא	רֵעֵהוּ׃
vatérev	*aléhem*	*panav*	*me'et*	*masot*	*Vayisá*	*. re'ehu*
ותרב	אלהם	פניו	מאת	משאת	וישא	רעהו
𐤅𐤕𐤓𐤁	𐤀𐤋𐤄𐤌	𐤐𐤍𐤉𐤅	𐤌𐤀𐤕	𐤌𐤔𐤀𐤕	𐤅𐤉𐤔𐤀	𐤓𐤏𐤄𐤅
y-fue-aumentada crecer; multiplicar	a-ellos	sus-faces presencia; superficie	de-···	porciones [algo que se alza]	Y-alzó	. su-compañero pastor

722	420	348	90 | 650	781	152 | 802	741
שתה	יד	חמש	כלל	נשא	בנה + ימן	נשא
וַיִּשְׁתּוּ	יָדוֹת	חָמֵשׁ	כֻּלָּם	מִמַּשְׂאֹת	בִנְיָמִן	מַשְׂאַת
vayishtú	*yadot*	*jamesh*	*kulam*	*mimasot*	*Binyamín*	*masat*
וישתו	ידות	חמש	כלם	ממשאת	בנימן	משאת
𐤅𐤉𐤔𐤕𐤅	𐤉𐤃𐤅𐤕	𐤇𐤌𐤔	𐤊𐤋𐤌	𐤌𐤌𐤔𐤀𐤕	𐤁𐤍𐤉𐤌𐤍	𐤌𐤔𐤀𐤕
y-bebieron	manos	cinco	todos-ellos	de-porciones-de [algo que se alza]	Binyamín	porción-de [algo que se alza]

116	542
עם	שכר
עִמּוֹ׃	וַיִּשְׁכְּרוּ
. imó	*vayishkerú*
עמו	וישכרו
𐤏𐤌𐤅	𐤅𐤉𐤔𐤊𐤓𐤅
. con-él	y-se-embriagaron

Total de palabras hebreas: 485.
Total de consonantes hebreas: 1976.
Consonantes ausentes: -

44:1

71	271	418	100	501	401	112
מלא	אמר	בנה	עלה	אשר	את	צוה
מַלֵּא	לֵאמֹר	בֵּיתוֹ	עַל־	אֲשֶׁר	אֶת־	וַיְצַו
malé	*lemor*	*beytó*	*al*	*asher*	*et*	*Vayetsav*
מלא	לאמר	ביתו	על	אשר	את	ויצו
𐤌𐤋𐤀	𐤋𐤀𐤌𐤓	𐤁𐤉𐤕𐤅	𐤏𐤋	𐤀𐤔𐤓	𐤀𐤕	𐤅𐤉𐤑𐤅
llena completar; cumplir	a-decir	su-casa	sobre	que	··	Y-mandó

701	122 | 772	521	51	406 | 966	849	401
נשא	יכל	אשר	אכל	אנש	מתח	את
שְׂאֵת	יוּכְלוּן	כַּאֲשֶׁר	אֹכֶל	הָאֲנָשִׁים	אַמְתְּחֹת	אֶת־
set	*yujlún*	*ka'asher*	*ojel*	*ha'anashim*	*amtejot*	*et*
שאת	יוכלון	כאשר	אכל	האנשים	אמתחת	את
𐤔𐤀𐤕	𐤉𐤅𐤊𐤋𐤅𐤍	𐤊𐤀𐤔𐤓	𐤀𐤊𐤋	𐤄𐤀𐤍𐤔𐤉𐤌	𐤀𐤌𐤕𐤇𐤕	𐤀𐤕
alzar	puedan	como según	comida	los-hombres mortal	costales-de	··

44:2

95	407	823	92	311	160 | 880	356 | 916
גבע	את	מתח	פאה	איש	כסף	שים
גְּבִיעִי	וְאֶת־	אַמְתַּחְתּוֹ׃	בְּפִי	אִישׁ	כֶּסֶף־	וְשִׂים
geví'í	*Ve'et*	*. amtajtó*	*befí*	*ish*	*késef*	*vesim*
גביעי	ואת	אמתחתו	בפי	איש	כסף	ושים
𐤂𐤁𐤉𐤏𐤉	𐤅𐤀𐤕	𐤀𐤌𐤕𐤇𐤕𐤅	𐤁𐤐𐤉	𐤀𐤉𐤔	𐤊𐤎𐤐	𐤅𐤔𐤉𐤌
mi-cáliz	Y-··	. su-costal	en-boca-de	varón [cada uno]	plata-de	y-pon [ubicación]

407	164 | 814	849	92	750 | 1310	165 | 885	85
את	קטן	מתח	פאה	שים	כסף	גבע
וְאֵת	הַקָּטֹן	אַמְתַּחַת	בְּפִי	תָּשִׂים	הַכֶּסֶף	גְּבִיעַ
ve'et	*hakatón*	*amtájat*	*befí*	*tasim*	*hakésef*	*geví'a*
ואת	הקטן	אמתחת	בפי	תשים	הכסף	גביע
𐤅𐤀𐤕	𐤄𐤒𐤈𐤍	𐤀𐤌𐤕𐤇𐤕	𐤁𐤐𐤉	𐤕𐤔𐤉𐤌	𐤄𐤊𐤎𐤐	𐤂𐤁𐤉𐤏
y-··	el-pequeño [no merecer; disminuir]	costal-de	en-boca-de	pondrás [ubicación]	la-plata	cáliz-de

206	501	156 | 876	226	386	508	160 | 880
דבר	אשר	יסף	דבר	עשה	שבר	כסף
דִּבֵּר׃	אֲשֶׁר	יוֹסֵף	כִּדְבַר	וַיַּעַשׂ	שִׁבְרוֹ	כֶּסֶף
. diber	*asher*	*Yosef*	*kidvar*	*vaya'as*	*shivró*	*késef*
דבר	אשר	יוסף	כדבר	ויעש	שברו	כסף
𐤃𐤁𐤓	𐤀𐤔𐤓	𐤉𐤅𐤎𐤐	𐤊𐤃𐤁𐤓	𐤅𐤉𐤏𐤔	𐤔𐤁𐤓𐤅	𐤊𐤎𐤐
. habló	que	Yosef	según-palabra-de asunto; cosa	e-hizo	su-provisión [grano]	plata

44:4 — 44:3

45 | 605	309 | 869	50	344	412 | 972	207	302
הוא	חמר	הוא	שלח	אנש	אור	בקר
הֵם	וַחֲמֹרֵיהֶם׃	הֵמָּה	שֻׁלְּחוּ	וְהָאֲנָשִׁים	אוֹר	הַבֹּקֶר
Hem	*. vajamoreyhem*	*hemah*	*shuleju*	*veha'anashim*	*or*	*Habóker*
הם	וחמריהם	המה	שלחו	והאנשים	אור	הבקר
𐤄𐤌	𐤅𐤇𐤌𐤓𐤉𐤄𐤌	𐤄𐤌𐤄	𐤔𐤋𐤇𐤅	𐤅𐤄𐤀𐤍𐤔𐤉𐤌	𐤀𐤅𐤓	𐤄𐤁𐤒𐤓
Ellos	. y-sus-asnos	ellos aquellos	fueron-enviados	y-los-hombres mortal	resplandeció [luz]	La-mañana

241	162 | 882	329	31	285	401	107
אמר	יסף	רחק	לא	עור	את	יצא
אָמַר	וְיוֹסֵף	הִרְחִיקוּ	לֹא	הָעִיר	אֶת־	יָצְאוּ
amar	*veYosef*	*hirjiku*	*lo*	*ha'ir*	*et*	*yatsú*
אמר	ויוסף	הרחיקו	לא	העיר	את	יצאו
𐤀𐤌𐤓	𐤅𐤉𐤅𐤎𐤐	𐤄𐤓𐤇𐤉𐤒𐤅	𐤋𐤀	𐤄𐤏𐤉𐤓	𐤀𐤕	𐤉𐤑𐤀𐤅
dijo	y-Yosef	fueron-lejos [de lugar o tiempo]	no	la-ciudad	..	salieron

406 | 966	219	284 | 1004	146 | 706	418	100	531
אנש	אחר	רדף	קום	בנה	עלה	אשר
הָאֲנָשִׁים	אַחֲרֵי	רְדֹף	קוּם	בֵּיתוֹ	עַל־	לַאֲשֶׁר
ha'anashim	*ajarey*	*redof*	*kum*	*beytó*	*al*	*la'asher*
האנשים	אחרי	רדף	קום	ביתו	על	לאשר
𐤄𐤀𐤍𐤔𐤉𐤌	𐤀𐤇𐤓𐤉	𐤓𐤃𐤐	𐤒𐤅𐤌	𐤁𐤉𐤕𐤅	𐤏𐤋	𐤋𐤀𐤔𐤓
los-hombres mortal	tras	sigue	levántate	su-casa	sobre	al-que

808	275	810 | 1370	75	76 | 636	647	754 | 1314
תחת	רעע	שלם	מה	אלה	אמר	נשג
תַּחַת	רָעָה	שִׁלַּמְתֶּם	לָמָּה	אֲלֵהֶם	וְאָמַרְתָּ	וְהִשַּׂגְתָּם
tájat	*ra'ah*	*shilámtem*	*lámah*	*aléhem*	*ve'amartá*	*vehisagtam*
תחת	רעה	שלמתם	למה	אלהם	ואמרת	והשגתם
𐤕𐤇𐤕	𐤓𐤏𐤄	𐤔𐤋𐤌𐤕𐤌	𐤋𐤌𐤄	𐤀𐤋𐤄𐤌	𐤅𐤀𐤌𐤓𐤕	𐤅𐤄𐤔𐤂𐤕𐤌
en-lugar-de	maldad	pagasteis devolver [rel. con paz]	¿Por-qué	a-ellos	y-dirás	y-alcánzales

44:5

8	65	715	501	12	36	22
הוא	אדן	שתה	אשר	זה	לא	טוב
בּוֹ	אֲדֹנִי	יִשְׁתֶּה	אֲשֶׁר	זֶה	הֲלוֹא	טוֹבָה׃
bo	*adoní*	*yishteh*	*asher*	*zeh*	*Haló*	*. tovah*
בו	אדני	ישתה	אשר	זה	הלוא	טובה
𐤁𐤅	𐤀𐤃𐤍𐤉	𐤉𐤔𐤕𐤄	𐤀𐤔𐤓	𐤆𐤄	𐤄𐤋𐤅𐤀	𐤈𐤅𐤁𐤄
en-él	mi-señor	bebe	que	esto	¿Acaso-no	. bondad bien; hermoso

820 | 1380	501	715 | 1275	8	368	358	18
עשה	אשר	רעע	הוא	נחש	נחש	הוא
עֲשִׂיתֶם׃	אֲשֶׁר	הֲרֵעֹתֶם	בּוֹ	יְנַחֵשׁ	נַחֵשׁ	וְהוּא
. asitem	*asher*	*hare'otem*	*bo*	*yenajesh*	*najesh*	*vehú*
עשיתם	אשר	הרעתם	בו	ינחש	נחש	והוא
𐤏𐤔𐤉𐤕𐤌	𐤀𐤔𐤓	𐤄𐤓𐤏𐤕𐤌	𐤁𐤅	𐤉𐤍𐤇𐤔	𐤍𐤇𐤔	𐤅𐤄𐤅𐤀
. hicisteis	que	habéis-hecho-mal	con-él	adivina	adivinar ciertamente	y-él

44:7 **44:6**

263	41	261 | 821	401	76 | 636	222	359 | 919
אמר	אלה	דבר	את	אלה	דבר	נשג
וַיֹּאמְרוּ	הָאֵלֶּה׃	הַדְּבָרִים	אֶת־	אֲלֵהֶם	וַיְדַבֵּר	וַיַּשִּׂגֵם
Vayomrú	*. ha'éleh*	*hadevarim*	*et*	*aléhem*	*vayedaber*	*Vayasigem*
ויאמרו	האלה	הדברים	את	אלהם	וידבר	וישגם
𐤅𐤉𐤀𐤌𐤓𐤅	𐤄𐤀𐤋𐤄	𐤄𐤃𐤁𐤓𐤉𐤌	𐤀𐤕	𐤀𐤋𐤄𐤌	𐤅𐤉𐤃𐤁𐤓	𐤅𐤉𐤔𐤂𐤌
Y-dijeron	. las-éstas	las-palabras asunto; cosa	..	a-ellos	y-habló	Y-les-alcanzó

83	41	276 | 836	65	216	75	47
חלל	אלה	דבר	אדן	דבר	מה	אלה
חָלִילָה	הָאֵלֶּה	כַּדְּבָרִים	אֲדֹנִי	יְדַבֵּר	לָמָּה	אֵלָיו
jalilah	*ha'éleh*	*kadevarim*	*adoní*	*yedaber*	*lámah*	*elav*
חלילה	האלה	כדברים	אדני	ידבר	למה	אליו
𐤇𐤋𐤉𐤋𐤄	𐤄𐤀𐤋𐤄	𐤊𐤃𐤁𐤓𐤉𐤌	𐤀𐤃𐤍𐤉	𐤉𐤃𐤁𐤓	𐤋𐤌𐤄	𐤀𐤋𐤉𐤅
¡Ni-pensarlo!	las-éstas	como-las-palabras asunto; cosa	mi-señor	habla	¿Por-qué	a-él

44:8

501	160 | 880	55 | 705	17	226	816	136 | 616
אשר	כסף	הן	זה	דבר	עשה	עבד
אֲשֶׁר	כֶּסֶף	הֵן	הַזֶּה׃	כַּדָּבָר	מֵעֲשׂוֹת	לַעֲבָדֶיךָ
asher	*késef*	*Hen*	*. hazeh*	*kadavar*	*me'asot*	*la'avadeyja*
אשר	כסף	הן	הזה	כדבר	מעשות	לעבדיך
𐤀𐤔𐤓	𐤊𐤎𐤐	𐤄𐤍	𐤄𐤆𐤄	𐤊𐤃𐤁𐤓	𐤌𐤏𐤔𐤅𐤕	𐤋𐤏𐤁𐤃𐤉𐤊
que	plata	¡Mira! he-aquí	. la-ésta	como-la-palabra asunto; cosa	de-hacer	para-tus-siervos

190 | 840	331 | 1141	61 | 541	373	915	92	187
כנע	ארץ	אלה	שוב	מתח	פאה	מצא
כְּנַעַן	מֵאֶרֶץ	אֵלֶיךָ	הֱשִׁיבֹנוּ	אַמְתְּחֹתֵינוּ	בְּפִי	מָצָאנוּ
Kena'an	*me'érets*	*eleyja*	*heshivonu*	*amtejoteynu*	*befí*	*matsanu*
כנען	מארץ	אליך	השיבנו	אמתחתינו	בפי	מצאנו
𐤊𐤍𐤏𐤍	𐤌𐤀𐤓𐤑	𐤀𐤋𐤉𐤊	𐤄𐤔𐤉𐤁𐤍𐤅	𐤀𐤌𐤕𐤇𐤕𐤉𐤍𐤅	𐤁𐤐𐤉	𐤌𐤑𐤀𐤍𐤅
Kena'an	de-tierra-de [la seca]	a-ti	hicimos-volver	nuestros-costales	en-boca-de	encontramos

<table>
<tr><td>14</td><td>7</td><td>160 | 880</td><td>85 | 565</td><td>452</td><td>105</td><td>37 | 517</td></tr>
<tr><td>זהב</td><td>או</td><td>כסף</td><td>אדן</td><td>בנה</td><td>גנב</td><td>אין</td></tr>
<tr><td>זָהָב׃</td><td>אֹו</td><td>כֶּסֶף</td><td>אֲדֹנֶיךָ</td><td>מִבֵּית</td><td>נִגְנֹב</td><td>וְאֵיךְ</td></tr>
<tr><td>. zahav</td><td>o</td><td>késef</td><td>adoneyja</td><td>mibeyt</td><td>nignov</td><td>ve'eyj</td></tr>
<tr><td>זהב</td><td>או</td><td>כסף</td><td>אדניך</td><td>מבית</td><td>נגנב</td><td>ואיך</td></tr>
<tr><td>𐤆𐤄𐤁</td><td>𐤀𐤅</td><td>𐤊𐤎𐤐</td><td>𐤀𐤃𐤍𐤉𐤊</td><td>𐤌𐤁𐤉𐤕</td><td>𐤍𐤂𐤍𐤁</td><td>𐤅𐤀𐤉𐤊</td></tr>
<tr><td>. oro</td><td>o</td><td>plata</td><td>tu-señor
tus-señores [plural]</td><td>de-casa-de</td><td>hurtaríamos</td><td>¿Y-cómo</td></tr>
</table>

44:9

<table>
<tr><td>115</td><td>49 | 609</td><td>446</td><td>146 | 626</td><td>407</td><td>141</td><td>501</td></tr>
<tr><td>אנך</td><td>גם</td><td>מות</td><td>עבד</td><td>את</td><td>מצא</td><td>אשר</td></tr>
<tr><td>אֲנַחְנוּ</td><td>וְגַם־</td><td>וָמֵת</td><td>מֵעֲבָדֶיךָ</td><td>אִתֹּו</td><td>יִמָּצֵא</td><td>אֲשֶׁר</td></tr>
<tr><td>anajnu</td><td>vegam</td><td>vamet</td><td>me'avadeyja</td><td>itó</td><td>yimatsé</td><td>Asher</td></tr>
<tr><td>אנחנו</td><td>וגם</td><td>ומת</td><td>מעבדיך</td><td>אתו</td><td>ימצא</td><td>אשר</td></tr>
<tr><td>𐤀𐤍𐤇𐤍𐤅</td><td>𐤅𐤂𐤌</td><td>𐤅𐤌𐤕</td><td>𐤌𐤏𐤁𐤃𐤉𐤊</td><td>𐤀𐤕𐤅</td><td>𐤉𐤌𐤑𐤀</td><td>𐤀𐤔𐤓</td></tr>
<tr><td>nosotros</td><td>y-también</td><td>y-morirá</td><td>de-tus-siervos</td><td>con-él</td><td>se-encuentre</td><td>Que</td></tr>
</table>

44:10

<table>
<tr><td>296 | 856</td><td>475</td><td>43 | 603</td><td>257</td><td>156 | 716</td><td>95</td><td>70</td></tr>
<tr><td>דבר</td><td>עת</td><td>גם</td><td>אמר</td><td>עבד</td><td>אדן</td><td>היה</td></tr>
<tr><td>כְדִבְרֵיכֶם</td><td>עַתָּה</td><td>גַּם־</td><td>וַיֹּאמֶר</td><td>לַעֲבָדִים׃</td><td>לַאדֹנִי</td><td>נִהְיֶה</td></tr>
<tr><td>jedivreyjem</td><td>atah</td><td>gam</td><td>Vayómer</td><td>. la'avadim</td><td>ladoní</td><td>nihyeh</td></tr>
<tr><td>כדבריכם</td><td>עתה</td><td>גם</td><td>ויאמר</td><td>לעבדים</td><td>לאדני</td><td>נהיה</td></tr>
<tr><td>𐤊𐤃𐤁𐤓𐤉𐤊𐤌</td><td>𐤏𐤕𐤄</td><td>𐤂𐤌</td><td>𐤅𐤉𐤀𐤌𐤓</td><td>𐤋𐤏𐤁𐤃𐤉𐤌</td><td>𐤋𐤀𐤃𐤍𐤉</td><td>𐤍𐤄𐤉𐤄</td></tr>
<tr><td>como-vuestras-palabras
asunto; cosa</td><td>ahora
en-este-tiempo</td><td>también</td><td>Y-dijo</td><td>. para-siervos</td><td>para-mi-señor</td><td>seremos</td></tr>
</table>

<table>
<tr><td>40</td><td>30</td><td>407</td><td>141</td><td>501</td><td>12</td><td>70 | 720</td></tr>
<tr><td>·</td><td>היה</td><td>את</td><td>מצא</td><td>אשר</td><td>הוא</td><td>כן</td></tr>
<tr><td>לִּי</td><td>יִהְיֶה־</td><td>אִתֹּו</td><td>יִמָּצֵא</td><td>אֲשֶׁר</td><td>הוּא</td><td>כֶּן־</td></tr>
<tr><td>li</td><td>yihyeh</td><td>itó</td><td>yimatsé</td><td>asher</td><td>hu</td><td>ken</td></tr>
<tr><td>לי</td><td>יהיה</td><td>אתו</td><td>ימצא</td><td>אשר</td><td>הוא</td><td>כן</td></tr>
<tr><td>𐤋𐤉</td><td>𐤉𐤄𐤉𐤄</td><td>𐤀𐤕𐤅</td><td>𐤉𐤌𐤑𐤀</td><td>𐤀𐤔𐤓</td><td>𐤄𐤅𐤀</td><td>𐤊𐤍</td></tr>
<tr><td>para-mí</td><td>será</td><td>con-él</td><td>se-encuentre</td><td>que</td><td>él</td><td>así
enderezar; rectamente</td></tr>
</table>

44:11

<table>
<tr><td>311</td><td>232</td><td>267</td><td>200 | 760</td><td>421</td><td>447 | 1007</td><td>76</td></tr>
<tr><td>איש</td><td>ירד</td><td>מהר</td><td>נקה</td><td>היה</td><td>את</td><td>עבד</td></tr>
<tr><td>אִישׁ</td><td>וַיּוֹרִדוּ</td><td>וַיְמַהֲרוּ</td><td>נְקִיִּם׃</td><td>תִּהְיוּ</td><td>וְאַתֶּם</td><td>עָבֶד</td></tr>
<tr><td>ish</td><td>vayoridú</td><td>Vayemaharu</td><td>. neki'im</td><td>tihyú</td><td>ve'atem</td><td>áved</td></tr>
<tr><td>איש</td><td>וירדו</td><td>וימהרו</td><td>נקים</td><td>תהיו</td><td>ואתם</td><td>עבד</td></tr>
<tr><td>𐤀𐤉𐤔</td><td>𐤅𐤉𐤅𐤓𐤃𐤅</td><td>𐤅𐤉𐤌𐤄𐤓𐤅</td><td>𐤍𐤒𐤉𐤌</td><td>𐤕𐤄𐤉𐤅</td><td>𐤅𐤀𐤕𐤌</td><td>𐤏𐤁𐤃</td></tr>
<tr><td>varón
[cada uno]</td><td>y-descendieron</td><td>Y-se-apresuraron</td><td>. inocentes</td><td>seréis</td><td>y-vosotros</td><td>siervo</td></tr>
</table>

44:12

404	823	311	510	296	823	401
חפש	מתח	איש	פתח	ארץ	מתח	את
וַיְחַפֵּ֗שׂ	אַמְתַּחְתּֽוֹ׃	אִ֖ישׁ	וַֽיִּפְתְּח֖וּ	אָ֑רְצָה	אַמְתַּחְתּ֖וֹ	אֶת־
Vayejapés	*. amtajtó*	*ish*	*vayiftejú*	*artsah*	*amtajtó*	*et*
ויחפש	אמתחתו	איש	ויפתחו	ארצה	אמתחתו	את
𐤅𐤉𐤇𐤐𐤔	𐤀𐤌𐤕𐤇𐤕𐤅	𐤀𐤉𐤔	𐤅𐤉𐤐𐤕𐤇𐤅	𐤀𐤓𐤑𐤄	𐤀𐤌𐤕𐤇𐤕𐤅	𐤀𐤕
Y-rebuscó	. su-costal	varón [cada uno]	y-abrieron	a-tierra [la seca]	su-costal	..

851	90	147	55	167 | 817	43	45
מתח	·	מצא	כלה	קטן	חלל	גדל
בְּאַמְתַּ֥חַת	הַגָּבִ֔יעַ	וַיִּמָּצֵ֣א	כִּלָּ֑ה	וּבַקָּטֹ֖ן	הֵחֵ֔ל	בַּגָּד֣וֹל
be'amtájat	*hagaví'a*	*vayimatsé*	*kilah*	*uvakatón*	*héjel*	*bagadol*
באמתחת	הגביע	וימצא	כלה	ובקטן	החל	בגדול
𐤁𐤀𐤌𐤕𐤇𐤕	𐤄𐤂𐤁𐤉𐤏	𐤅𐤉𐤌𐤑𐤀	𐤊𐤋𐤄	𐤅𐤁𐤒𐤈𐤍	𐤄𐤇𐤋	𐤁𐤂𐤃𐤅𐤋
en-el-costal-de	el-cáliz	y-se-encontró	acabó	y-en-el-pequeño [no merecer; disminuir]	comenzó [profanar]	en-el-grande

44:13

254	100	311	186	810 | 1370	392	152 | 802
חמר	עלה	איש	עמס	שמל	קרע	בנה + ימן
חֲמֹר֔וֹ	עַל־	אִ֣ישׁ	וַֽיַּעֲמֹס֙	שִׂמְלֹתָ֑ם	וַֽיִּקְרְע֖וּ	בִנְיָמִֽן׃
jamoró	*al*	*ish*	*vaya'amós*	*simlotam*	*Vayikre'ú*	*. Binyamín*
חמרו	על	איש	ויעמס	שמלתם	ויקרעו	בנימן
𐤇𐤌𐤓𐤅	𐤏𐤋	𐤀𐤉𐤔	𐤅𐤉𐤏𐤌𐤎	𐤔𐤌𐤋𐤕𐤌	𐤅𐤉𐤒𐤓𐤏𐤅	𐤁𐤍𐤉𐤌𐤍
su-asno	sobre	varón [cada uno]	y-cargó	sus-mantos	Y-rasgaron	. Binyamín

44:14

156 | 876	417	25	30	19	290	324
יסף	בנה	אח	היה + ידה	בוא	עור	שוב
יוֹסֵ֔ף	בֵּ֣יתָה	וְאֶחָיו֙	יְהוּדָ֤ה	וַיָּבֹ֨א	הָעִֽירָה׃	וַיָּשֻׁ֖בוּ
Yosef	*beytah*	*ve'ejav*	*Yehudah*	*Vayavó*	*. ha'irah*	*vayashuvu*
יוסף	ביתה	ואחיו	יהודה	ויבא	העירה	וישבו
𐤉𐤅𐤎𐤐	𐤁𐤉𐤕𐤄	𐤅𐤀𐤇𐤉𐤅	𐤉𐤄𐤅𐤃𐤄	𐤅𐤉𐤁𐤀	𐤄𐤏𐤉𐤓𐤄	𐤅𐤉𐤔𐤁𐤅
Yosef	a-casa-de	y-sus-hermanos	Yehudah	Y-vino entrar	. a-la-ciudad	y-volvieron

44:15

257	296	176	132	340 | 900	136	18
אמר	ארץ	פנה	נפל	שם	עוד	הוא
וַיֹּ֤אמֶר	אָֽרְצָה׃	לְפָנָ֖יו	וַיִּפְּל֥וּ	שָׁ֑ם	עוֹדֶ֣נּוּ	וְה֥וּא
Vayómer	*. artsah*	*lefanav*	*vayipelú*	*sham*	*odenú*	*vehú*
ויאמר	ארצה	לפניו	ויפלו	שם	עודנו	והוא
𐤅𐤉𐤀𐤌𐤓	𐤀𐤓𐤑𐤄	𐤋𐤐𐤍𐤉𐤅	𐤅𐤉𐤐𐤋𐤅	𐤔𐤌	𐤏𐤅𐤃𐤍𐤅	𐤅𐤄𐤅𐤀
Y-dijo	. a-tierra [la seca]	ante-él presencia; superficie	y-cayeron	allí [ubicación]	aún-él otra-vez	y-él

820 | 1380	501	17	420	45	156 | 876	75 | 635
עשה	אשר	זה	עשה	מה	יסף	הוא
עֲשִׂיתֶם	אֲשֶׁר	הַזֶּה	הַמַּעֲשֶׂה	מָה־	יוֹסֵף	לָהֶם
asitem	*asher*	*hazeh*	*hama'aseh*	*mah*	*Yosef*	*lahem*
עשיתם	אשר	הזה	המעשה	מה	יוסף	להם
𐤏𐤔𐤉𐤕𐤌	𐤀𐤔𐤓	𐤄𐤆𐤄	𐤄𐤌𐤏𐤔𐤄	𐤌𐤄	𐤉𐤅𐤎𐤐	𐤋𐤄𐤌
hicisteis	que	el-éste	el-hecho acción, labor	¿Qué	Yosef	a-ellos

501	311	368	358	30	524 | 1084	36
אשר	איש	נחש	נחש	כי	ידע	לא
אֲשֶׁר	אִישׁ	יְנַחֵשׁ	נַחֵשׁ	כִּי־	יְדַעְתֶּם	הֲלוֹא
asher	*ish*	*yenajesh*	*najesh*	*ki*	*yedatem*	*haló*
אשר	איש	ינחש	נחש	כי	ידעתם	הלוא
𐤀𐤔𐤓	𐤀𐤉𐤔	𐤉𐤍𐤇𐤔	𐤍𐤇𐤔	𐤊𐤉	𐤉𐤃𐤏𐤕𐤌	𐤄𐤋𐤅𐤀
que	varón	adivina	adivinar ciertamente	que porque	conocéis	¿Acaso-no

44:16

45	95	291	45	30	257	120
מה	אדן	אמר	מה	היה + ידה	אמר	·
מַה־	לַאדֹנִי	נֹּאמַר	מַה־	יְהוּדָה	וַיֹּאמֶר	כָּמֹנִי׃
mah	*ladoní*	*nomar*	*mah*	*Yehudah*	*Vayómer*	*. kamoní*
מה	לאדני	נאמר	מה	יהודה	ויאמר	כמני
𐤌𐤄	𐤋𐤀𐤃𐤍𐤉	𐤍𐤀𐤌𐤓	𐤌𐤄	𐤉𐤄𐤅𐤃𐤄	𐤅𐤉𐤀𐤌𐤓	𐤊𐤌𐤍𐤉
¿Qué	a-mi-señor	diremos	¿Qué	Yehudah	Y-dijo	. como-yo

126 | 776	401	131	91 | 651	253	51	256
עוה	את	מצא	אלהה	צדק	מה	דבר
עֲוֺן	אֶת־	מָצָא	הָאֱלֹהִים	נִּצְטַדָּק	וּמַה־	נְּדַבֵּר
avón	*et*	*matsá*	*ha'elohim*	*nitstadak*	*umah*	*nedaber*
עון	את	מצא	האלהים	נצטדק	ומה	נדבר
𐤏𐤅𐤍	𐤀𐤕	𐤌𐤑𐤀	𐤄𐤀𐤋𐤄𐤉𐤌	𐤍𐤑𐤈𐤃𐤒	𐤅𐤌𐤄	𐤍𐤃𐤁𐤓
perversidad-de culpa	..	encontró	*ha'elohim* Dios; dioses; magistrados	justificaremos [probar inocencia]	¿Y-qué	hablaremos

43 | 603	115	43 | 603	95	126 | 686	111	106 | 586
גם	אנך	גם	אדן	עבד	הן	עבד
גַּם	אֲנַחְנוּ	גַּם־	לַאדֹנִי	עֲבָדִים	הִנֶּנּוּ	עֲבָדֶיךָ
gam	*anajnu*	*gam*	*ladoní*	*avadim*	*hinenu*	*avadeyja*
גם	אנחנו	גם	לאדני	עבדים	הננו	עבדיך
𐤂𐤌	𐤀𐤍𐤇𐤍𐤅	𐤂𐤌	𐤋𐤀𐤃𐤍𐤉	𐤏𐤁𐤃𐤉𐤌	𐤄𐤍𐤍𐤅	𐤏𐤁𐤃𐤉𐤊
también	nosotros	también	para-mi-señor	siervos	¡Míranos! henos-aquí	tus-siervos

44:17

40	83	257	22	90	181	501
·	חלל	אמר	יד	·	מצא	אשר
לִ֔י	חָלִ֣ילָה	וַיֹּ֗אמֶר	בְּיָדֽוֹ׃	הַגָּבִ֖יעַ	נִמְצָ֤א	אֲשֶׁר־
li	*jalilah*	*Vayómer*	*. beyadó*	*hagaví'a*	*nimtsá*	*asher*
לי	חלילה	ויאמר	בידו	הגביע	נמצא	אשר
𐤋𐤉	𐤇𐤋𐤉𐤋𐤄	𐤅𐤉𐤀𐤌𐤓	𐤁𐤉𐤃𐤅	𐤄𐤂𐤁𐤉𐤏	𐤍𐤌𐤑𐤀	𐤀𐤔𐤓
para-mí	¡Ni-pensarlo!	Y-dijo	. en-su-mano	el-cáliz	se-encontró	que

22	90	181	501	316	408	816
יד	·	מצא	אשר	איש	זה	עשה
בְּיָד֔וֹ	הַגָּבִ֜יעַ	נִמְצָ֨א	אֲשֶׁ֩ר	הָאִ֡ישׁ	זֹ֑את	מֵעֲשׂ֣וֹת
beyadó	*hagaví'a*	*nimtsá*	*asher*	*ha'ish*	*zot*	*me'asot*
בידו	הגביע	נמצא	אשר	האיש	זאת	מעשות
𐤁𐤉𐤃𐤅	𐤄𐤂𐤁𐤉𐤏	𐤍𐤌𐤑𐤀	𐤀𐤔𐤓	𐤄𐤀𐤉𐤔	𐤆𐤀𐤕	𐤌𐤏𐤔𐤅𐤕
en-su-mano	el-cáliz	se-encontró	que	el-varón	esto	de-hacer

406 | 966	106	447 | 1007	76	40	30	12
שלם	עלה	את	עבד	·	היה	הוא
לְשָׁל֖וֹם	עֲל֥וּ	וְאַתֶּ֕ם	עָ֔בֶד	לִ֣י	יִהְיֶה־	ה֚וּא
leshalom	*alú*	*ve'atem*	*áved*	*li*	*yihyeh*	*hu*
לשלום	עלו	ואתם	עבד	לי	יהיה	הוא
𐤋𐤔𐤋𐤅𐤌	𐤏𐤋𐤅	𐤅𐤀𐤕𐤌	𐤏𐤁𐤃	𐤋𐤉	𐤉𐤄𐤉𐤄	𐤄𐤅𐤀
para-paz plenitud	ascended	y-vosotros	siervo	para-mí	será	él

44:18

12	257	30	47	319	73 | 633	31
·	אמר	היה + ידה	אלה	נגש	אב	אלה
בִּ֣י	וַיֹּ֘אמֶר֮	יְהוּדָ֗ה	אֵלָ֜יו	וַיִּגַּ֨שׁ	אֲבִיכֶֽם׃	אֶל־
bi	*vayómer*	*Yehudah*	*elav*	*Vayigash*	*. avijem*	*el*
בי	ויאמר	יהודה	אליו	ויגש	אביכם	אל
𐤁𐤉	𐤅𐤉𐤀𐤌𐤓	𐤉𐤄𐤅𐤃𐤄	𐤀𐤋𐤉𐤅	𐤅𐤉𐤂𐤔	𐤀𐤁𐤉𐤊𐤌	𐤀𐤋
te-suplico con-permiso	y-dijo	Yehudah	a-él	Y-se-acercó	. vuestro-padre	a hacia

65	70	206	96 | 576	51	216	65
אדן	אזן	דבר	עבד	נא	דבר	אדן
אֲדֹנִ֗י	בְּאָזְנֵ֣י	דָבָר֙	עַבְדְּךָ֤	נָ֨א	יְדַבֶּר־	אֲדֹנִי֒
adoní	*be'ozney*	*davar*	*avdeja*	*na*	*yedaber*	*adoní*
אדני	באזני	דבר	עבדך	נא	ידבר	אדני
𐤀𐤃𐤍𐤉	𐤁𐤀𐤆𐤍𐤉	𐤃𐤁𐤓	𐤏𐤁𐤃𐤊	𐤍𐤀	𐤉𐤃𐤁𐤓	𐤀𐤃𐤍𐤉
mi-señor	en-oídos-de	palabra asunto; cosa	tu-siervo	por-favor ahora	hablará	mi-señor

375	86 | 566	30	98 | 578	581	218	37
·	·	כי	עבד	אנף	חרה	אל
כְּפַרְעֹה׃	כָּמוֹךָ	כִּי	בְּעַבְדֶּךָ	אַפְּךָ	יִחַר	וְאַל־
. kefaroh	*jamoja*	*ki*	*be'avdeja*	*apeja*	*yijar*	*ve'al*
כפרעה	כמוך	כי	בעבדך	אפך	יחר	ואל
𐤊𐤐𐤓𐤏𐤄	𐤊𐤌𐤅𐤊	𐤊𐤉	𐤁𐤏𐤁𐤃𐤊	𐤀𐤐𐤊	𐤉𐤇𐤓	𐤅𐤀𐤋
. como-faraón	tú-como	que porque	con-tu-siervo	tu-nariz	aíre [efect. y síntoma de ira]	y-no

44:19

90 | 650	315	271	92	401	331	65
·	יש	אמר	עבד	את	שאל	אדן
לָכֶם	הֲיֵשׁ־	לֵאמֹר	עֲבָדָיו	אֶת־	שָׁאַל	אֲדֹנִי
lajem	*hayesh*	*lemor*	*avadav*	*et*	*sha'al*	*Adoní*
לכם	היש	לאמר	עבדיו	את	שאל	אדני
𐤋𐤊𐤌	𐤄𐤉𐤔	𐤋𐤀𐤌𐤓	𐤏𐤁𐤃𐤉𐤅	𐤀𐤕	𐤔𐤀𐤋	𐤀𐤃𐤍𐤉
para-vosotros	¿Hay	al-decir	sus-siervos	··	preguntó	Mi-señor

44:20

310	65	31	297	9	7	3
יש	אדן	אלה	אמר	אח	או	אב
יֶשׁ־	אֲדֹנִי	אֶל־	וַנֹּאמֶר	אָח׃	אוֹ־	אָב
yesh	*adoní*	*el*	*Vanómer*	*. aj*	*o*	*av*
יש	אדני	אל	ונאמר	אח	או	אב
𐤉𐤔	𐤀𐤃𐤍𐤉	𐤀𐤋	𐤅𐤍𐤀𐤌𐤓	𐤀𐤇	𐤀𐤅	𐤀𐤁
hay	mi-señor	a hacia	Y-dijimos	. hermano	o	padre

25	159 | 809	207 | 767	50	157 | 807	3	86
אח	קטן	זקן	ילד	זקן	אב	·
וְאָחִיו	קָטָן	זְקֻנִים	וְיֶלֶד	זָקֵן	אָב	לָנוּ
ve'ajiv	*katán*	*zekunim*	*veyéled*	*zakén*	*av*	*lanu*
ואחיו	קטן	זקנים	וילד	זקן	אב	לנו
𐤅𐤀𐤇𐤉𐤅	𐤒𐤈𐤍	𐤆𐤒𐤍𐤉𐤌	𐤅𐤉𐤋𐤃	𐤆𐤒𐤍	𐤀𐤁	𐤋𐤍𐤅
y-su-hermano	pequeño [no merecer; disminuir]	vejeces	y-niño-de	anciano	padre	para-nosotros

14	25	77	42	12	622	440
אהב	אב	אמם	בד	הוא	יתר	מות
אֲהֵבוֹ׃	וְאָבִיו	לְאִמּוֹ	לְבַדּוֹ	הוּא	וַיִּוָּתֵר	מֵת
. ahevó	*ve'aviv*	*le'imó*	*levadó*	*hu*	*vayivater*	*met*
אהבו	ואביו	לאמו	לבדו	הוא	ויותר	מת
𐤀𐤄𐤁𐤅	𐤅𐤀𐤁𐤉𐤅	𐤋𐤀𐤌𐤅	𐤋𐤁𐤃𐤅	𐤄𐤅𐤀	𐤅𐤉𐤅𐤕𐤓	𐤌𐤕
. le-ama	y-su-padre	para-su-madre	a-su-solas miembro; parte	él	y-quedó	murió

44:21

<table>
<tr><td>140</td><td>362</td><td>41</td><td>226</td><td>106 | 586</td><td>31</td><td>647</td></tr>
<tr><td>עין</td><td>שים</td><td>אלה</td><td>ירד</td><td>עבד</td><td>אלה</td><td>אמר</td></tr>
<tr><td>עֵינָֽי</td><td>וְאָשִׂ֥ימָה</td><td>אֵלָ֔י</td><td>הוֹרִדֻ֖הוּ</td><td>עֲבָדֶ֔יךָ</td><td>אֶל־</td><td>וַתֹּ֨אמֶר</td></tr>
<tr><td>eyní</td><td>ve'asimah</td><td>elay</td><td>horiduhu</td><td>avadeyja</td><td>el</td><td>Vatómer</td></tr>
<tr><td>עיני</td><td>ואשימה</td><td>אלי</td><td>הורדהו</td><td>עבדיך</td><td>אל</td><td>ותאמר</td></tr>
<tr><td>עיני</td><td>ואשימה</td><td>אלי</td><td>הורדהו</td><td>עבדיך</td><td>אל</td><td>ותאמר</td></tr>
<tr><td>mi-ojo</td><td>y-pondré
[ubicación]</td><td>a-mí</td><td>hacedle-descender</td><td>tus-siervos</td><td>a
hacia</td><td>Y-dijiste</td></tr>
</table>

44:22

<table>
<tr><td>325</td><td>66</td><td>31</td><td>65</td><td>31</td><td>297</td><td>116</td></tr>
<tr><td>נער</td><td>יכל</td><td>לא</td><td>אדן</td><td>אלה</td><td>אמר</td><td>עלה</td></tr>
<tr><td>הַנַּ֖עַר</td><td>יוּכַ֥ל</td><td>לֹא־</td><td>אֲדֹנִ֔י</td><td>אֶל־</td><td>וַנֹּ֨אמֶר</td><td>עָלָֽיו׃</td></tr>
<tr><td>hana'ar</td><td>yujal</td><td>lo</td><td>adoní</td><td>el</td><td>Vanómer</td><td>. alav</td></tr>
<tr><td>הנער</td><td>יוכל</td><td>לא</td><td>אדני</td><td>אל</td><td>ונאמר</td><td>עליו</td></tr>
<tr><td>הנער</td><td>יוכל</td><td>לא</td><td>אדני</td><td>אל</td><td>ונאמר</td><td>עליו</td></tr>
<tr><td>el-mozo</td><td>podrá</td><td>no</td><td>mi-señor</td><td>a
hacia</td><td>Y-dijimos</td><td>. sobre-él</td></tr>
</table>

<table>
<tr><td>446</td><td>19</td><td>401</td><td>85</td><td>19</td><td>401</td><td>109</td></tr>
<tr><td>מות</td><td>אב</td><td>את</td><td>עזב</td><td>אב</td><td>את</td><td>עזב</td></tr>
<tr><td>וָמֵֽת׃</td><td>אָבִ֖יו</td><td>אֶת־</td><td>וְעָזַ֥ב</td><td>אָבִ֖יו</td><td>אֶת־</td><td>לַעֲזֹ֣ב</td></tr>
<tr><td>. vamet</td><td>aviv</td><td>et</td><td>ve'azav</td><td>aviv</td><td>et</td><td>la'azov</td></tr>
<tr><td>ומת</td><td>אביו</td><td>את</td><td>ועזב</td><td>אביו</td><td>את</td><td>לעזב</td></tr>
<tr><td>ומת</td><td>אביו</td><td>את</td><td>ועזב</td><td>אביו</td><td>את</td><td>לעזב</td></tr>
<tr><td>. y-morirá</td><td>su-padre</td><td>..</td><td>y-dejará
abandonar; soltar</td><td>su-padre</td><td>..</td><td>para-dejar
abandonar; soltar</td></tr>
</table>

44:23

<table>
<tr><td>79 | 639</td><td>214</td><td>31</td><td>41 | 601</td><td>106 | 586</td><td>31</td><td>647</td></tr>
<tr><td>אח</td><td>ירד</td><td>לא</td><td>אם</td><td>עבד</td><td>אלה</td><td>אמר</td></tr>
<tr><td>אֲחִיכֶ֥ם</td><td>יֵרֵ֛ד</td><td>לֹ֥א</td><td>אִם־</td><td>עֲבָדֶ֔יךָ</td><td>אֶל־</td><td>וַתֹּ֨אמֶר</td></tr>
<tr><td>ajijem</td><td>yéred</td><td>lo</td><td>im</td><td>avadeyja</td><td>el</td><td>Vatómer</td></tr>
<tr><td>אחיכם</td><td>ירד</td><td>לא</td><td>אם</td><td>עבדיך</td><td>אל</td><td>ותאמר</td></tr>
<tr><td>אחיכם</td><td>ירד</td><td>לא</td><td>אם</td><td>עבדיך</td><td>אל</td><td>ותאמר</td></tr>
<tr><td>vuestro-hermano</td><td>desciende</td><td>no</td><td>si</td><td>tus-siervos</td><td>a
hacia</td><td>Y-dijiste</td></tr>
</table>

44:24

<table>
<tr><td>31</td><td>140</td><td>637</td><td>596</td><td>31</td><td>461 | 1021</td><td>164 | 814</td></tr>
<tr><td>היה</td><td>פנה</td><td>ראה</td><td>יסף</td><td>לא</td><td>את</td><td>קטן</td></tr>
<tr><td>וַיְהִ֕י</td><td>פָּנָֽי׃</td><td>לִרְא֥וֹת</td><td>תֹסִפ֖וּן</td><td>לֹ֥א</td><td>אִתְּכֶ֑ם</td><td>הַקָּטֹ֖ן</td></tr>
<tr><td>Vayehí</td><td>. panay</td><td>lirot</td><td>tosifún</td><td>lo</td><td>itejem</td><td>hakatón</td></tr>
<tr><td>ויהי</td><td>פני</td><td>לראות</td><td>תספון</td><td>לא</td><td>אתכם</td><td>הקטן</td></tr>
<tr><td>ויהי</td><td>פני</td><td>לראות</td><td>תספון</td><td>לא</td><td>אתכם</td><td>הקטן</td></tr>
<tr><td>Y-fue</td><td>. mis-faces
presencia; superficie</td><td>a-ver</td><td>volveréis
[a hacer algo]</td><td>no</td><td>con-vosotros</td><td>el-pequeño
[no merecer; disminuir]</td></tr>
</table>

<table>
<tr><td>36</td><td>63</td><td>13</td><td>96 | 576</td><td>31</td><td>166</td><td>30</td></tr>
<tr><td>הוא</td><td>נגד</td><td>אב</td><td>עבד</td><td>אלה</td><td>עלה</td><td>כי</td></tr>
<tr><td>לוֹ</td><td>וַנַּגֶּד־</td><td>אָבִי</td><td>עַבְדְּךָ</td><td>אֶל־</td><td>עָלִינוּ</td><td>כִּי</td></tr>
<tr><td>lo</td><td>vanáged</td><td>aví</td><td>avdeja</td><td>el</td><td>alinu</td><td>ki</td></tr>
<tr><td>לו</td><td>ונגד</td><td>אבי</td><td>עבדך</td><td>אל</td><td>עלינו</td><td>כי</td></tr>
<tr><td>𐤋𐤅</td><td>𐤅𐤍𐤂𐤃</td><td>𐤀𐤁𐤉</td><td>𐤏𐤁𐤃𐤊</td><td>𐤀𐤋</td><td>𐤏𐤋𐤉𐤍𐤅</td><td>𐤊𐤉</td></tr>
<tr><td>a-él</td><td>y-manifestamos
contar; declarar</td><td>mi-padre</td><td>tu-siervo</td><td>a
hacia</td><td>ascendimos</td><td>que
porque</td></tr>
</table>

44:25

<table>
<tr><td>508</td><td>308</td><td>69</td><td>257</td><td>65</td><td>216</td><td>401</td></tr>
<tr><td>שבר</td><td>שוב</td><td>אב</td><td>אמר</td><td>אדן</td><td>דבר</td><td>את</td></tr>
<tr><td>שִׁבְרוּ־</td><td>שֻׁבוּ</td><td>אָבִינוּ</td><td>וַיֹּאמֶר</td><td>אֲדֹנִי׃</td><td>דִּבְרֵי</td><td>אֵת</td></tr>
<tr><td>shivrú</td><td>shuvú</td><td>avinu</td><td>Vayómer</td><td>. adoní</td><td>divrey</td><td>et</td></tr>
<tr><td>שברו</td><td>שבו</td><td>אבינו</td><td>ויאמר</td><td>אדני</td><td>דברי</td><td>את</td></tr>
<tr><td>𐤔𐤁𐤓𐤅</td><td>𐤔𐤁𐤅</td><td>𐤀𐤁𐤉𐤍𐤅</td><td>𐤅𐤉𐤀𐤌𐤓</td><td>𐤀𐤃𐤍𐤉</td><td>𐤃𐤁𐤓𐤉</td><td>𐤀𐤕</td></tr>
<tr><td>comprad
[grano]</td><td>volved</td><td>nuestro-padre</td><td>Y-dijo</td><td>. mi-señor</td><td>palabras-de
asunto; cosa</td><td>..</td></tr>
</table>

44:26

<table>
<tr><td>634</td><td>106</td><td>31</td><td>297</td><td>51</td><td>119</td><td>58 | 618</td></tr>
<tr><td>ירד</td><td>יכל</td><td>לא</td><td>אמר</td><td>אכל</td><td>מעט</td><td>אב</td></tr>
<tr><td>לָרֶדֶת</td><td>נוּכַל</td><td>לֹא</td><td>וַנֹּאמֶר</td><td>אֹכֶל׃</td><td>מְעַט־</td><td>לָֽנוּ</td></tr>
<tr><td>larédet</td><td>nujal</td><td>lo</td><td>Vanómer</td><td>. ojel</td><td>me'at</td><td>lanu</td></tr>
<tr><td>לרדת</td><td>נוכל</td><td>לא</td><td>ונאמר</td><td>אכל</td><td>מעט</td><td>לנו</td></tr>
<tr><td>𐤋𐤓𐤃𐤕</td><td>𐤍𐤅𐤊𐤋</td><td>𐤋𐤀</td><td>𐤅𐤍𐤀𐤌𐤓</td><td>𐤀𐤊𐤋</td><td>𐤌𐤏𐤈</td><td>𐤋𐤍𐤅</td></tr>
<tr><td>para-descender</td><td>podemos</td><td>no</td><td>Y-dijimos</td><td>. comida</td><td>poco-de</td><td>para-nosotros</td></tr>
</table>

<table>
<tr><td>30</td><td>276</td><td>457</td><td>164 | 814</td><td>75</td><td>310</td><td>41 | 601</td></tr>
<tr><td>כי</td><td>ירד</td><td>את</td><td>קטן</td><td>אח</td><td>יש</td><td>אם</td></tr>
<tr><td>כִּי־</td><td>וְיָרַדְנוּ</td><td>אִתָּנוּ</td><td>הַקָּטֹן</td><td>אָחִינוּ</td><td>יֵשׁ</td><td>אִם־</td></tr>
<tr><td>ki</td><td>veyaradnu</td><td>itanu</td><td>hakatón</td><td>ajinu</td><td>yesh</td><td>im</td></tr>
<tr><td>כי</td><td>וירדנו</td><td>אתנו</td><td>הקטן</td><td>אחינו</td><td>יש</td><td>אם</td></tr>
<tr><td>𐤊𐤉</td><td>𐤅𐤉𐤓𐤃𐤍𐤅</td><td>𐤀𐤕𐤍𐤅</td><td>𐤄𐤒𐤈𐤍</td><td>𐤀𐤇𐤉𐤍𐤅</td><td>𐤉𐤔</td><td>𐤀𐤌</td></tr>
<tr><td>que
porque</td><td>y-descenderemos</td><td>con-nosotros</td><td>el-pequeño
[no merecer; disminuir]</td><td>nuestro-hermano</td><td>hay</td><td>si-no</td></tr>
</table>

<table>
<tr><td>164 | 814</td><td>81</td><td>316</td><td>140</td><td>637</td><td>106</td><td>31</td></tr>
<tr><td>קטן</td><td>אח</td><td>איש</td><td>פנה</td><td>ראה</td><td>יכל</td><td>לא</td></tr>
<tr><td>הַקָּטֹן</td><td>וְאָחִינוּ</td><td>הָאִישׁ</td><td>פְּנֵי</td><td>לִרְאוֹת</td><td>נוּכַל</td><td>לֹא</td></tr>
<tr><td>hakatón</td><td>ve'ajinu</td><td>ha'ish</td><td>peney</td><td>lirot</td><td>nujal</td><td>lo</td></tr>
<tr><td>הקטן</td><td>ואחינו</td><td>האיש</td><td>פני</td><td>לראות</td><td>נוכל</td><td>לא</td></tr>
<tr><td>𐤄𐤒𐤈𐤍</td><td>𐤅𐤀𐤇𐤉𐤍𐤅</td><td>𐤄𐤀𐤉𐤔</td><td>𐤐𐤍𐤉</td><td>𐤋𐤓𐤀𐤅𐤕</td><td>𐤍𐤅𐤊𐤋</td><td>𐤋𐤀</td></tr>
<tr><td>el-pequeño
[no merecer; disminuir]</td><td>y-nuestro-hermano</td><td>el-varón</td><td>faces-de
presencia; superficie</td><td>para-ver</td><td>podemos</td><td>no</td></tr>
</table>

44:27

441 | 1001	97	13	96 | 576	257	457	117
את	אלה	אב	עבד	אמר	את	אין
אַתֶּם	אֵלֵינוּ	אָבִי	עַבְדְּךָ	וַיֹּאמֶר	אִתָּנוּ׃	אֵינֶנּוּ
atem	*eleynu*	*aví*	*avdeja*	*Vayómer*	*. itanu*	*eynenu*
אתם	אלינו	אבי	עבדך	ויאמר	אתנו	איננו
𐤀𐤕𐤌	𐤀𐤋𐤉𐤍𐤅	𐤀𐤁𐤉	𐤏𐤁𐤃𐤊	𐤅𐤉𐤀𐤌𐤓	𐤀𐤕𐤍𐤅	𐤀𐤉𐤍𐤍𐤅
vosotros	a-nosotros	mi-padre	tu-siervo	Y-dijo	. con-nosotros	no-está

44:28

107	711	40	49	400 | 960	30	524 | 1084
יצא	איש	·	ילד	שנה	כי	ידע
וַיֵּצֵא	אִשְׁתִּי׃	לִי	יָלְדָה־	שְׁנַיִם	כִּי	יְדַעְתֶּם
Vayetse	*. ishtí*	*li*	*yaldah*	*shnáyim*	*ki*	*yedatem*
ויצא	אשתי	לי	ילדה	שנים	כי	ידעתם
𐤅𐤉𐤑𐤀	𐤀𐤔𐤕𐤉	𐤋𐤉	𐤉𐤋𐤃𐤄	𐤔𐤍𐤉𐤌	𐤊𐤉	𐤉𐤃𐤏𐤕𐤌
Y-salió	. mi-varona	para-mí	engendró	dos	que porque	conocéis

37	289 | 1009	289 | 1009	21 | 501	247	451	18
לא	טרף	טרף	אך	אמר	את	אחד
וְלֹא	טֹרָף	טָרֹף	אַךְ	וָאֹמַר	מֵאִתִּי	הָאֶחָד
veló	*toraf*	*tarof*	*aj*	*va'omar*	*me'ití*	*ha'ejad*
ולא	טרף	טרף	אך	ואמר	מאתי	האחד
𐤅𐤋𐤀	𐤈𐤓𐤐	𐤈𐤓𐤐	𐤀𐤊	𐤅𐤀𐤌𐤓	𐤌𐤀𐤕𐤉	𐤄𐤀𐤇𐤃
y-no	fue-despedazado	despedazar ciertamente	solamente	y-dije	de-conmigo	el-uno único; unido

44:29

12	401	43 | 603	584 | 1144	60	74	627
זה	את	גם	לקח	הן	עד	ראה
זֶה	אֶת־	גַּם־	וּלְקַחְתֶּם	הֵנָּה׃	עַד־	רְאִיתִיו
zeh	*et*	*gam*	*Ulekajtem*	*. henah*	*ad*	*re'itiv*
זה	את	גם	ולקחתם	הנה	עד	ראיתיו
𐤆𐤄	𐤀𐤕	𐤂𐤌	𐤅𐤋𐤒𐤇𐤕𐤌	𐤄𐤍𐤄	𐤏𐤃	𐤓𐤀𐤉𐤕𐤉𐤅
éste	..	también	Y-tomaréis	. aquí	hasta	le-vi

722	401	661 | 1221	117 | 767	317	140	150 | 710
שיב	את	ירד	אסן	קרה	פנה	עם
שֵׂיבָתִי	אֶת־	וְהוֹרַדְתֶּם	אָסוֹן	וְקָרָהוּ	פָּנַי	מֵעִם
seyvatí	*et*	*vehoradtem*	*asón*	*vekarahú*	*panay*	*me'im*
שיבתי	את	והורדתם	אסון	וקרהו	פני	מעם
𐤔𐤉𐤁𐤕𐤉	𐤀𐤕	𐤅𐤄𐤅𐤓𐤃𐤕𐤌	𐤀𐤎𐤅𐤍	𐤅𐤒𐤓𐤄𐤅	𐤐𐤍𐤉	𐤌𐤏𐤌
mi-vejez ancianidad; canas	..	y-haréis-descender	accidente [mortal]	y-le-sucederá	mis-faces presencia; superficie	de-con

44:30

13	96 | 576	31	33	481	336	277
אב	עבד	אלה	בוא	עת	שאל	רעע
אָבִ֔י	עַבְדְּךָ֣	אֶל־	כְּבֹאִי֙	וְעַתָּ֗ה	שְׁאֹֽלָה׃	בְּרָעָ֖ה
aví	*avdeja*	*el*	*kevo'í*	*Ve'atah*	*. Shólah*	*bera'ah*
אבי	עבדך	אל	כבאי	ועתה	שאלה	ברעה
𐤀𐤁𐤉	𐤏𐤁𐤃𐤊	𐤀𐤋	𐤊𐤁𐤀𐤉	𐤅𐤏𐤕𐤄	𐤔𐤀𐤋𐤄	𐤁𐤓𐤏𐤄
mi-padre	tu-siervo	a hacia	como-mi-volver	Y-ahora en-este-tiempo	. al-She'ol [escritura defectiva]	con-mal

44:31

26	438	611	442	457	117	331
היה	נפש	קשר	נפש	את	אין	נער
וְהָיָ֗ה	בְנַפְשֽׁוֹ׃	קְשׁוּרָ֥ה	וְנַפְשׁ֖וֹ	אִתָּ֑נוּ	אֵינֶ֣נּוּ	וְהַנַּ֖עַר
Vehayah	*. venafshó*	*keshurah*	*venafshó*	*itanu*	*eynenu*	*vehana'ar*
והיה	בנפשו	קשורה	ונפשו	אתנו	איננו	והנער
𐤅𐤄𐤉𐤄	𐤁𐤍𐤐𐤔𐤅	𐤒𐤔𐤅𐤓𐤄	𐤅𐤍𐤐𐤔𐤅	𐤀𐤕𐤍𐤅	𐤀𐤉𐤍𐤍𐤅	𐤅𐤄𐤍𐤏𐤓
Y-será	. con-su-alma aliento; garganta; ser	está-ligada	y-su-alma aliento; garganta; ser	con-nosotros	no-está	y-el-mozo

106 | 586	237	446	325	61 | 711	30	633
עבד	ירד	מות	נער	אין	כי	ראה
עֲבָדֶ֜יךָ	וְהוֹרִ֨ידוּ	וָמֵ֑ת	הַנַּ֖עַר	אֵ֥ין	כִּֽי־	כִּרְאוֹת֛וֹ
avadeyja	*vehoridu*	*vamet*	*hana'ar*	*eyn*	*ki*	*kirotó*
עבדיך	והורידו	ומת	הנער	אין	כי	כראותו
𐤏𐤁𐤃𐤉𐤊	𐤅𐤄𐤅𐤓𐤉𐤃𐤅	𐤅𐤌𐤕	𐤄𐤍𐤏𐤓	𐤀𐤉𐤍	𐤊𐤉	𐤊𐤓𐤀𐤅𐤕𐤅
tus-siervos	y-harán-descender	y-morirá	el-mozo	no-está	que porque	como-ver-a-él

44:32

30	336	71 | 721	69	96 | 576	712	401
כי	שאל	יגה	אב	עבד	שיב	את
כִּ֤י	שְׁאֹֽלָה׃	בְּיָג֖וֹן	אָבִ֛ינוּ	עַבְדְּךָ֧	שֵׂיבַ֨ת	אֶת־
Ki	*. Shólah*	*beyagón*	*avinu*	*avdeja*	*seyvat*	*et*
כי	שאלה	ביגון	אבינו	עבדך	שיבת	את
𐤊𐤉	𐤔𐤀𐤋𐤄	𐤁𐤉𐤂𐤅𐤍	𐤀𐤁𐤉𐤍𐤅	𐤏𐤁𐤃𐤊	𐤔𐤉𐤁𐤕	𐤀𐤕
Que porque	. al-She'ol [escritura defectiva]	con-dolor	nuestro-padre	tu-siervo	vejez-de ancianidad; canas	..

271	13	150 | 710	325	401	272	96 | 576
אמר	אב	עם	נער	את	ערב	עבד
לֵאמֹ֑ר	אָבִ֖י	מֵעִ֥ם	הַנַּ֔עַר	אֶת־	עָרַ֣ב	עַבְדְּךָ֙
lemor	*aví*	*me'im*	*hana'ar*	*et*	*arav*	*avdeja*
לאמר	אבי	מעם	הנער	את	ערב	עבדך
𐤋𐤀𐤌𐤓	𐤀𐤁𐤉	𐤌𐤏𐤌	𐤄𐤍𐤏𐤓	𐤀𐤕	𐤏𐤓𐤁	𐤏𐤁𐤃𐤊
al-decir	mi-padre	de-con	el-mozo	..	salió-por-fiador garantizar	tu-siervo

<table>
<tr><td>50</td><td>43</td><td>434</td><td>61 | 541</td><td>70</td><td>31</td><td>41 | 601</td></tr>
<tr><td>כלל</td><td>אב</td><td>חטא</td><td>אלה</td><td>בוא</td><td>לא</td><td>אם</td></tr>
<tr><td>כָּל־</td><td>לְאָבִי</td><td>וְחָטָאתִי</td><td>אֵלֶיךָ</td><td>אֲבִיאֶנּוּ</td><td>לֹא</td><td>אִם־</td></tr>
<tr><td>kol</td><td>le'aví</td><td>vejatatí</td><td>eleyja</td><td>avi'enu</td><td>lo</td><td>im</td></tr>
<tr><td>כל</td><td>לאבי</td><td>וחטאתי</td><td>אליך</td><td>אביאנו</td><td>לא</td><td>אם</td></tr>
<tr><td>𐤊𐤋</td><td>𐤋𐤀𐤁𐤉</td><td>𐤅𐤇𐤈𐤀𐤕𐤉</td><td>𐤀𐤋𐤉𐤊</td><td>𐤀𐤁𐤉𐤀𐤍𐤅</td><td>𐤋𐤀</td><td>𐤀𐤌</td></tr>
<tr><td>todos</td><td>para-mi-padre</td><td>y-pecaré</td><td>a-ti</td><td>le-hago-volver</td><td>no</td><td>si</td></tr>
</table>

44:33

<table>
<tr><td>325</td><td>808</td><td>96 | 576</td><td>51</td><td>312</td><td>481</td><td>105 | 665</td></tr>
<tr><td>נער</td><td>תחת</td><td>עבד</td><td>נא</td><td>ישב</td><td>עת</td><td>יום</td></tr>
<tr><td>הַנַּעַר</td><td>תַּחַת</td><td>עַבְדְּךָ</td><td>נָא</td><td>יֵשֶׁב־</td><td>וְעַתָּה</td><td>הַיָּמִים׃</td></tr>
<tr><td>hana'ar</td><td>tájat</td><td>avdeja</td><td>na</td><td>yéshev</td><td>Ve'atah</td><td>. hayamim</td></tr>
<tr><td>הנער</td><td>תחת</td><td>עבדך</td><td>נא</td><td>ישב</td><td>ועתה</td><td>הימים</td></tr>
<tr><td>𐤄𐤍𐤏𐤓</td><td>𐤕𐤇𐤕</td><td>𐤏𐤁𐤃𐤊</td><td>𐤍𐤀</td><td>𐤉𐤔𐤁</td><td>𐤅𐤏𐤕𐤄</td><td>𐤄𐤉𐤌𐤉𐤌</td></tr>
<tr><td>el-mozo</td><td>en-lugar-de</td><td>tu-siervo</td><td>por-favor
ahora</td><td>quede</td><td>Y-ahora
en-este-tiempo</td><td>. los-días
tiempo [la luz]</td></tr>
</table>

44:34

<table>
<tr><td>30</td><td>25</td><td>110 | 670</td><td>110</td><td>331</td><td>95</td><td>76</td></tr>
<tr><td>כי</td><td>אח</td><td>עם</td><td>עלה</td><td>נער</td><td>אדן</td><td>עבד</td></tr>
<tr><td>כִּי־</td><td>אֶחָיו׃</td><td>עִם־</td><td>יַעַל</td><td>וְהַנַּעַר</td><td>לַאדֹנִי</td><td>עֶבֶד</td></tr>
<tr><td>Ki</td><td>. ejav</td><td>im</td><td>ya'al</td><td>vehana'ar</td><td>ladoní</td><td>éved</td></tr>
<tr><td>כי</td><td>אחיו</td><td>עם</td><td>יעל</td><td>והנער</td><td>לאדני</td><td>עבד</td></tr>
<tr><td>𐤊𐤉</td><td>𐤀𐤇𐤉𐤅</td><td>𐤏𐤌</td><td>𐤉𐤏𐤋</td><td>𐤅𐤄𐤍𐤏𐤓</td><td>𐤋𐤀𐤃𐤍𐤉</td><td>𐤏𐤁𐤃</td></tr>
<tr><td>Que
porque</td><td>. sus-hermanos</td><td>con</td><td>ascenderá</td><td>y-el-mozo</td><td>para-mi-señor</td><td>siervo</td></tr>
</table>

<table>
<tr><td>411</td><td>117</td><td>331</td><td>13</td><td>31</td><td>106</td><td>31 | 511</td></tr>
<tr><td>את</td><td>אין</td><td>נער</td><td>אב</td><td>אלה</td><td>עלה</td><td>אין</td></tr>
<tr><td>אִתִּי</td><td>אֵינֶנּוּ</td><td>וְהַנַּעַר</td><td>אָבִי</td><td>אֶל־</td><td>אֶעֱלֶה</td><td>אֵיךְ</td></tr>
<tr><td>ití</td><td>eynenu</td><td>vehana'ar</td><td>aví</td><td>el</td><td>e'éleh</td><td>eyj</td></tr>
<tr><td>אתי</td><td>איננו</td><td>והנער</td><td>אבי</td><td>אל</td><td>אעלה</td><td>איך</td></tr>
<tr><td>𐤀𐤕𐤉</td><td>𐤀𐤉𐤍𐤍𐤅</td><td>𐤅𐤄𐤍𐤏𐤓</td><td>𐤀𐤁𐤉</td><td>𐤀𐤋</td><td>𐤀𐤏𐤋𐤄</td><td>𐤀𐤉𐤊</td></tr>
<tr><td>conmigo</td><td>no-está</td><td>y-el-mozo</td><td>mi-padre</td><td>a
hacia</td><td>ascenderé</td><td>¿Cómo</td></tr>
</table>

<table>
<tr><td>13</td><td>401</td><td>141</td><td>501</td><td>272</td><td>207</td><td>130 | 780</td></tr>
<tr><td>אב</td><td>את</td><td>מצא</td><td>אשר</td><td>רעע</td><td>ראה</td><td>פן</td></tr>
<tr><td>אָבִי׃</td><td>אֶת־</td><td>יִמְצָא</td><td>אֲשֶׁר</td><td>בָּרַע</td><td>אֶרְאֶה</td><td>פֶּן</td></tr>
<tr><td>. aví</td><td>et</td><td>yimtsá</td><td>asher</td><td>vará</td><td>ereh</td><td>pen</td></tr>
<tr><td>אבי</td><td>את</td><td>ימצא</td><td>אשר</td><td>ברע</td><td>אראה</td><td>פן</td></tr>
<tr><td>𐤀𐤁𐤉</td><td>𐤀𐤕</td><td>𐤉𐤌𐤑𐤀</td><td>𐤀𐤔𐤓</td><td>𐤁𐤓𐤏</td><td>𐤀𐤓𐤀𐤄</td><td>𐤐𐤍</td></tr>
<tr><td>. mi-padre</td><td>··</td><td>encontrará</td><td>que</td><td>en-el-mal</td><td>veré</td><td>no-sea-que
quizá</td></tr>
</table>

Total de palabras hebreas: 455.
Total de consonantes hebreas: 1729.
Consonantes ausentes: -

45:1

116	197 | 757	80	616	156 | 876	60	37
עלה	נצב	כלל	אפק	יסף	יכל	לא
עָלָֽיו	הַנִּצָּבִ֖ים	לְכֹ֨ל	לְהִתְאַפֵּ֗ק	יוֹסֵ֜ף	יָכֹ֨ל	וְלֹא־
alav	*hanitsavim*	*lejol*	*lehitapek*	*Yosef*	*yajol*	*Veló*
עליו	הנצבים	לכל	להתאפק	יוסף	יכל	ולא
𐤏𐤋𐤉𐤅	𐤄𐤍𐤑𐤁𐤉𐤌	𐤋𐤊𐤋	𐤋𐤄𐤕𐤀𐤐𐤒	𐤉𐤅𐤎𐤐	𐤉𐤊𐤋	𐤅𐤋𐤀
sobre-él	los-erguidos	a-todos	para-contenerse	Yosef	podía	Y-no

114	37	150	311	50	118	317
עמד	לא	עלה	איש	כלל	יצא	קרא
עָמַ֣ד	וְלֹא־	מֵעָלָ֑י	אִ֖ישׁ	כָל־	הוֹצִ֥יאוּ	וַיִּקְרָ֕א
amad	*veló*	*me'alay*	*ish*	*jol*	*hotsi'ú*	*vayikrá*
עמד	ולא	מעלי	איש	כל	הוציאו	ויקרא
𐤏𐤌𐤃	𐤅𐤋𐤀	𐤌𐤏𐤋𐤉	𐤀𐤉𐤔	𐤊𐤋	𐤄𐤅𐤑𐤉𐤀𐤅	𐤅𐤉𐤒𐤓𐤀
estuvo [de pie]	y-no	de-sobre-mí	varón	todo	haced-salir	y-llamó

45:2

466 | 1116	25	31	156 | 876	487	407	311
נתן	אח	אלה	יסף	ידע	את	איש
וַיִּתֵּ֥ן	אֶחָֽיו׃	אֶל־	יוֹסֵ֖ף	בְּהִתְוַדַּ֥ע	אִתּ֔וֹ	אִ֚ישׁ
Vayitén	*. ejav*	*el*	*Yosef*	*behitvadá*	*itó*	*ish*
ויתן	אחיו	אל	יוסף	בהתודע	אתו	איש
𐤅𐤉𐤕𐤍	𐤀𐤇𐤉𐤅	𐤀𐤋	𐤉𐤅𐤎𐤐	𐤁𐤄𐤕𐤅𐤃𐤏	𐤀𐤕𐤅	𐤀𐤉𐤔
Y-dio	. sus-hermanos	a hacia	Yosef	en-darse-a-conocer	con-él	varón

412	426	380 | 940	432	34	136	401
בנה	שמע	צור	שמע	בכה	קול	את
בֵּ֥ית	וַיִּשְׁמַ֖ע	מִצְרַ֔יִם	וַיִּשְׁמְע֣וּ	בִּבְכִ֑י	קֹל֖וֹ	אֶת־
beyt	*vayishmá*	*Mitsráyim*	*vayishme'ú*	*bivjí*	*koló*	*et*
בית	וישמע	מצרים	וישמעו	בבכי	קלו	את
𐤁𐤉𐤕	𐤅𐤉𐤔𐤌𐤏	𐤌𐤑𐤓𐤉𐤌	𐤅𐤉𐤔𐤌𐤏𐤅	𐤁𐤁𐤊𐤉	𐤒𐤋𐤅	𐤀𐤕
casa-de	y-oyó	Mitsráyim	y-oyeron	en-llanto	su-voz	..

45:3

156 | 876	61	25	31	156 | 876	257	355
יסף	אנך	אח	אלה	יסף	אמר	·
יוֹסֵ֔ף	אֲנִ֣י	אֶחָ֚יו	אֶל־	יוֹסֵ֤ף	וַיֹּ֨אמֶר	פַּרְעֹֽה׃
Yosef	*aní*	*ejav*	*el*	*Yosef*	*Vayómer*	*. paroh*
יוסף	אני	אחיו	אל	יוסף	ויאמר	פרעה
𐤉𐤅𐤎𐤐	𐤀𐤍𐤉	𐤀𐤇𐤉𐤅	𐤀𐤋	𐤉𐤅𐤎𐤐	𐤅𐤉𐤀𐤌𐤓	𐤐𐤓𐤏𐤄
Yosef	yo	sus-hermanos	a hacia	Yosef	Y-dijo	. faraón

556	25	66	37	18	13	85
ענה	אח	יכל	לא	חיה	אב	עד
לַעֲנוֹת	אֶחָיו	יָכְלוּ	וְלֹא־	חָי	אָבִי	הַעוֹד
la'anot	*ejav*	*yajlú*	*veló*	*jay*	*aví*	*ha'od*
לענות	אחיו	יכלו	ולא	חי	אבי	העוד
𐤋𐤏𐤍𐤅𐤕	𐤀𐤇𐤉𐤅	𐤉𐤊𐤋𐤅	𐤅𐤋𐤀	𐤇𐤉	𐤀𐤁𐤉	𐤄𐤏𐤅𐤃
para-responder	sus-hermanos	podían	y-no	vivo viviente	mi-padre	¿Aún otra-vez

45:4

31	156 | 876	257	186	93	30	407
אלה	יסף	אמר	פנה	בהל	כי	את
אֶל־	יוֹסֵף	וַיֹּאמֶר	מִפָּנָיו׃	נִבְהֲלוּ	כִּי	אֹתוֹ
el	*Yosef*	*Vayómer*	*. mipanav*	*nivhalú*	*ki*	*otó*
אל	יוסף	ויאמר	מפניו	נבהלו	כי	אתו
𐤀𐤋	𐤉𐤅𐤎𐤐	𐤅𐤉𐤀𐤌𐤓	𐤌𐤐𐤍𐤉𐤅	𐤍𐤁𐤄𐤋𐤅	𐤊𐤉	𐤀𐤕𐤅
a hacia	Yosef	Y-dijo	. de-sus-faces presencia; superficie	aterrados [paralizados por miedo]	que porque	a-él

61	257	325	41	51	309	25
אנך	אמר	נגש	אלה	נא	נגש	אח
אֲנִי	וַיֹּאמֶר	וַיִּגָּשׁוּ	אֵלַי	נָא	גְּשׁוּ־	אֶחָיו
aní	*vayómer*	*vayigashú*	*elay*	*na*	*geshú*	*ejav*
אני	ויאמר	ויגשו	אלי	נא	גשו	אחיו
𐤀𐤍𐤉	𐤅𐤉𐤀𐤌𐤓	𐤅𐤉𐤂𐤔𐤅	𐤀𐤋𐤉	𐤍𐤀	𐤂𐤔𐤅	𐤀𐤇𐤉𐤅
yo	y-dijo	y-se-acercaron	a-mí	por-favor ahora	acercaos	sus-hermanos

45:5

481	385	411	700 | 1260	501	79 | 639	156 | 876
עת	צור	את	מכר	אשר	אח	יסף
וְעַתָּה	מִצְרָיְמָה׃	אֹתִי	מְכַרְתֶּם	אֲשֶׁר־	אֲחִיכֶם	יוֹסֵף
Ve'atah	*. Mitsráymah*	*otí*	*mejartem*	*asher*	*ajijem*	*Yosef*
ועתה	מצרימה	אתי	מכרתם	אשר	אחיכם	יוסף
𐤅𐤏𐤕𐤄	𐤌𐤑𐤓𐤉𐤌𐤄	𐤀𐤕𐤉	𐤌𐤊𐤓𐤕𐤌	𐤀𐤔𐤓	𐤀𐤇𐤉𐤊𐤌	𐤉𐤅𐤎𐤐
Y-ahora en-este-tiempo	. a-Mitsráyim	a-mí	vendisteis	que	vuestro-hermano	Yosef

700 | 1260	30	202 | 762	218	37	568	31
מכר	כי	עין	חרה	אל	עצב	אלה
מְכַרְתֶּם	כִּי־	בְּעֵינֵיכֶם	יִחַר	וְאַל־	תֵּעָצְבוּ	אַל־
mejartem	*ki*	*be'eyneyjem*	*yijar*	*ve'al*	*te'atsvú*	*al*
מכרתם	כי	בעיניכם	יחר	ואל	תעצבו	אל
𐤌𐤊𐤓𐤕𐤌	𐤊𐤉	𐤁𐤏𐤉𐤍𐤉𐤊𐤌	𐤉𐤇𐤓	𐤅𐤀𐤋	𐤕𐤏𐤑𐤁𐤅	𐤀𐤋
vendisteis	que porque	en-vuestros-ojos	aíre [efect. y síntoma de ira]	y-no	os-entristezcáis	no

230 | 790	86 | 646	398	93	30	60	411
פנה	אלהה	שלח	חיה	כי	הן	את
לִפְנֵיכֶם׃	אֱלֹהִים	שְׁלָחַנִי	לְמִחְיָה	כִּי	הִנֵּה	אֹתִי
. lifneyjem	*Elohim*	*shlajani*	*lemijyah*	*ki*	*henah*	*otí*
לפניכם	אלהים	שלחני	למחיה	כי	הנה	אתי
𐤋𐤐𐤍𐤉𐤊𐤌	𐤀𐤋𐤄𐤉𐤌	𐤔𐤋𐤇𐤍𐤉	𐤋𐤌𐤇𐤉𐤄	𐤊𐤉	𐤄𐤍𐤄	𐤀𐤕𐤉
. ante-vosotros presencia; superficie	*elohim* Dios; dioses; magistrados	me-envió	para-salvar-la-vida	que porque	aquí	a-mí

45:6

86	296 | 1106	304	277	800 | 1360	12	30
עד	ארץ	קרב	רעב	שנה	זה	כי
וְעוֹד	הָאָרֶץ	בְּקֶרֶב	הָרָעָב	שְׁנָתַיִם	זֶה	כִּי־
ve'od	*ha'árets*	*bekérev*	*hara'av*	*shnatáyim*	*zeh*	*Ki*
ועוד	הארץ	בקרב	הרעב	שנתים	זה	כי
𐤅𐤏𐤅𐤃	𐤄𐤀𐤓𐤑	𐤁𐤒𐤓𐤁	𐤄𐤓𐤏𐤁	𐤔𐤍𐤕𐤉𐤌	𐤆𐤄	𐤊𐤉
y-aún otra-vez	la-tierra [la seca]	en-interior-de	el-hambre	dos-años-de	esto	Que porque

45:7

414	406	518	61 | 711	501	400 | 960	348
שלח	קצר	חרש	אין	אשר	שנה	חמש
וַיִּשְׁלָחֵנִי	וְקָצִיר׃	חָרִישׁ	אֵין־	אֲשֶׁר	שָׁנִים	חָמֵשׁ
Vayishlajeni	*. vekatsir*	*jarish*	*eyn*	*asher*	*shanim*	*jamesh*
וישלחני	וקציר	חריש	אין	אשר	שנים	חמש
𐤅𐤉𐤔𐤋𐤇𐤍𐤉	𐤅𐤒𐤑𐤉𐤓	𐤇𐤓𐤉𐤔	𐤀𐤉𐤍	𐤀𐤔𐤓	𐤔𐤍𐤉𐤌	𐤇𐤌𐤔
Y-me-envió	. y-siega	arada	no-hay	que	años cambio	cinco

465	293 | 1103	911	90 | 650	376 | 936	230 | 790	86 | 646
חיה	ארץ	שאר	·	שים	פנה	אלהה
וּלְהַחֲיוֹת	בָּאָרֶץ	שְׁאֵרִית	לָכֶם	לָשׂוּם	לִפְנֵיכֶם	אֱלֹהִים
ulehajayot	*ba'árets*	*sherit*	*lajem*	*lasum*	*lifneyjem*	*Elohim*
ולהחיות	בארץ	שארית	לכם	לשום	לפניכם	אלהים
𐤅𐤋𐤄𐤇𐤉𐤅𐤕	𐤁𐤀𐤓𐤑	𐤔𐤀𐤓𐤉𐤕	𐤋𐤊𐤌	𐤋𐤔𐤅𐤌	𐤋𐤐𐤍𐤉𐤊𐤌	𐤀𐤋𐤄𐤉𐤌
y-para-hacer-vivir	en-la-tierra [la seca]	supervivientes	para-vosotros	para-poner [ubicación]	ante-vosotros presencia; superficie	*elohim* Dios; dioses; magistrados

45:8

778	441 | 1001	31	481	42	164	90 | 650
שלח	את	לא	עת	גדל	פלט	·
שְׁלַחְתֶּם	אַתֶּם	לֹא־	וְעַתָּה	גְּדֹלָה׃	לִפְלֵיטָה	לָכֶם
shlájtem	*atem*	*lo*	*Ve'atah*	*. gedolah*	*lifleytah*	*lajem*
שלחתם	אתם	לא	ועתה	גדלה	לפליטה	לכם
𐤔𐤋𐤇𐤕𐤌	𐤀𐤕𐤌	𐤋𐤀	𐤅𐤏𐤕𐤄	𐤂𐤃𐤋𐤄	𐤋𐤐𐤋𐤉𐤈𐤄	𐤋𐤊𐤌
enviasteis	vosotros	no	Y-ahora en-este-tiempo	. grande	para-liberación	a-vosotros

385	33	426	91	651	30	60	411
·	אב	שים	אלהה	כי	הן	את
לְפַרְעֹה	לְאָב	וַיְשִׂימֵנִי	הָאֱלֹהִים	כִּי	הֵנָּה	אֹתִי
lefaroh	*le'av*	*vayesimeni*	*ha'elohim*	*ki*	*henah*	*otí*
לפרעה	לאב	וישימני	האלהים	כי	הנה	אתי
𐤋𐤐𐤓𐤏𐤄	𐤋𐤀𐤁	𐤅𐤉𐤔𐤉𐤌𐤍𐤉	𐤄𐤀𐤋𐤄𐤉𐤌	𐤊𐤉	𐤄𐤍𐤄	𐤀𐤕𐤉
para-faraón	para-padre	y-me-puso [ubicación]	*ha'elohim* Dios; dioses; magistrados	que porque	aquí	a-mí

380	940	291	1101	52	376	418	80	97	747
צור	ארץ	כלל	משל	בנה	כלל	אדן
מִצְרָיִם׃	אֶרֶץ	בְּכָל־	וּמֹשֵׁל	בֵּיתוֹ	לְכָל־	וּלְאָדוֹן
. Mitsráyim	*érets*	*bejol*	*umoshel*	*beytó*	*lejol*	*ule'adón*
מצרים	ארץ	בכל	ומשל	ביתו	לכל	ולאדון
𐤌𐤑𐤓𐤉𐤌	𐤀𐤓𐤑	𐤁𐤊𐤋	𐤅𐤌𐤔𐤋	𐤁𐤉𐤕𐤅	𐤋𐤊𐤋	𐤅𐤋𐤀𐤃𐤅𐤍
. Mitsráyim	tierra-de [la seca]	en-toda	y-gobernador [territorial]	su-casa	para-toda	y-para-señor

45:9

25	47	687	1247	13	31	112	251
כה	אלה	אמר	אב	אלה	עלה	מהר
כֹּה	אֵלָיו	וַאֲמַרְתֶּם	אָבִ֒י	אֶל־	וַעֲלוּ	מַהֲרוּ֮
koh	*elav*	*va'amartem*	*aví*	*el*	*va'alú*	*Maharú*
כה	אליו	ואמרתם	אבי	אל	ועלו	מהרו
𐤊𐤄	𐤀𐤋𐤉𐤅	𐤅𐤀𐤌𐤓𐤕𐤌	𐤀𐤁𐤉	𐤀𐤋	𐤅𐤏𐤋𐤅	𐤌𐤄𐤓𐤅
así	a-él	y-diréis	mi-padre	a hacia	y-ascended	Apresuraos

80	91	741	86	646	400	156	876	72	552	241
כלל	אדן	אלהה	שים	יסף	בנה	אמר
לְכָל־	לְאָדוֹן	אֱלֹהִים	שָׂמַנִי	יוֹסֵף	בִּנְךָ	אָמַר
lejol	*le'adón*	*Elohim*	*samani*	*Yosef*	*binja*	*amar*
לכל	לאדון	אלהים	שמני	יוסף	בנך	אמר
𐤋𐤊𐤋	𐤋𐤀𐤃𐤅𐤍	𐤀𐤋𐤄𐤉𐤌	𐤔𐤌𐤍𐤉	𐤉𐤅𐤎𐤐	𐤁𐤍𐤊	𐤀𐤌𐤓
para-todo	para-señor	*elohim* Dios; dioses; magistrados	me-puso [ubicación]	Yosef	tu-hijo edificador	dijo

45:10

293	1103	718	514	31	41	209	380	940
ארץ	ישב	עמד	לא	אלה	ירד	צור
בְאֶרֶץ־	וְיָשַׁבְתָּ	תַּעֲמֹד׃	אַל־	אֵלַי	רְדָה	מִצְרָיִם
ve'érets	*Veyashavtá*	*. ta'amod*	*al*	*elay*	*redah*	*Mitsráyim*
בארץ	וישבת	תעמד	אל	אלי	רדה	מצרים
𐤁𐤀𐤓𐤑	𐤅𐤉𐤔𐤁𐤕	𐤕𐤏𐤌𐤃	𐤀𐤋	𐤀𐤋𐤉	𐤓𐤃𐤄	𐤌𐤑𐤓𐤉𐤌
en-tierra-de [la seca]	Y-asiéntate	. estarás [de pie]	no	a-mí	desciende	Mitsráyim

<table>
<tr><td>68</td><td>88 | 568</td><td>406</td><td>41</td><td>308</td><td>431</td><td>353 | 1003</td></tr>
<tr><td>בנה</td><td>בנה</td><td>את</td><td>אלה</td><td>קרב</td><td>היה</td><td>·</td></tr>
<tr><td>וּבְנֵ֣י</td><td>וּבָנֶ֖יךָ</td><td>אַתָּ֕ה</td><td>אֵלַ֔י</td><td>קָרוֹב֙</td><td>וְהָיִ֤יתָ</td><td>גֹּ֗שֶׁן</td></tr>
<tr><td>uveney</td><td>uvaneyja</td><td>atah</td><td>elay</td><td>karov</td><td>vehayitá</td><td>Goshén</td></tr>
<tr><td>ובני</td><td>ובניך</td><td>אתה</td><td>אלי</td><td>קרוב</td><td>והיית</td><td>גשן</td></tr>
<tr><td>𐤅𐤁𐤍𐤉</td><td>𐤅𐤁𐤍𐤉𐤊</td><td>𐤀𐤕𐤄</td><td>𐤀𐤋𐤉</td><td>𐤒𐤓𐤅𐤁</td><td>𐤅𐤄𐤉𐤉𐤕</td><td>𐤂𐤔𐤍</td></tr>
<tr><td>e-hijos-de
edificador</td><td>y-tus-hijos
edificador</td><td>tú</td><td>a-mí</td><td>cerca</td><td>y-serás</td><td>Goshén</td></tr>
</table>

45:11

<table>
<tr><td>516</td><td>50 | 530</td><td>501</td><td>56</td><td>328 | 808</td><td>167 | 647</td><td>82 | 562</td></tr>
<tr><td>כול</td><td>·</td><td>אשר</td><td>כלל</td><td>בקר</td><td>צאן</td><td>בנה</td></tr>
<tr><td>וְכִלְכַּלְתִּ֤י</td><td>לָֽךְ׃</td><td>אֲשֶׁר־</td><td>וְכָל־</td><td>וּבְקָרְךָ֖</td><td>וְצֹאנְךָ֥</td><td>בָנֶ֑יךָ</td></tr>
<tr><td>Vejilkaltí</td><td>. laj</td><td>asher</td><td>vejol</td><td>uvekarja</td><td>vetsonja</td><td>vaneyja</td></tr>
<tr><td>וכלכלתי</td><td>לך</td><td>אשר</td><td>וכל</td><td>ובקרך</td><td>וצאנך</td><td>בניך</td></tr>
<tr><td>𐤅𐤊𐤋𐤊𐤋𐤕𐤉</td><td>𐤋𐤊</td><td>𐤀𐤔𐤓</td><td>𐤅𐤊𐤋</td><td>𐤅𐤁𐤒𐤓𐤊</td><td>𐤅𐤑𐤀𐤍𐤊</td><td>𐤁𐤍𐤉𐤊</td></tr>
<tr><td>Y-mantendré</td><td>. para-ti</td><td>que</td><td>y-todo</td><td>y-tu-res
[ganado mayor]</td><td>y-tu-rebaño
[ganado menor]</td><td>tus-hijos
edificador</td></tr>
</table>

<table>
<tr><td>272</td><td>400 | 960</td><td>348</td><td>80</td><td>30</td><td>340 | 900</td><td>427 | 907</td></tr>
<tr><td>רעב</td><td>שנה</td><td>חמש</td><td>עד</td><td>כי</td><td>שם</td><td>את</td></tr>
<tr><td>רָעָ֑ב</td><td>שָׁנִ֖ים</td><td>חָמֵ֥שׁ</td><td>ע֛וֹד</td><td>כִּי־</td><td>שָׁ֔ם</td><td>אֹֽתְךָ֙</td></tr>
<tr><td>ra'av</td><td>shanim</td><td>jamesh</td><td>od</td><td>ki</td><td>sham</td><td>otja</td></tr>
<tr><td>רעב</td><td>שנים</td><td>חמש</td><td>עוד</td><td>כי</td><td>שם</td><td>אתך</td></tr>
<tr><td>𐤓𐤏𐤁</td><td>𐤔𐤍𐤉𐤌</td><td>𐤇𐤌𐤔</td><td>𐤏𐤅𐤃</td><td>𐤊𐤉</td><td>𐤔𐤌</td><td>𐤀𐤕𐤊</td></tr>
<tr><td>hambre</td><td>años-de
cambio</td><td>cinco</td><td>aún
otra-vez</td><td>que
porque</td><td>allí
[ubicación]</td><td>a-ti</td></tr>
</table>

<table>
<tr><td>50 | 530</td><td>501</td><td>56</td><td>438 | 918</td><td>406</td><td>906</td><td>130 | 780</td></tr>
<tr><td>·</td><td>אשר</td><td>כלל</td><td>בנה</td><td>את</td><td>ירש</td><td>פן</td></tr>
<tr><td>לָֽךְ׃</td><td>אֲשֶׁר־</td><td>וְכָל־</td><td>וּבֵיתְךָ֖</td><td>אַתָּ֥ה</td><td>תִּוָּרֵ֛שׁ</td><td>פֶּן־</td></tr>
<tr><td>. laj</td><td>asher</td><td>vejol</td><td>uveytja</td><td>atah</td><td>tivaresh</td><td>pen</td></tr>
<tr><td>לך</td><td>אשר</td><td>וכל</td><td>וביתך</td><td>אתה</td><td>תורש</td><td>פן</td></tr>
<tr><td>𐤋𐤊</td><td>𐤀𐤔𐤓</td><td>𐤅𐤊𐤋</td><td>𐤅𐤁𐤉𐤕𐤊</td><td>𐤀𐤕𐤄</td><td>𐤕𐤅𐤓𐤔</td><td>𐤐𐤍</td></tr>
<tr><td>. para-ti</td><td>que</td><td>y-todo</td><td>y-tu-casa</td><td>tú</td><td>empobrezcas
padecer-necesidad</td><td>no-sea-que
quizá</td></tr>
</table>

45:12

<table>
<tr><td>30</td><td>162 | 812</td><td>19</td><td>142</td><td>607</td><td>200 | 760</td><td>66</td></tr>
<tr><td>כי</td><td>בנה + ימן</td><td>אח</td><td>עין</td><td>ראה</td><td>עין</td><td>הן</td></tr>
<tr><td>כִּי־</td><td>בִנְיָמִ֑ין</td><td>אָחִ֣י</td><td>וְעֵינֵ֖י</td><td>רֹא֔וֹת</td><td>עֵֽינֵיכֶם֙</td><td>וְהִנֵּ֤ה</td></tr>
<tr><td>ki</td><td>Vinyamín</td><td>ají</td><td>ve'eyney</td><td>ro'ot</td><td>eyneyjem</td><td>Vehineh</td></tr>
<tr><td>כי</td><td>בנימין</td><td>אחי</td><td>ועיני</td><td>ראות</td><td>עיניכם</td><td>והנה</td></tr>
<tr><td>𐤊𐤉</td><td>𐤁𐤍𐤉𐤌𐤉𐤍</td><td>𐤀𐤇𐤉</td><td>𐤅𐤏𐤉𐤍𐤉</td><td>𐤓𐤀𐤅𐤕</td><td>𐤏𐤉𐤍𐤉𐤊𐤌</td><td>𐤅𐤄𐤍𐤄</td></tr>
<tr><td>que
porque</td><td>Binyamín</td><td>mi-hermano</td><td>y-ojos-de</td><td>están-viendo</td><td>vuestros-ojos</td><td>Y-¡Mira!
he-aquí</td></tr>
</table>

45:13

50	401	43	458 | 1018	101 | 661	251	90
כלל	את	אב	נגד	אלה	דבר	פאה
כָּל־	אֶת־	לְאָבִי	וְהִגַּדְתֶּם	אֲלֵיכֶם׃	הַֽמְדַבֵּר	פִּי
kol	*et*	*le'aví*	*Vehigádtem*	*. aleyjem*	*hamedaber*	*fi*
כל	את	לאבי	והגדתם	אליכם	המדבר	פי
𐤊𐤋	𐤀𐤕	𐤋𐤀𐤁𐤉	𐤅𐤄𐤂𐤃𐤕𐤌	𐤀𐤋𐤉𐤊𐤌	𐤄𐤌𐤃𐤁𐤓	𐤐𐤉
todo	··	a-mi-padre	Y-manifestad contar; declarar	. a-vosotros	la-que-habla	mi-boca

691	651	501	50	407	382 | 942	36
מהר	ראה	אשר	כלל	את	צור	כבד
וּמִהַרְתֶּם	רְאִיתֶם	אֲשֶׁר	כָּל־	וְאֵת	בְּמִצְרַיִם	כְּבוֹדִי
umihártem	*re'item*	*asher*	*kol*	*ve'et*	*beMitsráyim*	*kevodí*
ומהרתם	ראיתם	אשר	כל	ואת	במצרים	כבודי
𐤅𐤌𐤄𐤓𐤕𐤌	𐤓𐤀𐤉𐤕𐤌	𐤀𐤔𐤓	𐤊𐤋	𐤅𐤀𐤕	𐤁𐤌𐤑𐤓𐤉𐤌	𐤊𐤁𐤅𐤃𐤉
y-apresuraos	visteis	que	todo	y-···	en-Mitsráyim	mi-peso gloria; riqueza

45:14

307	100	126	60	13	401	661 | 1221
צור	עלה	נפל	הן	אב	את	ירד
צַוְּארֵי	עַל־	וַיִּפֹּל	הֵנָּה׃	אָבִי	אֶת־	וְהוֹרַדְתֶּם
tsaverey	*al*	*Vayipol*	*. henah*	*aví*	*et*	*vehoradtem*
צוארי	על	ויפל	הנה	אבי	את	והורדתם
𐤑𐤅𐤀𐤓𐤉	𐤏𐤋	𐤅𐤉𐤐𐤋	𐤄𐤍𐤄	𐤀𐤁𐤉	𐤀𐤕	𐤅𐤄𐤅𐤓𐤃𐤕𐤌
cuello-de garganta	sobre	Y-cayó	. aquí	mi-padre	··	y-haréis-descender

313	100	27	158 | 808	38 | 518	25	152 | 802
צור	עלה	בכה	בנה + ימן	בכה	אח	בנה + ימן
צַוָּארָיו׃	עַל־	בָּכָה	וּבִנְיָמִן	וַיֵּבְךְּ	אָחִיו	בִנְיָמִן־
. tsavarav	*al*	*bajah*	*uVinyamín*	*vayevk*	*ajiv*	*Vinyamín*
צואריו	על	בכה	ובנימן	ויבך	אחיו	בנימן
𐤑𐤅𐤀𐤓𐤉𐤅	𐤏𐤋	𐤁𐤊𐤄	𐤅𐤁𐤍𐤉𐤌𐤍	𐤅𐤉𐤁𐤊	𐤀𐤇𐤉𐤅	𐤁𐤍𐤉𐤌𐤍
. su-cuello garganta	sobre	lloró	y-Vinyamín	y-lloró	su-hermano	Vinyamín

45:15

70 | 720	225	155 | 715	38 | 518	25	80	466
כן	אחר	עלה	בכה	אח	כלל	נשק
כֵּן	וְאַחֲרֵי	עֲלֵיהֶם	וַיֵּבְךְּ	אֶחָיו	לְכָל־	וַיְנַשֵּׁק
jen	*ve'ajarey*	*aleyhem*	*vayevk*	*ejav*	*lejol*	*Vayenashek*
כן	ואחרי	עליהם	ויבך	אחיו	לכל	וינשק
𐤊𐤍	𐤅𐤀𐤇𐤓𐤉	𐤏𐤋𐤉𐤄𐤌	𐤅𐤉𐤁𐤊	𐤀𐤇𐤉𐤅	𐤋𐤊𐤋	𐤅𐤉𐤍𐤔𐤒
eso enderezar; rectamente	y-después-de	sobre-ellos	y-lloró	sus-hermanos	a-todos	Y-besó

45:16

355	412	460	141	407	25	212
·	בנה	שמע	קול	את	אח	דבר
פַּרְעֹה֒	בֵּ֣ית	נִשְׁמַ֗ע	וְהַקֹּ֣ל	אִתּֽוֹ׃	אֶחָ֖יו	דִּבְּר֥וּ
paroh	beyt	nishmá	Vehakol	. itó	ejav	diberú
פרעה	בית	נשמע	והקל	אתו	אחיו	דברו
𐤐𐤓𐤏𐤄	𐤁𐤉𐤕	𐤍𐤔𐤌𐤏	𐤅𐤄𐤒𐤋	𐤀𐤕𐤅	𐤀𐤇𐤉𐤅	𐤃𐤁𐤓𐤅
faraón	casa-de	se-oyó	Y-la-voz	. con-él	sus-hermanos	hablaron

355	142	37	156 | 876	19	9	271
·	עין	יטב	יסף	אח	בוא	אמר
פַּרְעֹ֔ה	בְּעֵינֵ֣י	וַיִּיטַב֙	יוֹסֵ֑ף	אֲחֵ֣י	בָּ֖אוּ	לֵאמֹ֔ר
faroh	be'eyney	vayitav	Yosef	ajey	ba'u	lemor
פרעה	בעיני	וייטב	יוסף	אחי	באו	לאמר
𐤐𐤓𐤏𐤄	𐤁𐤏𐤉𐤍𐤉	𐤅𐤉𐤉𐤈𐤁	𐤉𐤅𐤎𐤐	𐤀𐤇𐤉	𐤁𐤀𐤅	𐤋𐤀𐤌𐤓
faraón	en-ojos-de	y-pareció-bien	Yosef	hermanos-de	vinieron	al-decir

45:17

241	156 | 876	31	355	257	92	148
אמר	יסף	אלה	·	אמר	עבד	עין
אֱמֹ֣ר	יוֹסֵ֔ף	אֶל־	פַּרְעֹה֙	וַיֹּ֤אמֶר	עֲבָדָֽיו׃	וּבְעֵינֵ֖י
emor	Yosef	el	paroh	Vayómer	. avadav	uve'eyney
אמר	יוסף	אל	פרעה	ויאמר	עבדיו	ובעיני
𐤀𐤌𐤓	𐤉𐤅𐤎𐤐	𐤀𐤋	𐤐𐤓𐤏𐤄	𐤅𐤉𐤀𐤌𐤓	𐤏𐤁𐤃𐤉𐤅	𐤅𐤁𐤏𐤉𐤍𐤉
di	Yosef	a hacia	faraón	Y-dijo	. sus-siervos	y-en-ojos-de

342 | 902	401	135	376	408	39 | 519	31
בער	את	טען	עשה	זה	אח	אלה
בְּעִ֣ירְכֶ֔ם	אֶת־	טַעֲנוּ֙	עֲשׂ֑וּ	זֹ֣את	אַחֶ֖יךָ	אֶל־
be'irjem	et	ta'anú	asú	zot	ajeyja	el
בעירכם	את	טענו	עשו	זאת	אחיך	אל
𐤁𐤏𐤉𐤓𐤊𐤌	𐤀𐤕	𐤈𐤏𐤍𐤅	𐤏𐤔𐤅	𐤆𐤀𐤕	𐤀𐤇𐤉𐤊	𐤀𐤋
vuestra-bestia	··	cargad	haced	esto	tus-hermanos	a hacia

45:18

73 | 633	401	120	190 | 840	296	9	62
אב	את	לקח	כנע	ארץ	בוא	הלך
אֲבִיכֶ֖ם	אֶת־	וּקְח֧וּ	כְּנָֽעַן׃	אַ֥רְצָה	בֹּ֖אוּ	וּלְכוּ־
avijem	et	Ukejú	. Kena'an	artsah	vo'u	ulejú
אביכם	את	וקחו	כנען	ארצה	באו	ולכו
𐤀𐤁𐤉𐤊𐤌	𐤀𐤕	𐤅𐤒𐤇𐤅	𐤊𐤍𐤏𐤍	𐤀𐤓𐤑𐤄	𐤁𐤀𐤅	𐤅𐤋𐤊𐤅
vuestro-padre	··	Y-tomad	. Kena'an	a-tierra-de [la seca]	volved	y-andad

401	90 | 650	462	41	15	472 | 1032	407
את	·	נתן	אלה	בוא	בנה	את
אֶת־	לָכֶ֗ם	וְאֶתְּנָ֣ה	אֵלָ֑י	וּבֹ֣אוּ	בָּתֵּיכֶ֖ם	וְאֶת־
et	*lajem*	*ve'eténah*	*elay*	*uvo'u*	*bateyjem*	*ve'et*
את	לכם	ואתנה	אלי	ובאו	בתיכם	ואת
𐤀𐤕	𐤋𐤊𐤌	𐤅𐤀𐤕𐤍𐤄	𐤀𐤋𐤉	𐤅𐤁𐤀𐤅	𐤁𐤕𐤉𐤊𐤌	𐤅𐤀𐤕
··	para-vosotros	y-daré	a-mí	y-volved	vuestras-casas	y-··

296 | 1106	40	401	63	380 | 940	291 | 1101	17
ארץ	חלב	את	אכל	צור	ארץ	טוב
הָאָֽרֶץ׃	חֵ֥לֶב	אֶת־	וְאִכְל֖וּ	מִצְרַ֔יִם	אֶ֣רֶץ	טוּב֙
. ha'árets	*jélev*	*et*	*ve'ijlú*	*Mitsráyim*	*érets*	*tuv*
הארץ	חלב	את	ואכלו	מצרים	ארץ	טוב
𐤄𐤀𐤓𐤑	𐤇𐤋𐤁	𐤀𐤕	𐤅𐤀𐤊𐤋𐤅	𐤌𐤑𐤓𐤉𐤌	𐤀𐤓𐤑	𐤈𐤅𐤁
. la-tierra [la seca]	grosura-de [leche o nata]	··	y-comed	Mitsráyim	tierra-de [la seca]	bueno-de bien; hermoso

45:19

331 | 1141	90 | 650	114	376	408	511	412
ארץ	·	לקח	עשה	זה	צוה	את
מֵאֶ֨רֶץ	לָכֶם֩	קְחוּ־	עֲשׂ֑וּ	זֹ֣את	צֻוֵּ֖יתָה	וְאַתָּ֥ה
me'érets	*lajem*	*kejú*	*asú*	*zot*	*tsuvéytah*	*Ve'atah*
מארץ	לכם	קחו	עשו	זאת	צויתה	ואתה
𐤌𐤀𐤓𐤑	𐤋𐤊𐤌	𐤒𐤇𐤅	𐤏𐤔𐤅	𐤆𐤀𐤕	𐤑𐤅𐤉𐤕𐤄	𐤅𐤀𐤕𐤄
de-tierra-de [la seca]	para-vosotros	tomad	haced	esto	fuíste-mandado	Y-tú

73 | 633	401	797 | 1357	456 | 1016	179 | 739	509	380 | 940
אב	את	נשא	אנש	טפף	עגל	צור
אֲבִיכֶ֑ם	אֶת־	וּנְשָׂאתֶ֖ם	וְלִנְשֵׁיכֶ֔ם	לְטַפְּכֶם֙	עֲגָל֗וֹת	מִצְרַ֜יִם
avijem	*et*	*unesatem*	*velinsheyjem*	*letapéjem*	*agalot*	*Mitsráyim*
אביכם	את	ונשאתם	ולנשיכם	לטפכם	עגלות	מצרים
𐤀𐤁𐤉𐤊𐤌	𐤀𐤕	𐤅𐤍𐤔𐤀𐤕𐤌	𐤅𐤋𐤍𐤔𐤉𐤊𐤌	𐤋𐤈𐤐𐤊𐤌	𐤏𐤂𐤋𐤅𐤕	𐤌𐤑𐤓𐤉𐤌
vuestro-padre	··	y-alzareis	y-para-vuestras-mujeres	para-vuestros-niños	carretas	Mitsráyim

45:20

30	120 | 680	100	468	31	196 | 756	449 | 1009
כי	כלה	עלה	חוס	לא	עין	בוא
כִּי־	כְּלֵיכֶ֑ם	עַל־	תָּחֹ֖ס	אַל־	וְעֵ֣ינְכֶ֔ם	וּבָאתֶֽם׃
ki	*keleyjem*	*al*	*tajós*	*al*	*Ve'éynjem*	*. uvatem*
כי	כליכם	על	תחס	אל	ועינכם	ובאתם
𐤊𐤉	𐤊𐤋𐤉𐤊𐤌	𐤏𐤋	𐤕𐤇𐤎	𐤀𐤋	𐤅𐤏𐤉𐤍𐤊𐤌	𐤅𐤁𐤀𐤕𐤌
que porque	vuestros-objetos vasijas	por	se-preocupe	no	Y-vuestro-ojo	. y-vendreis

45:21

392	12	90 | 650	380 | 940	291 | 1101	50	17
עשה	הוא	·	צור	ארץ	כלל	טוב
וַיַּֽעֲשׂוּ־	הֽוּא׃	לָכֶם	מִצְרַיִם	אֶרֶץ	כָּל־	טוּב
Vaya'asú	*. hu*	*lajem*	*Mitsráyim*	*érets*	*kol*	*tuv*
ויעשו	הוא	לכם	מצרים	ארץ	כל	טוב
𐤅𐤉𐤏𐤔𐤅	𐤄𐤅𐤀	𐤋𐤊𐤌	𐤌𐤑𐤓𐤉𐤌	𐤀𐤓𐤑	𐤊𐤋	𐤈𐤅𐤁
E-hicieron	. él	para-vosotros	Mitsráyim	tierra-de [la seca]	toda	bueno-de bien; hermoso

509	156 | 876	75 | 635	466 | 1116	541	62	70 | 720
עגל	יסף	הוא	נתן	שרה + אל	בנה	כן
עֲגָלוֹת	יוֹסֵף	לָהֶם	וַיִּתֵּן	יִשְׂרָאֵל	בְּנֵי	כֵּן
agalot	*Yosef*	*lahem*	*vayitén*	*Yisra'El*	*beney*	*jen*
עגלות	יוסף	להם	ויתן	ישראל	בני	כן
𐤏𐤂𐤋𐤅𐤕	𐤉𐤅𐤎𐤐	𐤋𐤄𐤌	𐤅𐤉𐤕𐤍	𐤉𐤔𐤓𐤀𐤋	𐤁𐤍𐤉	𐤊𐤍
carretas	Yosef	a-ellos	y-dio	Yisra'El	hijos-de edificador	así enderezar; rectamente

254 | 734	99	75 | 635	466 | 1116	355	90	100
דרך	צוד	הוא	נתן	·	פאה	עלה
לַדָּֽרֶךְ׃	צֵדָה	לָהֶם	וַיִּתֵּן	פַּרְעֹה	פִּי	עַל־
. ladárej	*tsedah*	*lahem*	*vayitén*	*faroh*	*pi*	*al*
לדרך	צדה	להם	ויתן	פרעה	פי	על
𐤋𐤃𐤓𐤊	𐤑𐤃𐤄	𐤋𐤄𐤌	𐤅𐤉𐤕𐤍	𐤐𐤓𐤏𐤄	𐤐𐤉	𐤏𐤋
. para-el-camino	provisión [caza]	a-ellos	y-dio	faraón	boca-de	por

45:22

500 | 1150	188 | 838	770	518	341	500 | 1150	120 | 680
נתן	בנה + ימן	שמל	חלף	איש	נתן	כלל
נָתַן	וּלְבִנְיָמִן	שְׂמָלֹת	חֲלִפוֹת	לָאִישׁ	נָתַן	לְכֻלָּם
natán	*uleVinyamín*	*smalot*	*jalifot*	*la'ish*	*natán*	*Lejulam*
נתן	ולבנימן	שמלת	חלפות	לאיש	נתן	לכלם
𐤍𐤕𐤍	𐤅𐤋𐤁𐤍𐤉𐤌𐤍	𐤔𐤌𐤋𐤕	𐤇𐤋𐤐𐤅𐤕	𐤋𐤀𐤉𐤔	𐤍𐤕𐤍	𐤋𐤊𐤋𐤌
dio	y-para-Vinyamín	mantos	mudas-de	al-varón [cada uno]	dio	Para-todos-ellos

45:23

55	770	518	354	160 | 880	447	630
אב	שמל	חלף	חמש	כסף	מאה	שלש
וּלְאָבִיו	שְׂמָלֹת׃	חֲלִפֹת	וַחֲמֵשׁ	כֶּסֶף	מֵאוֹת	שְׁלֹשׁ
Ule'aviv	*. smalot*	*jalifot*	*vejamesh*	*késef*	*me'ot*	*shlosh*
ולאביו	שמלת	חלפת	וחמש	כסף	מאות	שלש
𐤅𐤋𐤀𐤁𐤉𐤅	𐤔𐤌𐤋𐤕	𐤇𐤋𐤐𐤕	𐤅𐤇𐤌𐤔	𐤊𐤎𐤐	𐤌𐤀𐤅𐤕	𐤔𐤋𐤔
Y-para-su-padre	. mantos	mudas-de	y-cinco	plata	cientos centena	tres

380 | 940	57	401 | 961	298 | 858	575	428	338
צור	טוב	נשא	חמר	עשר	זה	שלח
מִצְרָ֑יִם	מִטּ֣וּב	נֹשְׂאִ֔ים	חֲמֹרִ֗ים	עֲשָׂרָ֣ה	כְּזֹאת֙	שָׁלַ֤ח
Mitsráyim	*mituv*	*nosim*	*jamorim*	*asarah*	*kezot*	*shalaj*
מצרים	מטוב	נשאים	חמרים	עשרה	כזאת	שלח
𐤌𐤑𐤓𐤉𐤌	𐤌𐤈𐤅𐤁	𐤍𐤔𐤀𐤉𐤌	𐤇𐤌𐤓𐤉𐤌	𐤏𐤔𐤓𐤄	𐤊𐤆𐤀𐤕	𐤔𐤋𐤇
Mitsráyim	de-lo-bueno-de bien; hermoso	estaban-alzando	asnos	diez	como-esto	envió

49	109 | 759	84 | 644	202	751	851	576
אב	זון	לחם	ברר	נשא	אתן	עשר
לְאָבִ֖יו	וּמָז֛וֹן	וָלֶ֨חֶם	בַּ֥ר	נֹשְׂאֹ֞ת	אֲתֹנֹ֗ת	וְעֶ֣שֶׂר
le'aviv	*umazón*	*valéjem*	*bar*	*nosot*	*atonot*	*ve'éser*
לאביו	ומזון	ולחם	בר	נשאת	אתנת	ועשר
𐤋𐤀𐤁𐤉𐤅	𐤅𐤌𐤆𐤅𐤍	𐤅𐤋𐤇𐤌	𐤁𐤓	𐤍𐤔𐤀𐤕	𐤀𐤕𐤍𐤕	𐤅𐤏𐤔𐤓
para-su-padre	y-víveres	y-pan [alimento básico]	grano	estaban-alzando	asnas	y-diez

45:24

76 | 636	257	72	25	401	354	254 | 734
אלה	אמר	הלך	אח	את	שלח	דרך
אֲלֵהֶ֔ם	וַיֹּ֣אמֶר	וַיֵּלֵ֑כוּ	אֶחָ֖יו	אֶת־	וַיְשַׁלַּ֥ח	לַדָּֽרֶךְ׃
aléhem	*vayómer*	*vayelejú*	*ejav*	*et*	*Vayeshalaj*	*. ladárej*
אלהם	ויאמר	וילכו	אחיו	את	וישלח	לדרך
𐤀𐤋𐤄𐤌	𐤅𐤉𐤀𐤌𐤓	𐤅𐤉𐤋𐤊𐤅	𐤀𐤇𐤉𐤅	𐤀𐤕	𐤅𐤉𐤔𐤋𐤇	𐤋𐤃𐤓𐤊
a-ellos	y-dijo	y-anduvieron	sus-hermanos	..	Y-envió [con fuerza o urgencia]	. para-el-camino

45:25

291 | 1101	25	420 | 980	122	226 | 706	616	31
ארץ	בוא	צור	עלה	דרך	רגז	לא
אֶ֣רֶץ	וַיָּבֹ֙אוּ֙	מִמִּצְרָ֑יִם	וַֽיַּעֲל֖וּ	בַּדָּֽרֶךְ׃	תִּרְגְּז֖וּ	אַֽל־
érets	*vayavó'u*	*miMitsráyim*	*Vaya'alú*	*. badárej*	*tirgezú*	*al*
ארץ	ויבאו	ממצרים	ויעלו	בדרך	תרגזו	אל
𐤀𐤓𐤑	𐤅𐤉𐤁𐤀𐤅	𐤌𐤌𐤑𐤓𐤉𐤌	𐤅𐤉𐤏𐤋𐤅	𐤁𐤃𐤓𐤊	𐤕𐤓𐤂𐤆𐤅	𐤀𐤋
tierra-de [la seca]	y-vinieron	de-Mitsráyim	Y-ascendieron	. en-el-camino	os-enfurezcáis	no

45:26

271	36	29	58 | 618	182	31	190 | 840
אמר	הוא	נגד	אב	עקב	אלה	כנע
לֵאמֹ֔ר	ל֣וֹ	וַיַּגִּ֨דוּ	אֲבִיהֶֽם׃	יַעֲקֹ֥ב	אֶל־	כְּנַ֔עַן
lemor	*lo*	*Vayagidu*	*. avihem*	*Ya'akov*	*el*	*Kena'an*
לאמר	לו	ויגדו	אביהם	יעקב	אל	כנען
𐤋𐤀𐤌𐤓	𐤋𐤅	𐤅𐤉𐤂𐤃𐤅	𐤀𐤁𐤉𐤄𐤌	𐤉𐤏𐤒𐤁	𐤀𐤋	𐤊𐤍𐤏𐤍
al-decir	a-él	Y-manifestaron contar; declarar	. su-padre	Ya'akov	a hacia	Kena'an

<table>
<tr><td>80</td><td>156 | 876</td><td>18</td><td>36</td><td>12</td><td>370</td><td>52</td></tr>
<tr><td>עד</td><td>יסף</td><td>חיה</td><td>כי</td><td>הוא</td><td>משל</td><td>כלל</td></tr>
<tr><td>עוֹד</td><td>יוֹסֵף</td><td>חַי</td><td>וְכִי־</td><td>הוּא</td><td>מֹשֵׁל</td><td>בְּכָל־</td></tr>
<tr><td>od</td><td>Yosef</td><td>jay</td><td>vejí</td><td>hu</td><td>moshel</td><td>bejol</td></tr>
<tr><td>עוד</td><td>יוסף</td><td>חי</td><td>וכי</td><td>הוא</td><td>משל</td><td>בכל</td></tr>
<tr><td>𐤏𐤅𐤃</td><td>𐤉𐤅𐤎𐤐</td><td>𐤇𐤉</td><td>𐤅𐤊𐤉</td><td>𐤄𐤅𐤀</td><td>𐤌𐤔𐤋</td><td>𐤁𐤊𐤋</td></tr>
<tr><td>aún
otra-vez</td><td>Yosef</td><td>vivo
viviente</td><td>y-que</td><td>él</td><td>gobernador
[territorial]</td><td>en-toda</td></tr>
</table>

<table>
<tr><td>291 | 1101</td><td>380 | 940</td><td>99</td><td>38</td><td>30</td><td>31</td><td>106 | 756</td></tr>
<tr><td>ארץ</td><td>צור</td><td>פוג</td><td>לבב</td><td>כי</td><td>לא</td><td>אמן</td></tr>
<tr><td>אֶרֶץ</td><td>מִצְרָיִם</td><td>וַיָּפָג</td><td>לִבּוֹ</td><td>כִּי</td><td>לֹא־</td><td>הֶאֱמִין</td></tr>
<tr><td>érets</td><td>Mitsráyim</td><td>vayáfog</td><td>libó</td><td>ki</td><td>lo</td><td>he'emín</td></tr>
<tr><td>ארץ</td><td>מצרים</td><td>ויפג</td><td>לבו</td><td>כי</td><td>לא</td><td>האמין</td></tr>
<tr><td>𐤀𐤓𐤑</td><td>𐤌𐤑𐤓𐤉𐤌</td><td>𐤅𐤉𐤐𐤂</td><td>𐤋𐤁𐤅</td><td>𐤊𐤉</td><td>𐤋𐤀</td><td>𐤄𐤀𐤌𐤉𐤍</td></tr>
<tr><td>tierra-de
[la seca]</td><td>Mitsráyim</td><td>y-se-debilitó</td><td>su-corazón</td><td>que
porque</td><td>no</td><td>creyó
confiar; ser-fiel</td></tr>
</table>

45:27

<table>
<tr><td>75 | 635</td><td>228</td><td>47</td><td>401</td><td>50</td><td>216</td><td>156 | 876</td></tr>
<tr><td>הוא</td><td>דבר</td><td>אלה</td><td>את</td><td>כלל</td><td>דבר</td><td>יסף</td></tr>
<tr><td>לָהֶם׃</td><td>וַיְדַבְּרוּ</td><td>אֵלָיו</td><td>אֵת</td><td>כָּל־</td><td>דִּבְרֵי</td><td>יוֹסֵף</td></tr>
<tr><td>. lahem</td><td>Vayedaberú</td><td>elav</td><td>et</td><td>kol</td><td>divrey</td><td>Yosef</td></tr>
<tr><td>להם</td><td>וידברו</td><td>אליו</td><td>את</td><td>כל</td><td>דברי</td><td>יוסף</td></tr>
<tr><td>𐤋𐤄𐤌</td><td>𐤅𐤉𐤃𐤁𐤓𐤅</td><td>𐤀𐤋𐤉𐤅</td><td>𐤀𐤕</td><td>𐤊𐤋</td><td>𐤃𐤁𐤓𐤉</td><td>𐤉𐤅𐤎𐤐</td></tr>
<tr><td>. a-ellos</td><td>Y-hablaron</td><td>a-él</td><td>··</td><td>todas</td><td>palabras-de
asunto; cosa</td><td>Yosef</td></tr>
</table>

<table>
<tr><td>501</td><td>206</td><td>76 | 636</td><td>217</td><td>401</td><td>514</td><td>501</td></tr>
<tr><td>אשר</td><td>דבר</td><td>אלה</td><td>ראה</td><td>את</td><td>עגל</td><td>אשר</td></tr>
<tr><td>אֲשֶׁר</td><td>דִּבֶּר</td><td>אֲלֵהֶם</td><td>וַיַּרְא</td><td>אֶת־</td><td>הָעֲגָלוֹת</td><td>אֲשֶׁר־</td></tr>
<tr><td>asher</td><td>diber</td><td>aléhem</td><td>vayar</td><td>et</td><td>ha'agalot</td><td>asher</td></tr>
<tr><td>אשר</td><td>דבר</td><td>אלהם</td><td>וירא</td><td>את</td><td>העגלות</td><td>אשר</td></tr>
<tr><td>𐤀𐤔𐤓</td><td>𐤃𐤁𐤓</td><td>𐤀𐤋𐤄𐤌</td><td>𐤅𐤉𐤓𐤀</td><td>𐤀𐤕</td><td>𐤄𐤏𐤂𐤋𐤅𐤕</td><td>𐤀𐤔𐤓</td></tr>
<tr><td>que</td><td>habló</td><td>a-ellos</td><td>y-vio</td><td>··</td><td>las-carretas</td><td>que</td></tr>
</table>

<table>
<tr><td>338</td><td>156 | 876</td><td>731</td><td>407</td><td>424</td><td>214</td><td>182</td></tr>
<tr><td>שלח</td><td>יסף</td><td>נשא</td><td>את</td><td>חיה</td><td>רוח</td><td>עקב</td></tr>
<tr><td>שָׁלַח</td><td>יוֹסֵף</td><td>לָשֵׂאת</td><td>אֹתוֹ</td><td>וַתְּחִי</td><td>רוּחַ</td><td>יַעֲקֹב</td></tr>
<tr><td>shalaj</td><td>Yosef</td><td>laset</td><td>otó</td><td>vatejí</td><td>rú'aj</td><td>Ya'akov</td></tr>
<tr><td>שלח</td><td>יוסף</td><td>לשאת</td><td>אתו</td><td>ותחי</td><td>רוח</td><td>יעקב</td></tr>
<tr><td>𐤔𐤋𐤇</td><td>𐤉𐤅𐤎𐤐</td><td>𐤋𐤔𐤀𐤕</td><td>𐤀𐤕𐤅</td><td>𐤅𐤕𐤇𐤉</td><td>𐤓𐤅𐤇</td><td>𐤉𐤏𐤒𐤁</td></tr>
<tr><td>envió</td><td>Yosef</td><td>para-alzar</td><td>a-él</td><td>y-revivió</td><td>espíritu-de
aliento; viento</td><td>Ya'akov</td></tr>
</table>

45:28

62	156 | 876	80	202	541	257	58 | 618
בנה	יסף	עד	רבב	שרה + אל	אמר	אב
בְּנִי	יוֹסֵף	עוֹד־	רָב	יִשְׂרָאֵל	וַיֹּאמֶר	אֲבִיהֶם׃
bení	*Yosef*	*od*	*rav*	*Yisra'El*	*Vayómer*	*. avihem*
בני	יוסף	עוד	רב	ישראל	ויאמר	אביהם
𐤁𐤍𐤉	𐤉𐤅𐤎𐤐	𐤏𐤅𐤃	𐤓𐤁	𐤉𐤔𐤓𐤀𐤋	𐤅𐤉𐤀𐤌𐤓	𐤀𐤁𐤉𐤄𐤌
mi-hijo edificador	Yosef	aún otra-vez	¡Basta!	Yisra'El	Y-dijo	. su-padre

447	251 | 811	264	56	18
מות	טרם	ראה	הלך	חיה
אָמוּת׃	בְּטֶרֶם	וְאֶרְאֶנּוּ	אֵלְכָה	חָי
. amut	*betérem*	*ve'erenu*	*eljah*	*jay*
אמות	בטרם	ואראנו	אלכה	חי
𐤀𐤌𐤅𐤕	𐤁𐤈𐤓𐤌	𐤅𐤀𐤓𐤀𐤍𐤅	𐤀𐤋𐤊𐤄	𐤇𐤉
. moriré	antes-que	y-le-veré	andaré	vivo viviente

Total de palabras hebreas: 397.
Total de consonantes hebreas: 1523.
Consonantes ausentes: -

46:1

208	19	36	501	56	541	146
באר	בוא	הוא	אשר	כלל	שרה + אל	נסע
בְּאֵרָה	וַיָּבֹא	לוֹ	אֲשֶׁר־	וְכָל־	יִשְׂרָאֵל	וַיִּסַּע
Be'érah	*vayavó*	*lo*	*asher*	*vejol*	*Yisra'El*	*Vayisá*
בארה	ויבא	לו	אשר	וכל	ישראל	ויסע
𐤁𐤀𐤓𐤄	𐤅𐤉𐤁𐤀	𐤋𐤅	𐤀𐤔𐤓	𐤅𐤊𐤋	𐤉𐤔𐤓𐤀𐤋	𐤅𐤉𐤎𐤏
a-Be'er	y-vino	para-él	que	y-todo	Yisra'El	Y-partió [retirar estacas]

46:2

257	208	19	76	67 | 627	33	372
אמר	צחק	אב	אלהה	זבח	זבח	שבע
וַיֹּאמֶר	יִצְחָק׃	אָבִיו	לֵאלֹהֵי	זְבָחִים	וַיִּזְבַּח	שָׁבַע
Vayómer	*. Yitsjak*	*aviv*	*lelohey*	*zevajim*	*vayizbaj*	*Shava*
ויאמר	יצחק	אביו	לאלהי	זבחים	ויזבח	שבע
𐤅𐤉𐤀𐤌𐤓	𐤉𐤑𐤇𐤒	𐤀𐤁𐤉𐤅	𐤋𐤀𐤋𐤄𐤉	𐤆𐤁𐤇𐤉𐤌	𐤅𐤉𐤆𐤁𐤇	𐤔𐤁𐤏
Y-dijo	. Yitsjak	su-padre	para-Dios-de para-dioses-de [plural]	sacrificios	y-sacrificó	Shava

182	182	257	80	643	571	86 | 646
עקב	עקב	אמר	ליל	ראה	שרה + אל	אלהה
יַעֲקֹב	יַעֲקֹב	וַיֹּאמֶר	הַלַּיְלָה	בְּמַרְאֹת	לְיִשְׂרָאֵל	אֱלֹהִים
Ya'akov	*Ya'akov*	*vayómer*	*haláylah*	*bemarot*	*leYisra'El*	*Elohim*
יעקב	יעקב	ויאמר	הלילה	במראת	לישראל	אלהים
𐤉𐤏𐤒𐤁	𐤉𐤏𐤒𐤁	𐤅𐤉𐤀𐤌𐤓	𐤄𐤋𐤉𐤋𐤄	𐤁𐤌𐤓𐤀𐤕	𐤋𐤉𐤔𐤓𐤀𐤋	𐤀𐤋𐤄𐤉𐤌
Ya'akov	Ya'akov	y-dijo	la-noche [la oscuridad]	en-visiones-de	a-Yisra'El	elohim Dios; dioses; magistrados

46:3

33 | 513	46	36	81	257	115	257
אב	אלהה	·	אנך	אמר	הן	אמר
אָבִיךָ	אֱלֹהֵי	הָאֵל	אָנֹכִי	וַיֹּאמֶר	הִנֵּנִי׃	וַיֹּאמֶר
avija	*elohey*	*ha'El*	*anojí*	*Vayómer*	*. hineni*	*vayómer*
אביך	אלהי	האל	אנכי	ויאמר	הנני	ויאמר
𐤀𐤁𐤉𐤊	𐤀𐤋𐤄𐤉	𐤄𐤀𐤋	𐤀𐤍𐤊𐤉	𐤅𐤉𐤀𐤌𐤓	𐤄𐤍𐤍𐤉	𐤅𐤉𐤀𐤌𐤓
tu-padre	Dios-de dioses-de [plural]	el-El	yo	Y-dijo	¡Mírame! heme-aquí	y-dijo

43	49	30	385	249	611	31
גדל	גאה	כי	צור	ירד	ירא	אלה
גָּדוֹל	לְגוֹי	כִּי־	מִצְרַיְמָה	מֵרְדָה	תִּירָא	אַל־
gadol	*legoy*	*ki*	*Mitsráymah*	*merdah*	*tirá*	*al*
גדול	לגוי	כי	מצרימה	מרדה	תירא	אל
𐤂𐤃𐤅𐤋	𐤋𐤂𐤅𐤉	𐤊𐤉	𐤌𐤑𐤓𐤉𐤌𐤄	𐤌𐤓𐤃𐤄	𐤕𐤉𐤓𐤀	𐤀𐤋
grande [escritura plena]	para-nación gentil	que porque	a-Mitsráyim	de-descender	temas	no

46:4

87	385	130 | 610	205	81	340 | 900	371 | 851
אנך	צור	עם	ירד	אנך	שם	שים
וְאָנֹכִי	מִצְרַ֫יְמָה	עִמְּךָ	אֵרֵד	אָנֹכִי	שָׁם׃	אֲשִֽׂימְךָ
ve'anojí	*Mitsráymah*	*imeja*	*éred*	*Anojí*	*. sham*	*asimja*
ואנכי	מצרימה	עמך	ארד	אנכי	שם	אשימך
𐤅𐤀𐤍𐤊𐤉	𐤌𐤑𐤓𐤉𐤌𐤄	𐤏𐤌𐤊	𐤀𐤓𐤃	𐤀𐤍𐤊𐤉	𐤔𐤌	𐤀𐤔𐤉𐤌𐤊
y-yo	a-Mitsráyim	contigo	descenderé	Yo	. allí [ubicación]	te-pondré [ubicación]

100	20	720	162 | 882	105	43 | 603	121 | 601
עלה	יד	שית	יסף	עלה	גם	עלה
עַל־	יָדוֹ	יָשִׁית	וְיוֹסֵף	עָלֹה	גַם־	אַֽעַלְךָ
al	*yadó*	*yashit*	*veYosef*	*aloh*	*gam*	*a'alja*
על	ידו	ישית	ויוסף	עלה	גם	אעלך
𐤏𐤋	𐤉𐤃𐤅	𐤉𐤔𐤉𐤕	𐤅𐤉𐤅𐤎𐤐	𐤏𐤋𐤄	𐤂𐤌	𐤀𐤏𐤋𐤊
sobre	su-mano	pondrá	y-Yosef	ascender	también	te-haré-ascender

46:5

62	323	372	243	182	156 | 716	160 | 640
בנה	נשא	שבע	באר	עקב	קום	עין
בְנֵי־	וַיִּשְׂאוּ	שָׁבַע	מִבְּאֵר	יַעֲקֹב	וַיָּקָם	עֵינֶיךָ׃
veney	*vayisú*	*Shava*	*miBe'er*	*Ya'akov*	*Vayákom*	*. eyneyja*
בני	וישאו	שבע	מבאר	יעקב	ויקם	עיניך
𐤁𐤍𐤉	𐤅𐤉𐤔𐤀𐤅	𐤔𐤁𐤏	𐤌𐤁𐤀𐤓	𐤉𐤏𐤒𐤁	𐤅𐤉𐤒𐤌	𐤏𐤉𐤍𐤉𐤊
hijos-de edificador	y-alzaron	Shava	de-Be'er	Ya'akov	Y-se-levantó	. tus-ojos

407	129 | 689	407	58 | 618	182	401	541
את	טפף	את	אב	עקב	את	שרה + אל
וְאֶת־	טַפָּם	וְאֶת־	אֲבִיהֶם	יַעֲקֹב	אֶת־	יִשְׂרָאֵל
ve'et	*tapam*	*ve'et*	*avihem*	*Ya'akov*	*et*	*Yisra'El*
ואת	טפם	ואת	אביהם	יעקב	את	ישראל
𐤅𐤀𐤕	𐤈𐤐𐤌	𐤅𐤀𐤕	𐤀𐤁𐤉𐤄𐤌	𐤉𐤏𐤒𐤁	𐤀𐤕	𐤉𐤔𐤓𐤀𐤋
y-···	sus-niños	y-···	su-padre	Ya'akov	··	Yisra'El

407	731	355	338	501	511	405 | 965
את	נשא	·	שלח	אשר	עגל	אנש
אֹתוֹ׃	לָשֵׂאת	פַּרְעֹה	שָׁלַח	אֲשֶׁר־	בָּעֲגָלוֹת	נְשֵׁיהֶם
. otó	*laset*	*paroh*	*shalaj*	*asher*	*ba'agalot*	*nesheyhem*
אתו	לשאת	פרעה	שלח	אשר	בעגלות	נשיהם
𐤀𐤕𐤅	𐤋𐤔𐤀𐤕	𐤐𐤓𐤏𐤄	𐤔𐤋𐤇	𐤀𐤔𐤓	𐤁𐤏𐤂𐤋𐤅𐤕	𐤍𐤔𐤉𐤄𐤌
. a-él	para-alzar	faraón	envió	que	en-las-carretas	sus-mujeres

46:6

526	501	566 | 1126	407	245 | 805	401	130
רכש	אשר	רכש	את	קנה	את	לקח
רְכֻשׁוֹ	אֲשֶׁר	רְכוּשָׁם	וְאֶת־	מִקְנֵיהֶם	אֶת־	וַיִּקְחוּ
rajshú	*asher*	*rejusham*	*ve'et*	*mikneyhem*	*et*	*Vayikjú*
רכשו	אשר	רכושם	ואת	מקניהם	את	ויקחו
𐤓𐤊𐤔𐤅	𐤀𐤔𐤓	𐤓𐤊𐤅𐤔𐤌	𐤅𐤀𐤕	𐤌𐤒𐤍𐤉𐤄𐤌	𐤀𐤕	𐤅𐤉𐤒𐤇𐤅
ganaron adquirir; posesión	que	su-ganancia adquirir; posesión	y-··	sus-propiedades adquisición [ganado]	··	Y-tomaron

283	56	182	385	25	190 | 840	293 | 1103
זרע	כלל	עקב	צור	בוא	כנע	ארץ
זַרְעוֹ	וְכָל־	יַעֲקֹב	מִצְרַיְמָה	וַיָּבֹאוּ	כְּנַעַן	בְּאֶרֶץ
zaró	*vejol*	*Ya'akov*	*Mitsráymah*	*vayavó'u*	*Kena'an*	*be'érets*
זרעו	וכל	יעקב	מצרימה	ויבאו	כנען	בארץ
𐤆𐤓𐤏𐤅	𐤅𐤊𐤋	𐤉𐤏𐤒𐤁	𐤌𐤑𐤓𐤉𐤌𐤄	𐤅𐤉𐤁𐤀𐤅	𐤊𐤍𐤏𐤍	𐤁𐤀𐤓𐤑
su-simiente semilla	y-toda	Ya'akov	a-Mitsráyim	y-vinieron	Kena'an	en-tierra-de [la seca]

46:7

464	468	407	68	68	68	407
בנה	בנה	את	בנה	בנה	בנה	את
וּבְנוֹת	בְּנֹתָיו	אִתּוֹ	בָנָיו	וּבְנֵי	בָּנָיו	אִתּוֹ׃
uvenot	*benotav*	*itó*	*vanav*	*uveney*	*Banav*	*. itó*
ובנות	בנתיו	אתו	בניו	ובני	בניו	אתו
𐤅𐤁𐤍𐤅𐤕	𐤁𐤍𐤕𐤉𐤅	𐤀𐤕𐤅	𐤁𐤍𐤉𐤅	𐤅𐤁𐤍𐤉	𐤁𐤍𐤉𐤅	𐤀𐤕𐤅
e-hijas-de	sus-hijas	con-él	sus-hijos edificador	e-hijos-de edificador	Sus-hijos edificador	. con-él

46:8

42	385	407	18	283	56	68
אלה	צור	את	בוא	זרע	כלל	בנה
וְאֵלֶּה	מִצְרָיְמָה׃	אִתּוֹ	הֵבִיא	זַרְעוֹ	וְכָל־	בָּנָיו
Ve'éleh	*. Mitsráymah*	*itó*	*heví*	*zaró*	*vejol*	*banav*
ואלה	מצרימה	אתו	הביא	זרעו	וכל	בניו
𐤅𐤀𐤋𐤄	𐤌𐤑𐤓𐤉𐤌𐤄	𐤀𐤕𐤅	𐤄𐤁𐤉𐤀	𐤆𐤓𐤏𐤅	𐤅𐤊𐤋	𐤁𐤍𐤉𐤅
Y-estos	. a-Mitsráyim	con-él	trajo	su-simiente semilla	y-toda	sus-hijos edificador

74	182	385	58 | 618	541	62	746
בנה	עקב	צור	בוא	שרה + אל	בנה	שם
וּבָנָיו	יַעֲקֹב	מִצְרַיְמָה	הַבָּאִים	יִשְׂרָאֵל	בְּנֵי־	שְׁמוֹת
uvanav	*Ya'akov*	*Mitsráymah*	*haba'im*	*Yisra'El*	*beney*	*shmot*
ובניו	יעקב	מצרימה	הבאים	ישראל	בני	שמות
𐤅𐤁𐤍𐤉𐤅	𐤉𐤏𐤒𐤁	𐤌𐤑𐤓𐤉𐤌𐤄	𐤄𐤁𐤀𐤉𐤌	𐤉𐤔𐤓𐤀𐤋	𐤁𐤍𐤉	𐤔𐤌𐤅𐤕
y-sus-hijos edificador	Ya'akov	a-Mitsráyim	los-que-vinieron	Yisra'El	hijos-de edificador	nombres-de [ubicación]

46:9

<table>
<tr><td>123</td><td>84 | 564</td><td>259 | 909</td><td>68</td><td>259 | 909</td><td>182</td><td>222</td></tr>
<tr><td>פלה</td><td>חנך</td><td>ראה + בנה</td><td>בנה</td><td>ראה + בנה</td><td>עקב</td><td>בכר</td></tr>
<tr><td>וּפַלּוּא</td><td>חֲנוֹךְ</td><td>רְאוּבֵן</td><td>וּבְנֵי</td><td>רְאוּבֵן׃</td><td>יַעֲקֹב</td><td>בְּכֹר</td></tr>
<tr><td>uFalú</td><td>Janoj</td><td>Re'uvén</td><td>Uveney</td><td>. Re'uvén</td><td>Ya'akov</td><td>bejor</td></tr>
<tr><td>ופלוא</td><td>חנוך</td><td>ראובן</td><td>ובני</td><td>ראובן</td><td>יעקב</td><td>בכר</td></tr>
<tr><td>ופלוא</td><td>חנוך</td><td>ראובן</td><td>ובני</td><td>ראובן</td><td>יעקב</td><td>בכר</td></tr>
<tr><td>y-Falú</td><td>Janoj</td><td>Re'uvén</td><td>E-hijos-de
edificador</td><td>. Re'uvén</td><td>Ya'akov</td><td>primogénito-de
primicia</td></tr>
</table>

46:10

<table>
<tr><td>16</td><td>116 | 766</td><td>87</td><td>466 | 1116</td><td>68</td><td>276</td><td>360 | 1010</td></tr>
<tr><td>אהד</td><td>ימן</td><td>יום + אל</td><td>שמע</td><td>בנה</td><td>כרם</td><td>חצר</td></tr>
<tr><td>וְאֹהַד</td><td>וְיָמִין</td><td>יְמוּאֵל</td><td>שִׁמְעוֹן</td><td>וּבְנֵי</td><td>וְכַרְמִי׃</td><td>וְחֶצְרֹון</td></tr>
<tr><td>veOhad</td><td>veYamín</td><td>Yemu'El</td><td>Shimón</td><td>Uveney</td><td>. veJarmí</td><td>veJetsrón</td></tr>
<tr><td>ואהד</td><td>וימין</td><td>ימואל</td><td>שמעון</td><td>ובני</td><td>וכרמי</td><td>וחצרון</td></tr>
<tr><td>ואהד</td><td>וימין</td><td>ימואל</td><td>שמעון</td><td>ובני</td><td>וכרמי</td><td>וחצרון</td></tr>
<tr><td>y-Ohad</td><td>y-Yamín</td><td>Yemu'El</td><td>Shimón</td><td>E-hijos-de
edificador</td><td>. y-Jarmí</td><td>y-Jetsrón</td></tr>
</table>

46:11

<table>
<tr><td>46</td><td>68</td><td>605</td><td>52 | 702</td><td>343</td><td>304</td><td>96 | 746</td></tr>
<tr><td>לוה</td><td>בנה</td><td>כנע</td><td>בנה</td><td>שאל</td><td>צחר</td><td>כון</td></tr>
<tr><td>לֵוִי</td><td>וּבְנֵי</td><td>הַכְּנַעֲנִית׃</td><td>בֶּן־</td><td>וְשָׁאוּל</td><td>וְצֹחַר</td><td>וְיָכִין</td></tr>
<tr><td>Leví</td><td>Uveney</td><td>. hakena'anit</td><td>ben</td><td>veSha'ul</td><td>veTsojar</td><td>veYajín</td></tr>
<tr><td>לוי</td><td>ובני</td><td>הכנענית</td><td>בן</td><td>ושאול</td><td>וצחר</td><td>ויכין</td></tr>
<tr><td>לוי</td><td>ובני</td><td>הכנענית</td><td>בן</td><td>ושאול</td><td>וצחר</td><td>ויכין</td></tr>
<tr><td>Leví</td><td>E-hijos-de
edificador</td><td>. la-kena'anit</td><td>hijo-de
edificador</td><td>y-Sha'ul</td><td>y-Tsojar</td><td>y-Yajín</td></tr>
</table>

46:12

<table>
<tr><td>113 | 763</td><td>270</td><td>30</td><td>68</td><td>456</td><td>505</td><td>559 | 1209</td></tr>
<tr><td>און</td><td>עור</td><td>היה + ידה</td><td>בנה</td><td>מרר</td><td>·</td><td>גרש</td></tr>
<tr><td>וְאוֹנָן</td><td>עֵר</td><td>יְהוּדָה</td><td>וּבְנֵי</td><td>וּמְרָרִי׃</td><td>קְהָת</td><td>גֵּרְשׁוֹן</td></tr>
<tr><td>veOnán</td><td>Er</td><td>Yehudah</td><td>Uveney</td><td>. uMerarí</td><td>Kehat</td><td>Gershón</td></tr>
<tr><td>ואונן</td><td>ער</td><td>יהודה</td><td>ובני</td><td>ומררי</td><td>קהת</td><td>גרשון</td></tr>
<tr><td>ואונן</td><td>ער</td><td>יהודה</td><td>ובני</td><td>ומררי</td><td>קהת</td><td>גרשון</td></tr>
<tr><td>y-Onán</td><td>Er</td><td>Yehudah</td><td>E-hijos-de
edificador</td><td>. y-Merarí</td><td>Kehat</td><td>Gershón</td></tr>
</table>

<table>
<tr><td>293 | 1103</td><td>113 | 763</td><td>270</td><td>456</td><td>221</td><td>376 | 1186</td><td>341</td></tr>
<tr><td>ארץ</td><td>און</td><td>עור</td><td>מות</td><td>זרח</td><td>פרץ</td><td>שאל</td></tr>
<tr><td>בְּאֶרֶץ</td><td>וְאוֹנָן</td><td>עֵר</td><td>וַיָּמָת</td><td>וָזָרַח</td><td>וָפֶרֶץ</td><td>וְשֵׁלָה</td></tr>
<tr><td>be'érets</td><td>veOnán</td><td>Er</td><td>vayámot</td><td>vaZaraj</td><td>vaFérets</td><td>veShelah</td></tr>
<tr><td>בארץ</td><td>ואונן</td><td>ער</td><td>וימת</td><td>וזרח</td><td>ופרץ</td><td>ושלה</td></tr>
<tr><td>בארץ</td><td>ואונן</td><td>ער</td><td>וימת</td><td>וזרח</td><td>ופרץ</td><td>ושלה</td></tr>
<tr><td>en-tierra-de
[la seca]</td><td>y-Onán</td><td>Er</td><td>y-murió</td><td>y-Zaraj</td><td>y-Férets</td><td>y-Shelah</td></tr>
</table>

46:13

68	90	354 | 1004	370 | 1180	62	37	190 | 840
בנה	חמל	חצר	פרץ	בנה	היה	כנע
וּבְנֵי	וְחָמוּל׃	חֶצְרוֹן	פֶּרֶץ	בְנֵי־	וַיִּהְיוּ	כְּנָעַן
Uveney	*. veJamul*	*Jetsrón*	*Férets*	*veney*	*vayihyú*	*Kena'an*
ובני	וחמול	חצרון	פרץ	בני	ויהיו	כנען
𐤅𐤁𐤍𐤉	𐤅𐤇𐤌𐤅𐤋	𐤇𐤑𐤓𐤅𐤍	𐤐𐤓𐤑	𐤁𐤍𐤉	𐤅𐤉𐤄𐤉𐤅	𐤊𐤍𐤏𐤍
E-hijos-de edificador	. y-Jamul	Jetsrón	Férets	hijos-de edificador	y-fueron	Kena'an

46:14

95 | 745	68	602 | 1252	24	97	506	830
זבל	בנה	שמר	·	פאה	ילע	שכר
זְבוּלֻן	וּבְנֵי	וְשִׁמְרוֹן׃	וְיוֹב	וּפֻוָּה	תּוֹלָע	יִשָּׂשכָר
Zevulún	*Uveney*	*. veShimrón*	*veYov*	*uFuvah*	*Tolá*	*Yisasjar*
זבולן	ובני	ושמרון	ויוב	ופוה	תולע	יששכר
𐤆𐤁𐤅𐤋𐤍	𐤅𐤁𐤍𐤉	𐤅𐤔𐤌𐤓𐤅𐤍	𐤅𐤉𐤅𐤁	𐤅𐤐𐤅𐤄	𐤕𐤅𐤋𐤏	𐤉𐤔𐤔𐤊𐤓
Zevulún	E-hijos-de edificador	. y-Shimrón	y-Yov	y-Fuvah	Tolá	Yisasjar

46:15

501	36	62	36	85	93 | 743	264
אשר	לאה	בנה	אלה	יחל + אל	איל	·
אֲשֶׁר	לֵאָה	בְּנֵי	אֵלֶּה	וְיַחְלְאֵל׃	וְאֵלוֹן	סֶרֶד
asher	*Le'ah*	*beney*	*Éleh*	*. veYajle'El*	*ve'Elón*	*Séred*
אשר	לאה	בני	אלה	ויחלאל	ואלון	סרד
𐤀𐤔𐤓	𐤋𐤀𐤄	𐤁𐤍𐤉	𐤀𐤋𐤄	𐤅𐤉𐤇𐤋𐤀𐤋	𐤅𐤀𐤋𐤅𐤍	𐤎𐤓𐤃
que	Le'ah	hijos-de edificador	Estos	. y-Yajle'El	y-Elón	Séred

408	69	407	241 | 801	136 | 786	212	49
בנה	דין	את	ארם	פדן	עקב	ילד
בִּתּוֹ	דִּינָה	וְאֵת	אֲרָם	בְּפַדַּן	לְיַעֲקֹב	יָלְדָה
vitó	*Dinah*	*ve'et*	*Aram*	*beFadán*	*leYa'akov*	*yaldah*
בתו	דינה	ואת	ארם	בפדן	ליעקב	ילדה
𐤁𐤕𐤅	𐤃𐤉𐤍𐤄	𐤅𐤀𐤕	𐤀𐤓𐤌	𐤁𐤐𐤃𐤍	𐤋𐤉𐤏𐤒𐤁	𐤉𐤋𐤃𐤄
su-hija	Dinah	y-···	Aram	en-Padán	para-Ya'akov	engendró

46:16

68	636	680 | 1240	480	68	430	50
בנה	שלש	שלש	בנה	בנה	נפש	כלל
וּבְנֵי	וְשָׁלֹשׁ׃	שְׁלֹשִׁים	וּבְנוֹתָיו	בָּנָיו	נֶפֶשׁ	כָּל־
Uveney	*. veshalosh*	*shloshim*	*uvenotav*	*banav*	*néfesh*	*kol*
ובני	ושלש	שלשים	ובנותיו	בניו	נפש	כל
𐤅𐤁𐤍𐤉	𐤅𐤔𐤋𐤔	𐤔𐤋𐤔𐤉𐤌	𐤅𐤁𐤍𐤅𐤕𐤉𐤅	𐤁𐤍𐤉𐤅	𐤍𐤐𐤔	𐤊𐤋
E-hijos-de edificador	. y-tres	treinta	y-sus-hijas	sus-hijos edificador	alma-de aliento; garganta; ser	toda

227	280	149 | 799	366	27	236 | 886	7
רוד	עור	·	·	חגג	צפה	גוד
וַֽאֲרוֹדִֽי	עֵרִ֕י	וְאֶצְבֹּ֖ן	שׁוּנִ֥י	וְחַגִּ֛י	צִפְי֧וֹן	גָּ֗ד
va'Arodí	*Erí*	*ve'Etsbón*	*Shuní*	*veJagí*	*Tsifyón*	*Gad*
וארודי	ערי	ואצבן	שוני	וחגי	צפיון	גד
וארודי	ערי	ואצבן	שוני	וחגי	צפיון	גד
y-Arodí	Erí	y-Etsbón	Shuní	y-Jagí	Tsifyón	Gad

46:17

293	332	327	105	501	68	248
רעע	שוה	שוה	ימן	אשר	בנה	ארה + אל
וּבְרִיעָ֖ה	וְיִשְׁוִ֥י	וְיִשְׁוָ֛ה	יִמְנָ֧ה	אָשֵׁ֗ר	וּבְנֵ֣י	וְאַרְאֵלִֽי׃
uVeri'ah	*veYishví*	*veYishvah*	*Yimnah*	*Asher*	*Uveney*	*. ve'Arelí*
ובריעה	וישוי	וישוה	ימנה	אשר	ובני	ואראלי
ובריעה	וישוי	וישוה	ימנה	אשר	ובני	ואראלי
y-Veri'ah	y-Yishví	y-Yishvah	Yimnah	Asher	E-hijos-de edificador	. y-Arelí

46:18

36	137	210	287	68	449 | 1009	514
אלה	מלך + אל	חבר	רעע	בנה	אח	סרח
אֵ֚לֶּה	וּמַלְכִּיאֵֽל׃	חֶ֥בֶר	בְרִיעָ֔ה	וּבְנֵ֣י	אֲחֹתָ֑ם	וְשֶׂ֣רַח
Éleh	*. uMalki'El*	*Jéver*	*Veri'ah*	*uveney*	*ajotam*	*veSeraj*
אלה	ומלכיאל	חבר	בריעה	ובני	אחתם	ושרח
אלה	ומלכיאל	חבר	בריעה	ובני	אחתם	ושרח
Estos	. y-Malki'El	Jéver	Veri'ah	e-hijos-de edificador	hermana-de-ellos	y-Seraj

408	66	82 | 732	500 | 1150	501	122	62
בנה	לאה	לבן	נתן	אשר	·	בנה
בִּתּ֑וֹ	לְלֵאָ֣ה	לָבָ֖ן	נָתַ֥ן	אֲשֶׁר־	זִלְפָּ֔ה	בְּנֵ֣י
vitó	*leLe'ah*	*Laván*	*natán*	*asher*	*Zilpah*	*beney*
בתו	ללאה	לבן	נתן	אשר	זלפה	בני
בתו	ללאה	לבן	נתן	אשר	זלפה	בני
su-hija	a-Le'ah	Laván	dio	que	Zilpah	hijos-de edificador

430	575	600	212	36	401	440
נפש	עשר	ששה	עקב	אלה	את	ילד
נָֽפֶשׁ׃	עֶשְׂרֵ֖ה	שֵׁ֥שׁ	לְיַעֲקֹ֔ב	אֵ֙לֶּה֙	אֶת־	וַתֵּ֤לֶד
. náfesh	*esreh*	*shesh*	*leYa'akov*	*éleh*	*et*	*vatéled*
נפש	עשרה	שש	ליעקב	אלה	את	ותלד
נפש	עשרה	שש	ליעקב	אלה	את	ותלד
. alma aliento; garganta; ser	diez	seis	para-Ya'akov	estos	··	y-engendró

46:20 — 46:19

56	158 | 808	156 | 876	182	701	238	62
ילד	בנה + ימן	יסף	עקב	איש	רחל	בנה
וַיִּוָּלֵד	וּבִנְיָמִן׃	יוֹסֵף	יַעֲקֹב	אֵשֶׁת	רָחֵל	בְּנֵי
Vayivaled	*. uVinyamín*	*Yosef*	*Ya'akov*	*éshet*	*Rajel*	*Beney*
ויולד	ובנימן	יוסף	יעקב	אשת	רחל	בני
𐤅𐤉𐤅𐤋𐤃	𐤅𐤁𐤍𐤉𐤌𐤍	𐤉𐤅𐤎𐤐	𐤉𐤏𐤒𐤁	𐤀𐤔𐤕	𐤓𐤇𐤋	𐤁𐤍𐤉
Y-fue-engendrado	. y-Vinyamín	Yosef	Ya'akov	varona-de	Rajel	Hijos-de edificador

511	36	49	501	380 | 940	293 | 1103	186 | 906
·	הוא	ילד	אשר	צור	ארץ	יסף
אָסְנַת	לוֹ	יָלְדָה־	אֲשֶׁר	מִצְרַיִם	בְּאֶרֶץ	לְיוֹסֵף
Asnat	*lo*	*yaldah*	*asher*	*Mitsráyim*	*be'érets*	*leYosef*
אסנת	לו	ילדה	אשר	מצרים	בארץ	ליוסף
𐤀𐤎𐤍𐤕	𐤋𐤅	𐤉𐤋𐤃𐤄	𐤀𐤔𐤓	𐤌𐤑𐤓𐤉𐤌	𐤁𐤀𐤓𐤑	𐤋𐤉𐤅𐤎𐤐
Asnat	para-él	engendró	que	Mitsráyim	en-tierra-de [la seca]	a-Yosef

395	401	51 | 701	75 | 725	350	105	402
נשה	את	·	כהן	·	·	בנה
מְנַשֶּׁה	אֶת־	אֹן	כֹּהֵן	פֶּרַע	פּוֹטִי	בַּת־
Menasheh	*et*	*On*	*kohen*	*Fera*	*Poti*	*bat*
מנשה	את	אן	כהן	פרע	פוטי	בת
𐤌𐤍𐤔𐤄	𐤀𐤕	𐤀𐤍	𐤊𐤄𐤍	𐤐𐤓𐤏	𐤐𐤅𐤈𐤉	𐤁𐤕
Menasheh	..	On	sacerdote-de	Fera	Poti	hija-de

46:21

339	228	102	152 | 802	68	331 | 891	407
·	בכר	בלע	בנה + ימן	בנה	פרה	את
וְאַשְׁבֵּל	וָבֶכֶר	בֶּלַע	בִנְיָמִן	וּבְנֵי	אֶפְרָיִם׃	וְאֶת־
ve'Ashbel	*vaVéjer*	*Bela*	*Vinyamín*	*Uveney*	*. Efráyim*	*ve'et*
ואשבל	ובכר	בלע	בנימן	ובני	אפרים	ואת
𐤅𐤀𐤔𐤁𐤋	𐤅𐤁𐤊𐤓	𐤁𐤋𐤏	𐤁𐤍𐤉𐤌𐤍	𐤅𐤁𐤍𐤉	𐤀𐤐𐤓𐤉𐤌	𐤅𐤀𐤕
y-Ashbel	y-Véjer	Bela	Vinyamín	E-hijos-de edificador	. Efráyim	y-··

211	144 | 704	170 | 730	507	19	216 | 866	204
·	חפה	נוף	ראש	אח	נעם	גרר
וָאָרְדְּ׃	וְחֻפִּים	מֻפִּים	וָרֹאשׁ	אֵחִי	וְנַעֲמָן	גֵּרָא
. va'Ard	*veJupim*	*Mupim*	*vaRosh*	*Ejí*	*veNa'amán*	*Gerá*
וארד	וחפים	מפים	וראש	אחי	ונעמן	גרא
𐤅𐤀𐤓𐤃	𐤅𐤇𐤐𐤉𐤌	𐤌𐤐𐤉𐤌	𐤅𐤓𐤀𐤔	𐤀𐤇𐤉	𐤅𐤍𐤏𐤌𐤍	𐤂𐤓𐤀
. y-Ard	y-Jupim	Mupim	y-Rosh	Ejí	y-Na'amán	Gerá

50	212	44	501	238	62	36
כלל	עקב	ילד	אשר	רחל	בנה	אלה
כָּל־	לְיַעֲקֹב	יֻלַּד	אֲשֶׁר	רָחֵל	בְּנֵי	אֵלֶּה
kol	leYa'akov	yulad	asher	Rajel	beney	Éleh
כל	ליעקב	ילד	אשר	רחל	בני	אלה
toda	para-Ya'akov	fue-engendrado	que	Rajel	hijos-de edificador	Estos

46:24 / **46:23**

68	358 | 918	54 | 704	68	570	278	430
בנה	חוש	דין	בנה	עשר	רבע	נפש
וּבְנֵי	חֻשִׁים:	דָּן	וּבְנֵי־	עָשָׂר:	אַרְבָּעָה	נֶפֶשׁ
Uveney	. Jushim	Dan	Uveney	. asar	arbá'ah	néfesh
ובני	חשים	דן	ובני	עשר	ארבעה	נפש
E-hijos-de edificador	. Jushim	Dan	E-hijos-de edificador	. diez	cuatro	alma aliento; garganta; ser

46:25

62	36	376 | 936	306	75	139	570
בנה	אלה	שלם	יצר	גנן	חצה + אל	פתל
בְּנֵי	אֵלֶּה	וְשִׁלֵּם:	וְיֵצֶר	וְגוּנִי	יַחְצְאֵל	נַפְתָּלִי
beney	Éleh	. veShilem	veYétser	veGuní	Yajtse'El	Naftalí
בני	אלה	ושלם	ויצר	וגוני	יחצאל	נפתלי
hijos-de edificador	Estos	. y-Shilem	y-Yétser	y-Guní	Yajtse'El	Naftalí

440	408	268	82 | 732	500 | 1150	501	42
ילד	בנה	רחל	לבן	נתן	אשר	בלה
וַתֵּלֶד	בִּתּוֹ	לְרָחֵל	לָבָן	נָתַן	אֲשֶׁר־	בִּלְהָה
vatéled	bitó	leRajel	Laván	natán	asher	Bilhah
ותלד	בתו	לרחל	לבן	נתן	אשר	בלהה
y-engendró	su-hija	a-Rajel	Laván	dio	que	Bilhah

46:26

50	377	430	50	212	36	401
כלל	שבע	נפש	כלל	עקב	אלה	את
כָּל־	שִׁבְעָה:	נֶפֶשׁ	כָּל־	לְיַעֲקֹב	אֵלֶּה	אֶת־
Kol	. shivah	néfesh	kol	leYa'akov	éleh	et
כל	שבעה	נפש	כל	ליעקב	אלה	את
Todo	. siete	alma aliento; garganta; ser	toda	para-Ya'akov	estos	..

76	236	111	385	212	13	435
בדד	ירך	יצא	צור	עקב	בוא	נפש
מִלְּבַד	יְרֵכוֹ	יֹצְאֵי	מִצְרַיְמָה	לְיַעֲקֹב	הַבָּאָה	הַנֶּפֶשׁ
milevad	*yerejó*	*yotsey*	*Mitsráymah*	*leYa'akov*	*haba'ah*	*hanéfesh*
מלבד	ירכו	יצאי	מצרימה	ליעקב	הבאה	הנפש
𐤌𐤋𐤁𐤃	𐤉𐤓𐤊𐤅	𐤉𐤑𐤀𐤉	𐤌𐤑𐤓𐤉𐤌𐤄	𐤋𐤉𐤏𐤒𐤁	𐤄𐤁𐤀𐤄	𐤄𐤍𐤐𐤔
aparte-de	su-muslo genitales	salientes-de	a-Mitsráyim	a-Ya'akov	la-que-vino	el-alma aliento; garganta; ser

606	650 | 1210	430	50	182	62	360
ששה	ששה	נפש	כלל	עקב	בנה	אנש
וָשֵׁשׁ׃	שִׁשִּׁים	נֶפֶשׁ	כָּל־	יַעֲקֹב	בְנֵי־	נְשֵׁי
. vashesh	*shishim*	*néfesh*	*kol*	*Ya'akov*	*veney*	*neshey*
וشש	ששים	נפש	כל	יעקב	בני	נשי
𐤅𐤔𐤔	𐤔𐤔𐤉𐤌	𐤍𐤐𐤔	𐤊𐤋	𐤉𐤏𐤒𐤁	𐤁𐤍𐤉	𐤍𐤔𐤉
. y-seis	sesenta	alma aliento; garganta; ser	toda	Ya'akov	hijos-de edificador	mujeres-de

46:27

430	382 | 942	36	44	501	156 | 876	68
נפש	צור	הוא	ילד	אשר	יסף	בנה
נֶפֶשׁ	בְּמִצְרַיִם	לוֹ	יֻלַּד־	אֲשֶׁר־	יוֹסֵף	וּבְנֵי
néfesh	*veMitsráyim*	*lo*	*yulad*	*asher*	*Yosef*	*Uveney*
נפש	במצרים	לו	ילד	אשר	יוסף	ובני
𐤍𐤐𐤔	𐤁𐤌𐤑𐤓𐤉𐤌	𐤋𐤅	𐤉𐤋𐤃	𐤀𐤔𐤓	𐤉𐤅𐤎𐤐	𐤅𐤁𐤍𐤉
alma aliento; garganta; ser	en-Mitsráyim	para-él	fue-engendrado	que	Yosef	E-hijos-de edificador

385	13	182	442	435	50	400 | 960
צור	בוא	עקב	בנה	נפש	כלל	שנה
מִצְרַיְמָה	הַבָּאָה	יַעֲקֹב	לְבֵית־	הַנֶּפֶשׁ	כָּל־	שְׁנָיִם
Mitsráymah	*haba'ah*	*Ya'akov*	*leveyt*	*hanéfesh*	*kol*	*shnáyim*
מצרימה	הבאה	יעקב	לבית	הנפש	כל	שנים
𐤌𐤑𐤓𐤉𐤌𐤄	𐤄𐤁𐤀𐤄	𐤉𐤏𐤒𐤁	𐤋𐤁𐤉𐤕	𐤄𐤍𐤐𐤔	𐤊𐤋	𐤔𐤍𐤉𐤌
a-Mitsráyim	la-que-vino	Ya'akov	para-casa-de	el-alma aliento; garganta; ser	toda	dos

46:28

156 | 876	31	176	338	30	407	422 | 982
יסף	אלה	פנה	שלח	היה + ידה	את	שבע
יוֹסֵף	אֶל־	לְפָנָיו	שָׁלַח	יְהוּדָה	וְאֶת־	שִׁבְעִים׃
Yosef	*el*	*lefanav*	*shalaj*	*Yehudah*	*Ve'et*	*. shivim*
יוסף	אל	לפניו	שלח	יהודה	ואת	שבעים
𐤉𐤅𐤎𐤐	𐤀𐤋	𐤋𐤐𐤍𐤉𐤅	𐤔𐤋𐤇	𐤉𐤄𐤅𐤃𐤄	𐤅𐤀𐤕	𐤔𐤁𐤏𐤉𐤌
Yosef	a hacia	ante-él presencia; superficie	envió	Yehudah	Y-···	. setenta

46:29

277	353 | 1003	296	25	358	176	641
אסר	·	ארץ	בוא	·	פנה	ירה
וַיֶּאְסֹר	גֹּשֶׁן׃	אַרְצָה	וַיָּבֹאוּ	גֹּשְׁנָה	לְפָנָיו	לְהוֹרֹת
Vayesor	*. Goshén*	*artsah*	*vayavó'u*	*Góshnah*	*lefanav*	*lehorot*
ויאסר	גשן	ארצה	ויבאו	גשנה	לפניו	להורת
ויאסר	גשן	ארצה	ויבאו	גשנה	לפניו	להורת
Y-unció	. Goshén	a-tierra-de [la seca]	y-vinieron	a-Goshén	ante-él presencia; superficie	para-guiar

358	19	541	731	116	668	156 | 876
·	אב	שרה + אל	קרא	עלה	רכב	יסף
גֹּשְׁנָה	אָבִיו	יִשְׂרָאֵל	לִקְרַאת־	וַיַּעַל	מֶרְכַּבְתּוֹ	יוֹסֵף
Góshnah	*aviv*	*Yisra'El*	*likrat*	*vaya'al*	*merkavtó*	*Yosef*
גשנה	אביו	ישראל	לקראת	ויעל	מרכבתו	יוסף
גשנה	אביו	ישראל	לקראת	ויעל	מרכבתו	יוסף
a-Goshén	su-padre	Yisra'El	para-encontrar	y-ascendió	su-carruaje	Yosef

100	38 | 518	313	100	126	47	217
עלה	בכה	צור	עלה	נפל	אלה	ראה
עַל־	וַיֵּבְךְּ	צַוָּארָיו	עַל־	וַיִּפֹּל	אֵלָיו	וַיֵּרָא
al	*vayevk*	*tsavarav*	*al*	*vayipol*	*elav*	*vayerá*
על	ויבך	צואריו	על	ויפל	אליו	וירא
על	ויבך	צואריו	על	ויפל	אליו	וירא
sobre	y-lloró	su-cuello garganta	sobre	y-cayó	a-él	y-se-apareció ver

46:30

452	156 | 876	31	541	257	80	313
מות	יסף	אלה	שרה + אל	אמר	עד	צור
אָמוּתָה	יוֹסֵף	אֶל־	יִשְׂרָאֵל	וַיֹּאמֶר	עוֹד׃	צַוָּארָיו
amutah	*Yosef*	*el*	*Yisra'El*	*Vayómer*	*. od*	*tsavarav*
אמותה	יוסף	אל	ישראל	ויאמר	עוד	צואריו
אמותה	יוסף	אל	ישראל	ויאמר	עוד	צואריו
muera-yo	Yosef	a hacia	Yisra'El	Y-dijo	. aún otra-vez	su-cuello garganta

100 | 580	30	160 | 640	401	617	219	195 | 755
עד	כי	פנה	את	ראה	אחר	פעם
עוֹדְךָ	כִּי	פָּנֶיךָ	אֶת־	רְאוֹתִי	אַחֲרֵי	הַפָּעַם
odja	*ki*	*paneyja*	*et*	*re'otí*	*ajarey*	*hapá'am*
עודך	כי	פניך	את	ראותי	אחרי	הפעם
עודך	כי	פניך	את	ראותי	אחרי	הפעם
aún-tú otra-vez	que porque	tus-faces presencia; superficie	..	mi-ver	después-de	la-esta-vez

46:31

412	37	25	31	156 | 876	257	18
בנה	אלה	אח	אלה	יסף	אמר	חיה
בֵּית	וְאֶל־	אֶחָיו	אֶל־	יוֹסֵף	וַיֹּאמֶר	חָי׃
beyt	*ve'el*	*ejav*	*el*	*Yosef*	*Vayómer*	*. jay*
בית	ואל	אחיו	אל	יוסף	ויאמר	חי
𐤁𐤉𐤕	𐤅𐤀𐤋	𐤀𐤇𐤉𐤅	𐤀𐤋	𐤉𐤅𐤎𐤐	𐤅𐤉𐤀𐤌𐤓	𐤇𐤉
casa-de	y-a hacia	sus-hermanos	a hacia	Yosef	Y-dijo	. vivo viviente

19	47	252	385	29	106	19
אח	אלה	אמר	·	נגד	עלה	אב
אַחַי	אֵלָיו	וְאֹמְרָה	לְפַרְעֹה	וְאַגִּידָה	אֶעֱלֶה	אָבִיו
ajay	*elav*	*ve'omrah*	*lefaroh*	*ve'agidah*	*e'éleh*	*aviv*
אחי	אליו	ואמרה	לפרעה	ואגידה	אעלה	אביו
𐤀𐤇𐤉	𐤀𐤋𐤉𐤅	𐤅𐤀𐤌𐤓𐤄	𐤋𐤐𐤓𐤏𐤄	𐤅𐤀𐤂𐤉𐤃𐤄	𐤀𐤏𐤋𐤄	𐤀𐤁𐤉𐤅
mis-hermanos	a-él	y-diré	a-faraón	y-manifestaré contar; declarar	ascenderé	su-padre

41	9	190 | 840	293 | 1103	501	13	418
אלה	בוא	כנע	ארץ	אשר	אב	בנה
אֵלָי׃	בָּאוּ	כְּנַעַן	בְּאֶרֶץ־	אֲשֶׁר	אָבִי	וּבֵית־
. elay	*ba'u*	*Kena'an*	*be'érets*	*asher*	*aví*	*uveyt*
אלי	באו	כנען	בארץ	אשר	אבי	ובית
𐤀𐤋𐤉	𐤁𐤀𐤅	𐤊𐤍𐤏𐤍	𐤁𐤀𐤓𐤑	𐤀𐤔𐤓	𐤀𐤁𐤉	𐤅𐤁𐤉𐤕
. a-mí	vinieron	Kena'an	en-tierra-de [la seca]	que	mi-padre	y-casa-de

46:32

27	195	361	30	141 | 791	280	412 | 972
היה	קנה	אנש	כי	צאן	רעה	אנש
הָיוּ	מִקְנֶה	אַנְשֵׁי	כִּי־	צֹאן	רֹעֵי	וְהָאֲנָשִׁים
hayú	*mikneh*	*anshey*	*ki*	*tson*	*ro'ey*	*Veha'anashim*
היו	מקנה	אנשי	כי	צאן	רעי	והאנשים
𐤄𐤉𐤅	𐤌𐤒𐤍𐤄	𐤀𐤍𐤔𐤉	𐤊𐤉	𐤑𐤀𐤍	𐤓𐤏𐤉	𐤅𐤄𐤀𐤍𐤔𐤉𐤌
fueron	propiedad adquisición [ganado]	hombres-de mortal	que porque	rebaño [ganado menor]	pastores-de compañero	Y-los-hombres mortal

46:33

26	24	90 | 650	501	56	348 | 908	187 | 747
היה	בוא	הוא	אשר	כלל	בקר	צאן
וְהָיָה	הֵבִיאוּ׃	לָהֶם	אֲשֶׁר	וְכָל־	וּבְקָרָם	וְצֹאנָם
Vehayah	*. hevi'u*	*lahem*	*asher*	*vejol*	*uvekaram*	*vetsonam*
והיה	הביאו	להם	אשר	וכל	ובקרם	וצאנם
𐤅𐤄𐤉𐤄	𐤄𐤁𐤉𐤀𐤅	𐤋𐤄𐤌	𐤀𐤔𐤓	𐤅𐤊𐤋	𐤅𐤁𐤒𐤓𐤌	𐤅𐤑𐤀𐤍𐤌
Y-será	. trajeron	para-ellos	que	y-todo	y-sus-reses [ganado mayor]	y-sus-rebaños [ganado menor]

480 | 1040	45	247	355	90 | 650	311	30
עשה	מה	אמר	·	·	קרא	כי
מַּעֲשֵׂיכֶם׃	מַה־	וְאָמַר	פַּרְעֹה	לָכֶם	יִקְרָא	כִּי־
. ma'aseyjem	*mah*	*ve'amar*	*paroh*	*lajem*	*yikrá*	*ki*
מעשיכם	מה	ואמר	פרעה	לכם	יקרא	כי
𐤌𐤏𐤔𐤉𐤊𐤌	𐤌𐤄	𐤅𐤀𐤌𐤓	𐤐𐤓𐤏𐤄	𐤋𐤊𐤌	𐤉𐤒𐤓𐤀	𐤊𐤉
. vuestros-hechos acción, labor	¿Qué	y-dirá	faraón	a-vosotros	llamará	que porque

46:34

80	432	106 | 586	27	195	361	687 | 1247
עדה	נער	עבד	היה	קנה	אנש	אמר
וְעַד־	מִנְּעוּרֵינוּ	עֲבָדֶיךָ	הָיוּ	מִקְנֶה	אַנְשֵׁי	וַאֲמַרְתֶּם
ve'ad	*mine'ureynu*	*avadeyja*	*hayú*	*mikneh*	*anshey*	*Va'amartem*
ועד	מנעורינו	עבדיך	היו	מקנה	אנשי	ואמרתם
𐤅𐤏𐤃	𐤌𐤍𐤏𐤅𐤓𐤉𐤍𐤅	𐤏𐤁𐤃𐤉𐤊	𐤄𐤉𐤅	𐤌𐤒𐤍𐤄	𐤀𐤍𐤔𐤉	𐤅𐤀𐤌𐤓𐤕𐤌
y-hasta	desde-nuestra-juventud juventudes [plural]	tus-siervos	fueron	propiedad adquisición [ganado]	hombres-de mortal	Y-diréis

708	280	469	43 | 603	115	43 | 603	475
ישב	עבר	אב	גם	אנך	גם	עת
תֵּשְׁבוּ	בַּעֲבוּר	אֲבֹתֵינוּ	גַּם־	אֲנַחְנוּ	גַּם־	עַתָּה
teshuv	*ba'avur*	*avoteynu*	*gam*	*anajnu*	*gam*	*atah*
תשבו	בעבור	אבתינו	גם	אנחנו	גם	עתה
𐤕𐤔𐤁𐤅	𐤁𐤏𐤁𐤅𐤓	𐤀𐤁𐤕𐤉𐤍𐤅	𐤂𐤌	𐤀𐤍𐤇𐤍𐤅	𐤂𐤌	𐤏𐤕𐤄
os-asentaréis	por-causa-de [por cruce]	nuestros-padres	también	nosotros	también	ahora en-este-tiempo

275	50	380 | 940	878	30	353 | 1003	293 | 1103
רעה	כלל	צור	תעב	כי	·	ארץ
רֹעֵה	כָּל־	מִצְרַיִם	תוֹעֲבַת	כִּי־	גֹּשֶׁן	בְּאֶרֶץ
ro'eh	*kol*	*Mitsráyim*	*to'avat*	*ki*	*Goshén*	*be'érets*
רעה	כל	מצרים	תועבת	כי	גשן	בארץ
𐤓𐤏𐤄	𐤊𐤋	𐤌𐤑𐤓𐤉𐤌	𐤕𐤅𐤏𐤁𐤕	𐤊𐤉	𐤂𐤔𐤍	𐤁𐤀𐤓𐤑
pastor-de compañero	todo	Mitsráyim	abominación-de	que porque	Goshén	en-tierra-de [la seca]

141 | 791
צאן
צֹאן׃
. tson
צאן
𐤑𐤀𐤍
. rebaño [ganado menor]

Total de palabras hebreas: 414.
Total de consonantes hebreas: 1627.
Consonantes ausentes: -

47:1

25	13	257	385	23	156 | 876	19
אח	אב	אמר	·	נגד	יסף	בוא
וְאַחַי	אָבִי	וַיֹּאמֶר	לְפַרְעֹה	וַיַּגֵּד	יוֹסֵף	וַיָּבֹא
ve'ajay	*aví*	*vayómer*	*lefaroh*	*vayaged*	*Yosef*	*Vayavó*
ואחי	אבי	ויאמר	לפרעה	ויגד	יוסף	ויבא
𐤅𐤀𐤇𐤉	𐤀𐤁𐤉	𐤅𐤉𐤀𐤌𐤓	𐤋𐤐𐤓𐤏𐤄	𐤅𐤉𐤂𐤃	𐤉𐤅𐤎𐤐	𐤅𐤉𐤁𐤀
y-mis-hermanos	mi-padre	y-dijo	a-faraón	y-manifestó contar; declarar	Yosef	Y-vino

331 | 1141	9	75 | 635	501	56	348 | 908	187 | 747
ארץ	בוא	הוא	אשר	כלל	בקר	צאן
מֵאֶרֶץ	בָּאוּ	לָהֶם	אֲשֶׁר	וְכָל	וּבְקָרָם	וְצֹאנָם
me'érets	*ba'u*	*lahem*	*asher*	*vejol*	*uvekaram*	*vetsonam*
מארץ	באו	להם	אשר	וכל	ובקרם	וצאנם
𐤌𐤀𐤓𐤑	𐤁𐤀𐤅	𐤋𐤄𐤌	𐤀𐤔𐤓	𐤅𐤊𐤋	𐤅𐤁𐤒𐤓𐤌	𐤅𐤑𐤀𐤍𐤌
de-tierra-de [la seca]	vinieron	para-ellos	que	y-todo	y-sus-reses [ganado mayor]	y-sus-rebaños [ganado menor]

47:2

138	25	241	353 | 1003	293 | 1103	101 | 661	190 | 840
לקח	אח	קצה	·	ארץ	הן	כנע
לָקַח	אֶחָיו	וּמִקְצֵה	גֹּשֶׁן׃	בְּאֶרֶץ	וְהִנָּם	כְּנָעַן
lakaj	*ejav*	*Umiktseh*	*. Goshén*	*be'érets*	*vehinam*	*Kena'an*
לקח	אחיו	ומקצה	גשן	בארץ	והנם	כנען
𐤋𐤒𐤇	𐤀𐤇𐤉𐤅	𐤅𐤌𐤒𐤑𐤄	𐤂𐤔𐤍	𐤁𐤀𐤓𐤑	𐤅𐤄𐤍𐤌	𐤊𐤍𐤏𐤍
tomó	sus-hermanos	Y-al-cabo-de	. Goshén	en-tierra-de [la seca]	y-¡Míralos! he-aquí	Kena'an

47:3

355	257	355	170	149 | 709	401 | 961	353
·	אמר	·	פנה	יצג	אנש	חמש
פַּרְעֹה	וַיֹּאמֶר	פַּרְעֹה׃	לִפְנֵי	וַיַּצִּגֵם	אֲנָשִׁים	חֲמִשָּׁה
paroh	*Vayómer*	*. faroh*	*lifney*	*vayatsigem*	*anashim*	*jamishah*
פרעה	ויאמר	פרעה	לפני	ויצגם	אנשים	חמשה
𐤐𐤓𐤏𐤄	𐤅𐤉𐤀𐤌𐤓	𐤐𐤓𐤏𐤄	𐤋𐤐𐤍𐤉	𐤅𐤉𐤑𐤂𐤌	𐤀𐤍𐤔𐤉𐤌	𐤇𐤌𐤔𐤄
faraón	Y-dijo	. faraón	ante presencia; superficie	y-los-presentó	hombres mortal	cinco

355	31	263	480 | 1040	45	25	31
·	אלה	אמר	עשה	מה	אח	אלה
פַּרְעֹה	אֶל	וַיֹּאמְרוּ	מַעֲשֵׂיכֶם	מַה	אֶחָיו	אֶל
paroh	*el*	*vayomrú*	*ma'aseyjem*	*mah*	*ejav*	*el*
פרעה	אל	ויאמרו	מעשיכם	מה	אחיו	אל
𐤐𐤓𐤏𐤄	𐤀𐤋	𐤅𐤉𐤀𐤌𐤓𐤅	𐤌𐤏𐤔𐤉𐤊𐤌	𐤌𐤄	𐤀𐤇𐤉𐤅	𐤀𐤋
faraón	a hacia	y-dijeron	vuestros-hechos acción, labor	¿Qué	sus-hermanos	a hacia

475	43 | 603	115	43 | 603	106 | 586	141 | 791	275
אב	גם	אנך	גם	עבד	צאן	רעה
אֲבוֹתֵינוּ׃	גַּם	אֲנַחְנוּ	גַּם	עֲבָדֶיךָ	צֹאן	רֹעֵה
. avoteynu	*gam*	*anajnu*	*gam*	*avadeyja*	*tson*	*ro'eh*
אבותינו	גם	אנחנו	גם	עבדיך	צאן	רעה
𐤀𐤁𐤅𐤕𐤉𐤍𐤅	𐤂𐤌	𐤀𐤍𐤇𐤍𐤅	𐤂𐤌	𐤏𐤁𐤃𐤉𐤊	𐤑𐤀𐤍	𐤓𐤏𐤄
. nuestros-padres	también	nosotros	también	tus-siervos	rebaño [ganado menor]	pastor-de compañero

47:4

30	59	293 | 1103	239	355	31	263
כי	בוא	ארץ	גור	·	אלה	אמר
כִּי	בָּאנוּ	בָּאָרֶץ	לָגוּר	פַּרְעֹה	אֶל	וַיֹּאמְרוּ
ki	*banu*	*ba'árets*	*lagur*	*paroh*	*el*	*Vayomrú*
כי	באנו	בארץ	לגור	פרעה	אל	ויאמרו
𐤊𐤉	𐤁𐤀𐤍𐤅	𐤁𐤀𐤓𐤑	𐤋𐤂𐤅𐤓	𐤐𐤓𐤏𐤄	𐤀𐤋	𐤅𐤉𐤀𐤌𐤓𐤅
que porque	vinimos	en-la-tierra [la seca]	para-residir [como extranjero]	faraón	a hacia	Y-dijeron

26	30	136 | 616	501	171 | 821	315	61 | 711
כבד	כי	עבד	אשר	צאן	רעה	אין
כָּבֵד	כִּי	לַעֲבָדֶיךָ	אֲשֶׁר	לַצֹּאן	מִרְעֶה	אֵין
javed	*ki*	*la'avadeyja*	*asher*	*latsón*	*mireh*	*eyn*
כבד	כי	לעבדיך	אשר	לצאן	מרעה	אין
𐤊𐤁𐤃	𐤊𐤉	𐤋𐤏𐤁𐤃𐤉𐤊	𐤀𐤔𐤓	𐤋𐤑𐤀𐤍	𐤌𐤓𐤏𐤄	𐤀𐤉𐤍
pesado grave; severo	que porque	para-tus-siervos	que	para-el-rebaño [ganado menor]	pasto	no-hay ¿con qué?; ¿de dónde?

106 | 586	51	318	481	190 | 840	293 | 1103	277
עבד	נא	ישב	עת	כנע	ארץ	רעב
עֲבָדֶיךָ	נָא	יֵשְׁבוּ	וְעַתָּה	כְּנָעַן	בְּאֶרֶץ	הָרָעָב
avadeyja	*na*	*yeshvú*	*ve'atah*	*Kena'an*	*be'érets*	*hara'av*
עבדיך	נא	ישבו	ועתה	כנען	בארץ	הרעב
𐤏𐤁𐤃𐤉𐤊	𐤍𐤀	𐤉𐤔𐤁𐤅	𐤅𐤏𐤕𐤄	𐤊𐤍𐤏𐤍	𐤁𐤀𐤓𐤑	𐤄𐤓𐤏𐤁
tus-siervos	por-favor ahora	se-asentarán	y-ahora en-este-tiempo	Kena'an	en-tierra-de [la seca]	el-hambre

47:5

271	156 | 876	31	355	257	353 | 1003	293 | 1103
אמר	יסף	אלה	·	אמר	·	ארץ
לֵאמֹר	יוֹסֵף	אֶל	פַּרְעֹה	וַיֹּאמֶר	גֹּשֶׁן׃	בְּאֶרֶץ
lemor	*Yosef*	*el*	*paroh*	*Vayómer*	*. Goshén*	*be'érets*
לאמר	יוסף	אל	פרעה	ויאמר	גשן	בארץ
𐤋𐤀𐤌𐤓	𐤉𐤅𐤎𐤐	𐤀𐤋	𐤐𐤓𐤏𐤄	𐤅𐤉𐤀𐤌𐤓	𐤂𐤔𐤍	𐤁𐤀𐤓𐤑
al-decir	Yosef	a hacia	faraón	Y-dijo	. Goshén	en-tierra-de [la seca]

47:6

190 | 670	380 | 940	291 | 1101	61 | 541	9	45 | 525	33 | 513
פנה	צור	ארץ	אלה	בוא	אח	אב
לְפָנֶיךָ	מִצְרַיִם	אֶרֶץ	אֵלֶיךָ׃	בָּאוּ	וְאַחֶיךָ	אָבִיךָ
lefaneyja	*Mitsráyim*	*Érets*	*. eleyja*	*ba'u*	*ve'ajeyja*	*avija*
לפניך	מצרים	ארץ	אליך	באו	ואחיך	אביך
𐤋𐤐𐤍𐤉𐤊	𐤌𐤑𐤓𐤉𐤌	𐤀𐤓𐤑	𐤀𐤋𐤉𐤊	𐤁𐤀𐤅	𐤅𐤀𐤇𐤉𐤊	𐤀𐤁𐤉𐤊
ante-ti presencia; superficie	Mitsráyim	Tierra-de [la seca]	. a-ti	vinieron	y-tus-hermanos	tu-padre

407	33 | 513	401	313	296 | 1106	63	12
את	אב	את	ישב	ארץ	יטב	הוא
וְאֶת	אָבִיךָ	אֶת	הוֹשֵׁב	הָאָרֶץ	בְּמֵיטַב	הִוא
ve'et	*avija*	*et*	*hoshev*	*ha'árets*	*bemeytav*	*hi*
ואת	אביך	את	הושב	הארץ	במיטב	הוא
𐤅𐤀𐤕	𐤀𐤁𐤉𐤊	𐤀𐤕	𐤄𐤅𐤔𐤁	𐤄𐤀𐤓𐤑	𐤁𐤌𐤉𐤈𐤁	𐤄𐤅𐤀
y-··	tu-padre	··	asienta	la-tierra [la seca]	en-lo-mejor-de	ella

316	484	47 | 607	353 | 1003	293 | 1103	318	39 | 519
יש	ידע	אם	·	ארץ	ישב	אח
וְיֵשׁ	יָדַעְתָּ	וְאִם	גֹּשֶׁן	בְּאֶרֶץ	יֵשְׁבוּ	אַחֶיךָ
veyesh	*yadata*	*ve'im*	*Goshén*	*be'érets*	*yeshvú*	*ajeyja*
ויש	ידעת	ואם	גשן	בארץ	ישבו	אחיך
𐤅𐤉𐤔	𐤉𐤃𐤏𐤕	𐤅𐤀𐤌	𐤂𐤔𐤍	𐤁𐤀𐤓𐤑	𐤉𐤔𐤁𐤅	𐤀𐤇𐤉𐤊
y-hay	conoces	y-si	Goshén	en-tierra-de [la seca]	se-asentarán	tus-hermanos

74	195	510	786 | 1346	48	361	42 | 602
עלה	קנה	שרר	שים	חול	אנש	·
עַל	מִקְנֶה	שָׂרֵי	וְשַׂמְתָּם	חַיִל	אַנְשֵׁי	בָּם
al	*mikneh*	*sarey*	*vesamtam*	*jayil*	*anshey*	*bam*
על	מקנה	שרי	ושמתם	חיל	אנשי	בם
𐤏𐤋	𐤌𐤒𐤍𐤄	𐤔𐤓𐤉	𐤅𐤔𐤌𐤕𐤌	𐤇𐤉𐤋	𐤀𐤍𐤔𐤉	𐤁𐤌
sobre	propiedad adquisición [ganado]	mayorales-de	y-ponlos [ubicación]	valía	hombres-de mortal	con-ellos

47:7

19	182	401	156 | 876	19	40	501
אב	עקב	את	יסף	בוא	·	אשר
אָבִיו	יַעֲקֹב	אֶת	יוֹסֵף	וַיָּבֵא	לִי׃	אֲשֶׁר
aviv	*Ya'akov*	*et*	*Yosef*	*Vayavé*	*. li*	*asher*
אביו	יעקב	את	יוסף	ויבא	לי	אשר
𐤀𐤁𐤉𐤅	𐤉𐤏𐤒𐤁	𐤀𐤕	𐤉𐤅𐤎𐤐	𐤅𐤉𐤁𐤀	𐤋𐤉	𐤀𐤔𐤓
su-padre	Ya'akov	··	Yosef	Y-trajo	. para-mí	que

355	401	182	238 | 718	355	170	141
·	את	עקב	ברך	·	פנה	עמד
פַּרְעֹה׃	אֶת	יַעֲקֹב	וַיְבָרֶךְ	פַּרְעֹה	לִפְנֵי	וַיַּעֲמִדֵהוּ
. paroh	*et*	*Ya'akov*	*vayevárej*	*faroh*	*lifney*	*vaya'amidehu*
פרעה	את	יעקב	ויברך	פרעה	לפני	ויעמדהו
𐤐𐤓𐤏𐤄	𐤀𐤕	𐤉𐤏𐤒𐤁	𐤅𐤉𐤁𐤓𐤊	𐤐𐤓𐤏𐤄	𐤋𐤐𐤍𐤉	𐤅𐤉𐤏𐤌𐤃𐤄𐤅
. faraón	..	Ya'akov	y-bendijo	faraón	ante presencia; superficie	y-le-presentó [de pie]

47:8

360	60	65	182	31	355	257
שנה	יום	מה	עקב	אלה	·	אמר
שְׁנֵי	יְמֵי	כַּמָּה	יַעֲקֹב	אֶל	פַּרְעֹה	וַיֹּאמֶר
shney	*yemey*	*kamah*	*Ya'akov*	*el*	*paroh*	*Vayómer*
שני	ימי	כמה	יעקב	אל	פרעה	ויאמר
𐤔𐤍𐤉	𐤉𐤌𐤉	𐤊𐤌𐤄	𐤉𐤏𐤒𐤁	𐤀𐤋	𐤐𐤓𐤏𐤄	𐤅𐤉𐤀𐤌𐤓
años-de otra-vez [dos]	días-de tiempo [la luz]	¿Cuántos	Ya'akov	a hacia	faraón	Y-dijo

47:9

360	60	355	31	182	257	48 | 528
שנה	יום	·	אלה	עקב	אמר	חיה
שְׁנֵי	יְמֵי	פַּרְעֹה	אֶל	יַעֲקֹב	וַיֹּאמֶר	חַיֶּיךָ׃
shney	*yemey*	*paroh*	*el*	*Ya'akov*	*Vayómer*	*. jayeyja*
שני	ימי	פרעה	אל	יעקב	ויאמר	חייך
𐤔𐤍𐤉	𐤉𐤌𐤉	𐤐𐤓𐤏𐤄	𐤀𐤋	𐤉𐤏𐤒𐤁	𐤅𐤉𐤀𐤌𐤓	𐤇𐤉𐤉𐤊
años-de otra-vez [dos]	días-de tiempo [la luz]	faraón	a hacia	Ya'akov	Y-dijo	. tus-vidas

21	326 | 886	119	355	447	680 | 1240	259
היה	רעע	מעט	שנה	מאה	שלש	גור
הָיוּ	וְרָעִים	מְעַט	שָׁנָה	וּמְאַת	שְׁלֹשִׁים	מְגוּרַי
hayú	*vera'im*	*me'at*	*shanah*	*ume'at*	*shloshim*	*meguray*
היו	ורעים	מעט	שנה	ומאת	שלשים	מגורי
𐤄𐤉𐤅	𐤅𐤓𐤏𐤉𐤌	𐤌𐤏𐤈	𐤔𐤍𐤄	𐤅𐤌𐤀𐤕	𐤔𐤋𐤔𐤉𐤌	𐤌𐤂𐤅𐤓𐤉
fueron	y-malos	pocos	año cambio	y-ciento-de	treinta	mi-residencia [como extranjero]

60	401	324	37	28	360	60
יום	את	נשג	לא	חיה	שנה	יום
יְמֵי	אֶת	הִשִּׂיגוּ	וְלֹא	חַיַּי	שְׁנֵי	יְמֵי
yemey	*et*	*hisigu*	*veló*	*jayay*	*shney*	*yemey*
ימי	את	השיגו	ולא	חיי	שני	ימי
𐤉𐤌𐤉	𐤀𐤕	𐤄𐤔𐤉𐤂𐤅	𐤅𐤋𐤀	𐤇𐤉𐤉	𐤔𐤍𐤉	𐤉𐤌𐤉
días-de tiempo [la luz]	..	alcanzaron	y-no	mis-vidas	años-de otra-vez [dos]	días-de tiempo [la luz]

47:10

182	238 | 718	304 | 864	62	413	28	360
עקב	ברך	גור	יום	אב	חיה	שנה
יַעֲקֹב	וַיְבָרֶךְ	מְגוּרֵיהֶם׃	בִּימֵי	אֲבֹתָי	חַיֵּי	שְׁנֵי
Ya'akov	*Vayevárej*	*. megureyhem*	*bimey*	*avotay*	*jayey*	*shney*
יעקב	ויברך	מגוריהם	בימי	אבתי	חיי	שני
𐤉𐤏𐤒𐤁	𐤅𐤉𐤁𐤓𐤊	𐤌𐤂𐤅𐤓𐤉𐤄𐤌	𐤁𐤉𐤌𐤉	𐤀𐤁𐤕𐤉	𐤇𐤉𐤉	𐤔𐤍𐤉
Ya'akov	Y-bendijo	. de-sus-residencias [como extranjero]	en-los-días-de tiempo [la luz]	mis-padres	vidas-de	años-de otra-vez [dos]

47:11

156 | 876	324	355	210	107	355	401
יסף	ישב	·	פנה	יצא	·	את
יוֹסֵף	וַיּוֹשֵׁב	פַּרְעֹה׃	מִלִּפְנֵי	וַיֵּצֵא	פַּרְעֹה	אֶת
Yosef	*Vayóshev*	*. paroh*	*milifney*	*vayetse*	*paroh*	*et*
יוסף	ויושב	פרעה	מלפני	ויצא	פרעה	את
𐤉𐤅𐤎𐤐	𐤅𐤉𐤅𐤔𐤁	𐤐𐤓𐤏𐤄	𐤌𐤋𐤐𐤍𐤉	𐤅𐤉𐤑𐤀	𐤐𐤓𐤏𐤄	𐤀𐤕
Yosef	E-hizo-asentar	. faraón	de-delante-de presencia; superficie	y-salió	faraón	··

21	75 | 635	466 | 1116	25	407	19	401
אחז	הוא	נתן	אח	את	אב	את
אֲחֻזָּה	לָהֶם	וַיִּתֵּן	אֶחָיו	וְאֶת	אָבִיו	אֶת
ajuzah	*lahem*	*vayitén*	*ejav*	*ve'et*	*aviv*	*et*
אחזה	להם	ויתן	אחיו	ואת	אביו	את
𐤀𐤇𐤆𐤄	𐤋𐤄𐤌	𐤅𐤉𐤕𐤍	𐤀𐤇𐤉𐤅	𐤅𐤀𐤕	𐤀𐤁𐤉𐤅	𐤀𐤕
posesión propiedad	a-ellos	y-dio	sus-hermanos	y-··	su-padre	··

521	430	293 | 1103	296 | 1106	63	380 | 940	293 | 1103
אשר	·	ארץ	ארץ	יטב	צור	ארץ
כַּאֲשֶׁר	רַעְמְסֵס	בְּאֶרֶץ	הָאָרֶץ	בְּמֵיטַב	מִצְרַיִם	בְּאֶרֶץ
ka'asher	*Ramesés*	*be'érets*	*ha'árets*	*bemeytav*	*Mitsráyim*	*be'érets*
כאשר	רעמסס	בארץ	הארץ	במיטב	מצרים	בארץ
𐤊𐤀𐤔𐤓	𐤓𐤏𐤌𐤎𐤎	𐤁𐤀𐤓𐤑	𐤄𐤀𐤓𐤑	𐤁𐤌𐤉𐤈𐤁	𐤌𐤑𐤓𐤉𐤌	𐤁𐤀𐤓𐤑
como según	Ramesés	en-tierra-de [la seca]	la-tierra [la seca]	en-lo-mejor-de	Mitsráyim	en-tierra-de [la seca]

47:12

407	19	401	156 | 876	116	355	101
את	אב	את	יסף	כול	·	צוה
וְאֶת	אָבִיו	אֶת	יוֹסֵף	וַיְכַלְכֵּל	פַּרְעֹה׃	צִוָּה
ve'et	*aviv*	*et*	*Yosef*	*Vayejalkel*	*. faroh*	*tsivah*
ואת	אביו	את	יוסף	ויכלכל	פרעה	צוה
𐤅𐤀𐤕	𐤀𐤁𐤉𐤅	𐤀𐤕	𐤉𐤅𐤎𐤐	𐤅𐤉𐤊𐤋𐤊𐤋	𐤐𐤓𐤏𐤄	𐤑𐤅𐤄
y-··	su-padre	··	Yosef	Y-mantuvo	. faraón	mandó

<table>
<tr><td>120</td><td>78 | 638</td><td>19</td><td>412</td><td>50</td><td>407</td><td>25</td></tr>
<tr><td>פאה</td><td>לחם</td><td>אב</td><td>בנה</td><td>כלל</td><td>את</td><td>אח</td></tr>
<tr><td>לְפִי</td><td>לֶחֶם</td><td>אָבִיו</td><td>בֵּית</td><td>כֹּל</td><td>וְאֵת</td><td>אֶחָיו</td></tr>
<tr><td>lefí</td><td>léjem</td><td>aviv</td><td>beyt</td><td>kol</td><td>ve'et</td><td>ejav</td></tr>
<tr><td>לפי</td><td>לחם</td><td>אביו</td><td>בית</td><td>כל</td><td>ואת</td><td>אחיו</td></tr>
<tr><td>𐤋𐤐𐤉</td><td>𐤋𐤇𐤌</td><td>𐤀𐤁𐤉𐤅</td><td>𐤁𐤉𐤕</td><td>𐤊𐤋</td><td>𐤅𐤀𐤕</td><td>𐤀𐤇𐤉𐤅</td></tr>
<tr><td>a-boca-de
conforme-a [filo]</td><td>pan
[alimento básico]</td><td>su-padre</td><td>casa-de</td><td>toda</td><td>y-···</td><td>sus-hermanos</td></tr>
</table>

47:13

<table>
<tr><td>26</td><td>30</td><td>296 | 1106</td><td>52</td><td>61 | 711</td><td>84 | 644</td><td>94 | 814</td></tr>
<tr><td>כבד</td><td>כי</td><td>ארץ</td><td>כלל</td><td>אין</td><td>לחם</td><td>טפף</td></tr>
<tr><td>כָבֵד</td><td>כִּי</td><td>הָאָרֶץ</td><td>בְּכָל</td><td>אֵין</td><td>וְלֶחֶם</td><td>הַטָּף׃</td></tr>
<tr><td>javed</td><td>ki</td><td>ha'árets</td><td>bejol</td><td>eyn</td><td>Veléjem</td><td>. hataf</td></tr>
<tr><td>כבד</td><td>כי</td><td>הארץ</td><td>בכל</td><td>אין</td><td>ולחם</td><td>הטף</td></tr>
<tr><td>𐤊𐤁𐤃</td><td>𐤊𐤉</td><td>𐤄𐤀𐤓𐤑</td><td>𐤁𐤊𐤋</td><td>𐤀𐤉𐤍</td><td>𐤅𐤋𐤇𐤌</td><td>𐤄𐤈𐤐</td></tr>
<tr><td>pesado
grave; severo</td><td>que
porque</td><td>la-tierra
[la seca]</td><td>en-toda</td><td>no-había</td><td>Y-pan
[alimento básico]</td><td>. el-niño</td></tr>
</table>

<table>
<tr><td>190 | 840</td><td>297 | 1107</td><td>380 | 940</td><td>291 | 1101</td><td>441</td><td>45</td><td>277</td></tr>
<tr><td>כנע</td><td>ארץ</td><td>צור</td><td>ארץ</td><td>להה</td><td>מאד</td><td>רעב</td></tr>
<tr><td>כְּנָעַן</td><td>וְאֶרֶץ</td><td>מִצְרַיִם</td><td>אֶרֶץ</td><td>וַתֵּלַהּ</td><td>מְאֹד</td><td>הָרָעָב</td></tr>
<tr><td>Kena'an</td><td>ve'érets</td><td>Mitsráyim</td><td>érets</td><td>vatelah</td><td>me'od</td><td>hara'av</td></tr>
<tr><td>כנען</td><td>וארץ</td><td>מצרים</td><td>ארץ</td><td>ותלה</td><td>מאד</td><td>הרעב</td></tr>
<tr><td>𐤊𐤍𐤏𐤍</td><td>𐤅𐤀𐤓𐤑</td><td>𐤌𐤑𐤓𐤉𐤌</td><td>𐤀𐤓𐤑</td><td>𐤅𐤕𐤋𐤄</td><td>𐤌𐤀𐤃</td><td>𐤄𐤓𐤏𐤁</td></tr>
<tr><td>Kena'an</td><td>y-tierra-de
[la seca]</td><td>Mitsráyim</td><td>tierra-de
[la seca]</td><td>y-enloqueció
[hapax legomenon]</td><td>mucho
fuerza; poder; vigor</td><td>el-hambre</td></tr>
</table>

47:14

<table>
<tr><td>165 | 885</td><td>50</td><td>401</td><td>156 | 876</td><td>155</td><td>277</td><td>180</td></tr>
<tr><td>כסף</td><td>כלל</td><td>את</td><td>יסף</td><td>לקט</td><td>רעב</td><td>פנה</td></tr>
<tr><td>הַכֶּסֶף</td><td>כָּל</td><td>אֶת</td><td>יוֹסֵף</td><td>וַיְלַקֵּט</td><td>הָרָעָב׃</td><td>מִפְּנֵי</td></tr>
<tr><td>hakésef</td><td>kol</td><td>et</td><td>Yosef</td><td>Vayelaket</td><td>. hara'av</td><td>mipeney</td></tr>
<tr><td>הכסף</td><td>כל</td><td>את</td><td>יוסף</td><td>וילקט</td><td>הרעב</td><td>מפני</td></tr>
<tr><td>𐤄𐤊𐤎𐤐</td><td>𐤊𐤋</td><td>𐤀𐤕</td><td>𐤉𐤅𐤎𐤐</td><td>𐤅𐤉𐤋𐤒𐤈</td><td>𐤄𐤓𐤏𐤁</td><td>𐤌𐤐𐤍𐤉</td></tr>
<tr><td>la-plata</td><td>toda</td><td>··</td><td>Yosef</td><td>Y-recogió</td><td>. el-hambre</td><td>de-las-faces-de
presencia; superficie</td></tr>
</table>

<table>
<tr><td>501</td><td>504</td><td>190 | 840</td><td>299 | 1109</td><td>380 | 940</td><td>293 | 1103</td><td>186</td></tr>
<tr><td>אשר</td><td>שבר</td><td>כנע</td><td>ארץ</td><td>צור</td><td>ארץ</td><td>מצא</td></tr>
<tr><td>אֲשֶׁר</td><td>בַּשֶּׁבֶר</td><td>כְּנָעַן</td><td>וּבְאֶרֶץ</td><td>מִצְרַיִם</td><td>בְּאֶרֶץ</td><td>הַנִּמְצָא</td></tr>
<tr><td>asher</td><td>bashéver</td><td>Kena'an</td><td>uve'érets</td><td>Mitsráyim</td><td>ve'érets</td><td>hanimtsá</td></tr>
<tr><td>אשר</td><td>בשבר</td><td>כנען</td><td>ובארץ</td><td>מצרים</td><td>בארץ</td><td>הנמצא</td></tr>
<tr><td>𐤀𐤔𐤓</td><td>𐤁𐤔𐤁𐤓</td><td>𐤊𐤍𐤏𐤍</td><td>𐤅𐤁𐤀𐤓𐤑</td><td>𐤌𐤑𐤓𐤉𐤌</td><td>𐤁𐤀𐤓𐤑</td><td>𐤄𐤍𐤌𐤑𐤀</td></tr>
<tr><td>que</td><td>por-la-provisión
[grano]</td><td>Kena'an</td><td>y-en-tierra-de
[la seca]</td><td>Mitsráyim</td><td>en-tierra-de
[la seca]</td><td>la-encontrada</td></tr>
</table>

417	165 | 885	401	156 | 876	19	552 | 1112	45 | 605
בנה	כסף	את	יסף	בוא	שבר	הוא
בֵּיתָה	הַכֶּסֶף	אֶת	יוֹסֵף	וַיָּבֵא	שֹׁבְרִים	הֵם
beytah	*hakésef*	*et*	*Yosef*	*vayavé*	*shovrim*	*hem*
ביתה	הכסף	את	יוסף	ויבא	שברים	הם
𐤁𐤉𐤕𐤄	𐤄𐤊𐤎𐤐	𐤀𐤕	𐤉𐤅𐤎𐤐	𐤅𐤉𐤁𐤀	𐤔𐤁𐤓𐤉𐤌	𐤄𐤌
a-casa-de	la-plata	··	Yosef	y-trajo	compraron-provisiones [grano]	ellos

47:15

190 | 840	337 | 1147	380 | 940	331 | 1141	165 | 885	456 | 1016	355
כנע	ארץ	צור	ארץ	כסף	תמם	·
כְּנַעַן	וּמֵאֶרֶץ	מִצְרַיִם	מֵאֶרֶץ	הַכֶּסֶף	וַיִּתֹּם	פַּרְעֹה׃
Kena'an	*ume'érets*	*Mitsráyim*	*me'érets*	*hakésef*	*Vayitom*	*. faroh*
כנען	ומארץ	מצרים	מארץ	הכסף	ויתם	פרעה
𐤊𐤍𐤏𐤍	𐤅𐤌𐤀𐤓𐤑	𐤌𐤑𐤓𐤉𐤌	𐤌𐤀𐤓𐤑	𐤄𐤊𐤎𐤐	𐤅𐤉𐤕𐤌	𐤐𐤓𐤏𐤄
Kena'an	y-de-tierra-de [la seca]	Mitsráyim	de-tierra-de [la seca]	la-plata	Y-se-acabó	. faraón

12	271	156 | 876	31	380 | 940	50	25
יהב	אמר	יסף	אלה	צור	כלל	בוא
הָבָה	לֵאמֹר	יוֹסֵף	אֶל	מִצְרַיִם	כָל	וַיָּבֹאוּ
havah	*lemor*	*Yosef*	*el*	*Mitsráyim*	*jol*	*vayavó'u*
הבה	לאמר	יוסף	אל	מצרים	כל	ויבאו
𐤄𐤁𐤄	𐤋𐤀𐤌𐤓	𐤉𐤅𐤎𐤐	𐤀𐤋	𐤌𐤑𐤓𐤉𐤌	𐤊𐤋	𐤅𐤉𐤁𐤀𐤅
da paga; venga-acá	a-decir	Yosef	a hacia	Mitsráyim	todo	y-vinieron

141	30	77 | 557	496	81	78 | 638	86
אפס	כי	נגד	מות	מה	לחם	·
אָפֵס	כִּי	נֶגְדֶּךָ	נָמוּת	וְלָמָּה	לֶחֶם	לָנוּ
afés	*ki*	*negdeja*	*namut*	*velámah*	*léjem*	*lanu*
אפס	כי	נגדך	נמות	ולמה	לחם	לנו
𐤀𐤐𐤎	𐤊𐤉	𐤍𐤂𐤃𐤊	𐤍𐤌𐤅𐤕	𐤅𐤋𐤌𐤄	𐤋𐤇𐤌	𐤋𐤍𐤅
se-agotó acabar	que porque	enfrente-de-ti	moriremos	¿Y-por-qué	pan [alimento básico]	para-nosotros

47:16

90 | 650	462	260 | 820	13	156 | 876	257	160 | 880
·	נתן	קנה	יהב	יסף	אמר	כסף
לָכֶם	וְאֶתְּנָה	מִקְנֵיכֶם	הָבוּ	יוֹסֵף	וַיֹּאמֶר	כָּסֶף׃
lajem	*ve'eténah*	*mikneyjem*	*havú*	*Yosef*	*Vayómer*	*. kásef*
לכם	ואתנה	מקניכם	הבו	יוסף	ויאמר	כסף
𐤋𐤊𐤌	𐤅𐤀𐤕𐤍𐤄	𐤌𐤒𐤍𐤉𐤊𐤌	𐤄𐤁𐤅	𐤉𐤅𐤎𐤐	𐤅𐤉𐤀𐤌𐤓	𐤊𐤎𐤐
a-vosotros	y-daré	vuestras-propiedades adquisición [ganado]	traed tributar	Yosef	Y-dijo	. plata

47:17

245 | 805	401	35	160 | 880	141	41 | 601	262 | 822
קנה	את	בוא	כסף	אפס	אם	קנה
מִקְנֵיהֶ֑ם	אֶת	וַיָּבִ֣יאוּ	כָּֽסֶף׃	אָפֵ֥ס	אִם	בְּמִקְנֵיכֶ֖ם
mikneyhem	*et*	*Vayavi'ú*	*. kásef*	*afés*	*im*	*bemikneyjem*
מקניהם	את	ויביאו	כסף	אפס	אם	במקניכם
𐤌𐤒𐤍𐤉𐤄𐤌	𐤀𐤕	𐤅𐤉𐤁𐤉𐤀𐤅	𐤊𐤎𐤐	𐤀𐤐𐤎	𐤀𐤌	𐤁𐤌𐤒𐤍𐤉𐤊𐤌
sus-propiedades adquisición [ganado]	..	E-hicieron-venir	. plata	se-agotó acabar	si	por-vuestras-prop. adquisición [ganado]

178 | 738	78 | 638	156 | 876	75 | 635	466 | 1116	156 | 876	31
סוס	לחם	יסף	הוא	נתן	יסף	אלה
בַּסּוּסִ֡ים	לֶ֜חֶם	יוֹסֵ֨ף	לָהֶ֩ם	וַיִּתֵּ֣ן	יוֹסֵף֒	אֶל
basusim	*léjem*	*Yosef*	*lahem*	*vayitén*	*Yosef*	*el*
בסוסים	לחם	יוסף	להם	ויתן	יוסף	אל
𐤁𐤎𐤅𐤎𐤉𐤌	𐤋𐤇𐤌	𐤉𐤅𐤎𐤐	𐤋𐤄𐤌	𐤅𐤉𐤕𐤍	𐤉𐤅𐤎𐤐	𐤀𐤋
por-los-caballos	pan [alimento básico]	Yosef	a-ellos	y-dio	Yosef	a hacia

80 | 640	141 | 701	306 | 866	307	203	146 | 796	203
לחם	נהל	חמר	בקר	קנה	צאן	קנה
בַּלֶּ֔חֶם	וַיְנַהֲלֵ֣ם	וּבַחֲמֹרִ֑ים	הַבָּקָ֖ר	וּבְמִקְנֵ֥ה	הַצֹּ֛אן	וּבְמִקְנֵ֥ה
baléjem	*vayenahalem*	*uvajamorim*	*habakar*	*uvemikneh*	*hatsón*	*uvemikneh*
בלחם	וינהלם	ובחמרים	הבקר	ובמקנה	הצאן	ובמקנה
𐤁𐤋𐤇𐤌	𐤅𐤉𐤍𐤄𐤋𐤌	𐤅𐤁𐤇𐤌𐤓𐤉𐤌	𐤄𐤁𐤒𐤓	𐤅𐤁𐤌𐤒𐤍𐤄	𐤄𐤑𐤀𐤍	𐤅𐤁𐤌𐤒𐤍𐤄
con-el-pan [alimento básico]	y-les-proveyó	y-por-los-asnos	la-res [ganado mayor]	y-por-propiedad adquisición [ganado]	el-rebaño [ganado menor]	y-por-propiedad adquisición [ganado]

47:18

17	360	846 | 1406	17	357	235 | 795	52
הוא	שנה	תמם	הוא	שנה	קנה	כלל
הַהִ֗וא	הַשָּׁנָ֣ה	וַתִּתֹּ֞ם	הַהִֽוא׃	בַּשָּׁנָ֖ה	מִקְנֵהֶ֔ם	בְּכָל
hahí	*hashanah*	*Vatitom*	*. hahí*	*bashanah*	*miknéhem*	*bejol*
ההוא	השנה	ותתם	ההוא	בשנה	מקנהם	בכל
𐤄𐤄𐤅𐤀	𐤄𐤔𐤍𐤄	𐤅𐤕𐤕𐤌	𐤄𐤄𐤅𐤀	𐤁𐤔𐤍𐤄	𐤌𐤒𐤍𐤄𐤌	𐤁𐤊𐤋
el-aquel	el-año cambio	Y-acabó	. el-aquel	en-el-año cambio	su-propiedad adquisición [ganado]	por-toda

31	36	263	765	357	47	25
לא	הוא	אמר	שנה	שנה	אלה	בוא
לֹ֣א	ל֞וֹ	וַיֹּ֤אמְרוּ	הַשֵּׁנִ֗ית	בַּשָּׁנָ֣ה	אֵלָ֜יו	וַיָּבֹ֨אוּ
lo	*lo*	*vayomrú*	*hashenit*	*bashanah*	*elav*	*vayavó'u*
לא	לו	ויאמרו	השנית	בשנה	אליו	ויבאו
𐤋𐤀	𐤋𐤅	𐤅𐤉𐤀𐤌𐤓𐤅	𐤄𐤔𐤍𐤉𐤕	𐤁𐤔𐤍𐤄	𐤀𐤋𐤉𐤅	𐤅𐤉𐤁𐤀𐤅
no	a-él	y-dijeron	el-segundo	en-el-año cambio	a-él	y-vinieron

201	165 | 885	440 | 1000	41 | 601	30	105	82
קנה	כסף	תמם	אם	כי	אדן	כחד
וּמִקְנֵ֣ה	הַכֶּ֔סֶף	תַּ֣ם	אִם	כִּ֚י	מֵאֲדֹנִ֗י	נְכַחֵ֣ד
umikneh	*hakésef*	*tam*	*im*	*ki*	*me'adoní*	*nejajed*
ומקנה	הכסף	תם	אם	כי	מאדני	נכחד
𐤅𐤌𐤒𐤍𐤄	𐤄𐤊𐤎𐤐	𐤕𐤌	𐤀𐤌	𐤊𐤉	𐤌𐤀𐤃𐤍𐤉	𐤍𐤊𐤇𐤃
y-propiedad adquisición [ganado]	la-plata	terminó	si	que porque	de-mi-señor	encubriremos

65	170	551	31	65	31	57
אדן	פנה	שאר	לא	אדן	אלה	בהם
אֲדֹנִ֔י	לִפְנֵ֣י	נִשְׁאַר֙	לֹ֤א	אֲדֹנִ֑י	אֶל	הַבְּהֵמָ֖ה
adoní	*lifney*	*nishar*	*lo*	*adoní*	*el*	*habehemah*
אדני	לפני	נשאר	לא	אדני	אל	הבהמה
𐤀𐤃𐤍𐤉	𐤋𐤐𐤍𐤉	𐤍𐤔𐤀𐤓	𐤋𐤀	𐤀𐤃𐤍𐤉	𐤀𐤋	𐤄𐤁𐤄𐤌𐤄
mi-señor	ante presencia; superficie	quedó	no	mi-señor	a hacia	el-cuadrúpedo

47:19

190 | 670	496	75	507	475	41 | 601	442
עין	מות	מה	אדם	גאה	אם	בלה
לְעֵינֶ֗יךָ	נָמ֣וּת	לָ֧מָּה	וְאַדְמָתֵֽנוּ׃	גְּוִיָּתֵ֖נוּ	אִם	בִּלְתִּ֥י
le'eyneyja	*namut*	*Lámah*	*. ve'admatenu*	*geviyatenu*	*im*	*biltí*
לעיניך	נמות	למה	ואדמתנו	גויתנו	אם	בלתי
𐤋𐤏𐤉𐤍𐤉𐤊	𐤍𐤌𐤅𐤕	𐤋𐤌𐤄	𐤅𐤀𐤃𐤌𐤕𐤍𐤅	𐤂𐤅𐤉𐤕𐤍𐤅	𐤀𐤌	𐤁𐤋𐤕𐤉
a-tus-ojos	moriremos	¿Por-qué	. y-nuestro-terreno [femenino de אדם]	nuestro-cuerpo	si	a-no-ser

407	457	155	501	43 | 603	115	43 | 603
את	את	קנה	אדם	גם	אנך	גם
וְאֶת	אֹתָ֛נוּ	קְנֵֽה	אַדְמָתֵ֑נוּ	גַּ֖ם	אֲנַ֙חְנוּ֙	גַּ֣ם
ve'et	*otanu*	*keneh*	*admatenu*	*gam*	*anajnu*	*gam*
ואת	אתנו	קנה	אדמתנו	גם	אנחנו	גם
𐤅𐤀𐤕	𐤀𐤕𐤍𐤅	𐤒𐤍𐤄	𐤀𐤃𐤌𐤕𐤍𐤅	𐤂𐤌	𐤀𐤍𐤇𐤍𐤅	𐤂𐤌
y-···	a-nosotros	adquiere comprar	nuestro-terreno [femenino de אדם]	también	nosotros	también

385	126 | 686	507	115	76	80 | 640	501
·	עבד	אדם	אנך	היה	לחם	אדם
לְפַרְעֹ֔ה	עֲבָדִ֣ים	וְאַדְמָתֵ֙נוּ֙	אֲנַ֤חְנוּ	וְנִהְיֶ֞ה	בַּלָּ֑חֶם	אַדְמָתֵ֖נוּ
lefaroh	*avadim*	*ve'admatenu*	*anajnu*	*venihyeh*	*balájem*	*admatenu*
לפרעה	עבדים	ואדמתנו	אנחנו	ונהיה	בלחם	אדמתנו
𐤋𐤐𐤓𐤏𐤄	𐤏𐤁𐤃𐤉𐤌	𐤅𐤀𐤃𐤌𐤕𐤍𐤅	𐤀𐤍𐤇𐤍𐤅	𐤅𐤍𐤄𐤉𐤄	𐤁𐤋𐤇𐤌	𐤀𐤃𐤌𐤕𐤍𐤅
para-faraón	siervos	y-nuestro-terreno [femenino de אדם]	nosotros	y-seremos	por-el-pan [alimento básico]	nuestro-terreno [femenino de אדם]

31	61	496	37	79	277	456 | 1106
לא	אדם	מות	לא	חיה	זרע	נתן
לֹא	וְהָאֲדָמָה	נָמוּת	וְלֹא	וְנִחְיֶה	זֶרַע	וְתֶן
lo	*veha'adamah*	*namut*	*veló*	*venijyeh*	*zera*	*vetén*
לא	והאדמה	נמות	ולא	ונחיה	זרע	ותן
𐤋𐤀	𐤅𐤄𐤀𐤃𐤌𐤄	𐤍𐤌𐤅𐤕	𐤅𐤋𐤀	𐤅𐤍𐤇𐤉𐤄	𐤆𐤓𐤏	𐤅𐤕𐤍
no	y-el-terreno [femenino de אדם]	moriremos	y-no	y-viviremos	semilla simiente	y-da

47:20

380 | 940	445	50	401	156 | 876	166 | 816	740 | 1300
צור	אדם	כלל	את	יסף	קנה	ישם
מִצְרַיִם	אַדְמַת	כָּל	אֶת	יוֹסֵף	וַיִּקֶן	תֵּשָׁם׃
Mitsráyim	*admat*	*kol*	*et*	*Yosef*	*Vayikén*	*. tesham*
מצרים	אדמת	כל	את	יוסף	ויקן	תשם
𐤌𐤑𐤓𐤉𐤌	𐤀𐤃𐤌𐤕	𐤊𐤋	𐤀𐤕	𐤉𐤅𐤎𐤐	𐤅𐤉𐤒𐤍	𐤕𐤔𐤌
Mitsráyim	terreno-de [femenino de אדם]	todo	..	Yosef	Y-adquirió comprar	. será-asolado

30	315	311	380 | 940	266	30	385
כי	שדה	איש	צור	מכר	כי	·
כִּי	שָׂדֵהוּ	אִישׁ	מִצְרַיִם	מָכְרוּ	כִּי	לְפַרְעֹה
ki	*sadehu*	*ish*	*Mitsráyim*	*majrú*	*ki*	*lefaroh*
כי	שדהו	איש	מצרים	מכרו	כי	לפרעה
𐤊𐤉	𐤔𐤃𐤄𐤅	𐤀𐤉𐤔	𐤌𐤑𐤓𐤉𐤌	𐤌𐤊𐤓𐤅	𐤊𐤉	𐤋𐤐𐤓𐤏𐤄
que porque	su-campo	varón [cada uno]	Mitsráyim	vendieron	que porque	para-faraón

47:21

407	385	296 | 1106	421	277	145 | 705	115
את	·	ארץ	היה	רעב	עלה	חזק
וְאֶת	לְפַרְעֹה׃	הָאָרֶץ	וַתְּהִי	הָרָעָב	עֲלֵהֶם	חָזַק
Ve'et	*. lefaroh*	*ha'árets*	*vatehí*	*hara'av*	*aléhem*	*jazak*
ואת	לפרעה	הארץ	ותהי	הרעב	עלהם	חזק
𐤅𐤀𐤕	𐤋𐤐𐤓𐤏𐤄	𐤄𐤀𐤓𐤑	𐤅𐤕𐤄𐤉	𐤄𐤓𐤏𐤁	𐤏𐤋𐤄𐤌	𐤇𐤆𐤒
Y-··	. para-faraón	la-tierra [la seca]	y-fue	el-hambre	sobre-ellos	se-fortaleció

380 | 940	41	235	350 | 910	407	287	115 | 675
צור	גבל	קצה	עור	את	עבר	עמם
מִצְרָיִם	גְּבוּל	מִקְצֵה	לֶעָרִים	אֹתוֹ	הֶעֱבִיר	הָעָם
Mitsráyim	*gevul*	*miktseh*	*le'arim*	*otó*	*he'evir*	*ha'am*
מצרים	גבול	מקצה	לערים	אתו	העביר	העם
𐤌𐤑𐤓𐤉𐤌	𐤂𐤁𐤅𐤋	𐤌𐤒𐤑𐤄	𐤋𐤏𐤓𐤉𐤌	𐤀𐤕𐤅	𐤄𐤏𐤁𐤉𐤓	𐤄𐤏𐤌
Mitsráyim	frontera-de cuerda; límite	al-cabo-de	a-las-ciudades	a-él	hizo-cruzar	el-pueblo

47:22

155	31	130 | 690	445	300	201	80
קנה	לא	כהן	אדם	רקק	קצה	עדה
קָנָה	לֹא	הַכֹּהֲנִים	אַדְמַת	רַק	קָצֵהוּ׃	וְעַד
kanah	*lo*	*hakohanim*	*admat*	*Rak*	*. katsehú*	*ve'ad*
קנה	לא	הכהנים	אדמת	רק	קצהו	ועד
𐤒𐤍𐤄	𐤋𐤀	𐤄𐤊𐤄𐤍𐤉𐤌	𐤀𐤃𐤌𐤕	𐤓𐤒	𐤒𐤑𐤄𐤅	𐤅𐤏𐤃
adquirió comprar	no	los-sacerdotes	terreno-de [femenino de אדם]	Sólo	. otro-cabo	y-hasta

401	63	355	441	155 | 715	108	30
את	אכל	·	את	כהן	חקק	כי
אֵת	וְאָכְלוּ	פַּרְעֹה	מֵאֵת	לַכֹּהֲנִים	חֹק	כִּי
et	*ve'ojlú*	*paroh*	*me'et*	*lakohanim*	*jok*	*ki*
את	ואכלו	פרעה	מאת	לכהנים	חק	כי
𐤀𐤕	𐤅𐤀𐤊𐤋𐤅	𐤐𐤓𐤏𐤄	𐤌𐤀𐤕	𐤋𐤊𐤄𐤍𐤉𐤌	𐤇𐤒	𐤊𐤉
··	y-comían	faraón	de-··	para-los-sacerdotes	ración	que porque

70 | 720	100	355	75 | 635	500 | 1150	501	148 | 708
כן	עלה	·	הוא	נתן	אשר	חקק
כֵּן	עַל	פַּרְעֹה	לָהֶם	נָתַן	אֲשֶׁר	חֻקָּם
ken	*al*	*paroh*	*lahem*	*natán*	*asher*	*jukam*
כן	על	פרעה	להם	נתן	אשר	חקם
𐤊𐤍	𐤏𐤋	𐤐𐤓𐤏𐤄	𐤋𐤄𐤌	𐤍𐤕𐤍	𐤀𐤔𐤓	𐤇𐤒𐤌
eso enderezar; rectamente	por	faraón	a-ellos	dio	que	su-ración

47:23

31	156 | 876	257	485 | 1045	401	266	31
אלה	יסף	אמר	אדם	את	מכר	לא
אֶל	יוֹסֵף	וַיֹּאמֶר	אַדְמָתָם׃	אֶת	מָכְרוּ	לֹא
el	*Yosef*	*Vayómer*	*. admatam*	*et*	*majrú*	*lo*
אל	יוסף	ויאמר	אדמתם	את	מכרו	לא
𐤀𐤋	𐤉𐤅𐤎𐤐	𐤅𐤉𐤀𐤌𐤓	𐤀𐤃𐤌𐤕𐤌	𐤀𐤕	𐤌𐤊𐤓𐤅	𐤋𐤀
a hacia	Yosef	Y-dijo	. su-terreno [femenino de אדם]	··	vendieron	no

505 | 1065	407	61 | 621	461 | 1021	570	55 | 705	115 | 675
אדם	את	יום	את	קנה	הן	עמם
אַדְמַתְכֶם	וְאֶת	הַיּוֹם	אֶתְכֶם	קָנִיתִי	הֵן	הָעָם
admatjem	*ve'et*	*hayom*	*etjem*	*kaniti*	*hen*	*ha'am*
אדמתכם	ואת	היום	אתכם	קניתי	הן	העם
𐤀𐤃𐤌𐤕𐤊𐤌	𐤅𐤀𐤕	𐤄𐤉𐤅𐤌	𐤀𐤕𐤊𐤌	𐤒𐤍𐤉𐤕𐤉	𐤄𐤍	𐤄𐤏𐤌
vuestro-terreno [femenino de אדם]	y-··	hoy día; tiempo [la luz]	a-vosotros	he-adquirido comprar	¡Mira! he-aquí	el-pueblo

55	401	723 | 1283	277	90 | 650	6	385
אדם	את	זרע	זרע	·	הא	·
הָאֲדָמָה׃	אֶת	וּזְרַעְתֶּם	זֶרַע	לָכֶם	הֵא	לְפַרְעֹה
. ha'adamah	*et*	*uzeratem*	*zera*	*lajem*	*he*	*lefaroh*
האדמה	את	וזרעתם	זרע	לכם	הא	לפרעה
𐤄𐤀𐤃𐤌𐤄	𐤀𐤕	𐤅𐤆𐤓𐤏𐤕𐤌	𐤆𐤓𐤏	𐤋𐤊𐤌	𐤄𐤀	𐤋𐤐𐤓𐤏𐤄
. el-terreno [femenino de אדם]	..	y-sembraréis	semilla simiente	para-vosotros	aquí	para-faraón

47:24

419	279	385	768	896 | 1456	811	26
יד	רבע	·	חמש	נתן	בוא	היה
הַיָּדֹת	וְאַרְבַּע	לְפַרְעֹה	חֲמִישִׁית	וּנְתַתֶּם	בַּתְּבוּאֹת	וְהָיָה
hayadot	*ve'arbá*	*lefaroh*	*jamishit*	*unetatem*	*batevu'ot*	*Vehayah*
הידת	וארבע	לפרעה	חמישית	ונתתם	בתבואת	והיה
𐤄𐤉𐤃𐤕	𐤅𐤀𐤓𐤁𐤏	𐤋𐤐𐤓𐤏𐤄	𐤇𐤌𐤉𐤔𐤉𐤕	𐤅𐤍𐤕𐤕𐤌	𐤁𐤕𐤁𐤅𐤀𐤕	𐤅𐤄𐤉𐤄
las-partes	y-cuatro	para-faraón	un-quinto	y-daréis	en-las-cosechas	Y-será

474 | 1034	537	147 | 707	314	307	90 | 650	30
בנה	אשר	אכל	שדה	זרע	·	היה
בְּבָתֵּיכֶם	וְלַאֲשֶׁר	וּלְאָכְלְכֶם	הַשָּׂדֶה	לְזֶרַע	לָכֶם	יִהְיֶה
bevateyjem	*vela'asher*	*ule'ojlejem*	*hasadeh*	*lezera*	*lajem*	*yihyeh*
בבתיכם	ולאשר	ולאכלכם	השדה	לזרע	לכם	יהיה
𐤁𐤁𐤕𐤉𐤊𐤌	𐤅𐤋𐤀𐤔𐤓	𐤅𐤋𐤀𐤊𐤋𐤊𐤌	𐤄𐤔𐤃𐤄	𐤋𐤆𐤓𐤏	𐤋𐤊𐤌	𐤉𐤄𐤉𐤄
en-vuestras-casas	y-para-que	y-para-vuestro-comer	el-campo	para-semilla-de simiente	para-vosotros	será

47:25

142	58 | 708	181	479	263	179 | 739	87
עין	חנן	מצא	חיה	אמר	טפף	אכל
בְּעֵינֵי	חֵן	נִמְצָא	הֶחֱיִתָנוּ	וַיֹּאמְרוּ	לְטַפְּכֶם׃	וְלֶאֱכֹל
be'eyney	*jen*	*nimtsá*	*hejeyitanu*	*Vayomrú*	*. letapéjem*	*vele'ejol*
בעיני	חן	נמצא	החיתנו	ויאמרו	לטפכם	ולאכל
𐤁𐤏𐤉𐤍𐤉	𐤇𐤍	𐤍𐤌𐤑𐤀	𐤄𐤇𐤉𐤕𐤍𐤅	𐤅𐤉𐤀𐤌𐤓𐤅	𐤋𐤈𐤐𐤊𐤌	𐤅𐤋𐤀𐤊𐤋
en-ojos-de	gracia favor	encontramos	nos-has-hecho-vivir [nos salvaste la vida]	Y-dijeron	. para-vuestros-niños	y-para-comer

47:26

156 | 876	406	356 | 916	385	126 | 686	87	65
יסף	את	שים	·	עבד	היה	אדן
יוֹסֵף	אֹתָהּ	וַיָּשֶׂם	לְפַרְעֹה׃	עֲבָדִים	וְהָיִינוּ	אֲדֹנִי
Yosef	*otah*	*Vayásem*	*. lefaroh*	*avadim*	*vehayinu*	*adoní*
יוסף	אתה	וישם	לפרעה	עבדים	והיינו	אדני
𐤉𐤅𐤎𐤐	𐤀𐤕𐤄	𐤅𐤉𐤔𐤌	𐤋𐤐𐤓𐤏𐤄	𐤏𐤁𐤃𐤉𐤌	𐤅𐤄𐤉𐤉𐤍𐤅	𐤀𐤃𐤍𐤉
Yosef	a-ella	Y-puso [ubicación]	. para-faraón	siervos	y-seremos	mi-señor

380 | 940	445	100	17	61 | 621	74	138
צור	אדם	עלה	זה	יום	עדה	חקק
מִצְרַ֑יִם	אַדְמַ֣ת	עַל	הַזֶּ֗ה	הַיּ֜וֹם	עַד	לְחֹ֡ק
Mitsráyim	*admat*	*al*	*hazeh*	*hayom*	*ad*	*lejok*
מצרים	אדמת	על	הזה	היום	עד	לחק
𐤌𐤑𐤓𐤉𐤌	𐤀𐤃𐤌𐤕	𐤏𐤋	𐤄𐤆𐤄	𐤄𐤉𐤅𐤌	𐤏𐤃	𐤋𐤇𐤒
Mitsráyim	terreno-de [femenino de אדם]	sobre	el-éste	el-día tiempo [la luz]	hasta	para-tasa estatuto

31	76 | 636	130 | 690	445	300	378	385
לא	בד	כהן	אדם	רקק	חמש	·
לֹ֣א	לְבַדָּ֔ם	הַכֹּהֲנִים֙	אַדְמַ֤ת	רַ֞ק	לַחֹ֑מֶשׁ	לְפַרְעֹ֖ה
lo	*levadam*	*hakohanim*	*admat*	*rak*	*lajomesh*	*lefaroh*
לא	לבדם	הכהנים	אדמת	רק	לחמש	לפרעה
𐤋𐤀	𐤋𐤁𐤃𐤌	𐤄𐤊𐤄𐤍𐤉𐤌	𐤀𐤃𐤌𐤕	𐤓𐤒	𐤋𐤇𐤌𐤔	𐤋𐤐𐤓𐤏𐤄
no	a-su-solas miembro; parte	los-sacerdotes	terreno-de [femenino de אדם]	sólo	al-quinto	para-faraón

47:27

293 | 1103	380 | 940	293 | 1103	541	318	385	420
ארץ	צור	ארץ	שרה + אל	ישב	·	היה
בְּאֶ֣רֶץ	מִצְרַ֔יִם	בְּאֶ֥רֶץ	יִשְׂרָאֵ֛ל	וַיֵּ֧שֶׁב	לְפַרְעֹֽה׃	הָיְתָ֖ה
be'érets	*Mitsráyim*	*be'érets*	*Yisra'El*	*Vayéshev*	*. lefaroh*	*haytah*
בארץ	מצרים	בארץ	ישראל	וישב	לפרעה	היתה
𐤁𐤀𐤓𐤑	𐤌𐤑𐤓𐤉𐤌	𐤁𐤀𐤓𐤑	𐤉𐤔𐤓𐤀𐤋	𐤅𐤉𐤔𐤁	𐤋𐤐𐤓𐤏𐤄	𐤄𐤉𐤕𐤄
en-tierra-de [la seca]	Mitsráyim	en-tierra-de [la seca]	Yisra'El	Y-se-asentó	. para-faraón	era

47:28

34	45	224	302	7	38	353 | 1003
חיה	מאד	רבה	פרה	·	אחז	·
וַיְחִ֤י	מְאֹֽד׃	וַיִּרְבּ֖וּ	וַיִּפְר֥וּ	בָ֔הּ	וַיֵּאָחֲז֣וּ	גֹּ֑שֶׁן
Vayejí	*. me'od*	*vayirbú*	*vayifrú*	*vah*	*vaye'ajazú*	*Goshén*
ויחי	מאד	וירבו	ויפרו	בה	ויאחזו	גשן
𐤅𐤉𐤇𐤉	𐤌𐤀𐤃	𐤅𐤉𐤓𐤁𐤅	𐤅𐤉𐤐𐤓𐤅	𐤁𐤄	𐤅𐤉𐤀𐤇𐤆𐤅	𐤂𐤔𐤍
Y-vivió	. mucho fuerza; poder; vigor	y-aumentaron crecer; multiplicar	y-fructificaron multiplicar; ser-fecundo	en-ella	y-tomaron-posesión propiedad	Goshén

31	355	575	372	380 | 940	293 | 1103	182
היה	שנה	עשר	שבע	צור	ארץ	עקב
וַיְהִ֤י	שָׁנָ֑ה	עֶשְׂרֵ֖ה	שְׁבַ֥ע	מִצְרַ֔יִם	בְּאֶ֣רֶץ	יַעֲקֹב֙
vayehí	*shanah*	*esreh*	*shvá*	*Mitsráyim*	*be'érets*	*Ya'akov*
ויהי	שנה	עשרה	שבע	מצרים	בארץ	יעקב
𐤅𐤉𐤄𐤉	𐤔𐤍𐤄	𐤏𐤔𐤓𐤄	𐤔𐤁𐤏	𐤌𐤑𐤓𐤉𐤌	𐤁𐤀𐤓𐤑	𐤉𐤏𐤒𐤁
y-fue	año cambio	diez	siete	Mitsráyim	en-tierra-de [la seca]	Ya'akov

<table>
<tr><td>329 | 889</td><td>400 | 960</td><td>372</td><td>34</td><td>360</td><td>182</td><td>60</td></tr>
<tr><td>רבע</td><td>שנה</td><td>שבע</td><td>חיה</td><td>שנה</td><td>עקב</td><td>יום</td></tr>
<tr><td>וְאַרְבָּעִים</td><td>שָׁנִים</td><td>שֶׁבַע</td><td>חַיָּיו</td><td>שְׁנֵי</td><td>יַעֲקֹב</td><td>יְמֵי</td></tr>
<tr><td>ve'arba'im</td><td>shanim</td><td>sheva</td><td>jayav</td><td>shney</td><td>Ya'akov</td><td>yemey</td></tr>
<tr><td>וארבעים</td><td>שנים</td><td>שבע</td><td>חייו</td><td>שני</td><td>יעקב</td><td>ימי</td></tr>
<tr><td>𐤅𐤀𐤓𐤁𐤏𐤉𐤌</td><td>𐤔𐤍𐤉𐤌</td><td>𐤔𐤁𐤏</td><td>𐤇𐤉𐤉𐤅</td><td>𐤔𐤍𐤉</td><td>𐤉𐤏𐤒𐤁</td><td>𐤉𐤌𐤉</td></tr>
<tr><td>y-cuarenta</td><td>años
cambio</td><td>siete</td><td>sus-vidas</td><td>años-de
otra-vez [dos]</td><td>Ya'akov</td><td>días-de
tiempo [la luz]</td></tr>
</table>

47:29

<table>
<tr><td>317</td><td>476</td><td>541</td><td>60</td><td>324</td><td>355</td><td>447</td></tr>
<tr><td>קרא</td><td>מות</td><td>שרה + אל</td><td>יום</td><td>קרב</td><td>שנה</td><td>מאה</td></tr>
<tr><td>וַיִּקְרָא</td><td>לָמוּת</td><td>יִשְׂרָאֵל</td><td>יְמֵי</td><td>וַיִּקְרְבוּ</td><td>שָׁנָה׃</td><td>וּמְאַת</td></tr>
<tr><td>vayikrá</td><td>lamut</td><td>Yisra'El</td><td>yemey</td><td>Vayikrevú</td><td>. shanah</td><td>ume'at</td></tr>
<tr><td>ויקרא</td><td>למות</td><td>ישראל</td><td>ימי</td><td>ויקרבו</td><td>שנה</td><td>ומאת</td></tr>
<tr><td>𐤅𐤉𐤒𐤓𐤀</td><td>𐤋𐤌𐤅𐤕</td><td>𐤉𐤔𐤓𐤀𐤋</td><td>𐤉𐤌𐤉</td><td>𐤅𐤉𐤒𐤓𐤁𐤅</td><td>𐤔𐤍𐤄</td><td>𐤅𐤌𐤀𐤕</td></tr>
<tr><td>y-llamó</td><td>para-morir</td><td>Yisra'El</td><td>días-de
tiempo [la luz]</td><td>Y-se-acercaron</td><td>. año
cambio</td><td>y-ciento-de</td></tr>
</table>

<table>
<tr><td>541</td><td>51</td><td>41 | 601</td><td>36</td><td>257</td><td>186 | 906</td><td>92</td></tr>
<tr><td>מצא</td><td>נא</td><td>אם</td><td>הוא</td><td>אמר</td><td>יסף</td><td>בנה</td></tr>
<tr><td>מָצָאתִי</td><td>נָא</td><td>אִם</td><td>לוֹ</td><td>וַיֹּאמֶר</td><td>לְיוֹסֵף</td><td>לִבְנוֹ</td></tr>
<tr><td>matsati</td><td>na</td><td>im</td><td>lo</td><td>vayómer</td><td>leYosef</td><td>livnó</td></tr>
<tr><td>מצאתי</td><td>נא</td><td>אם</td><td>לו</td><td>ויאמר</td><td>ליוסף</td><td>לבנו</td></tr>
<tr><td>𐤌𐤑𐤀𐤕𐤉</td><td>𐤍𐤀</td><td>𐤀𐤌</td><td>𐤋𐤅</td><td>𐤅𐤉𐤀𐤌𐤓</td><td>𐤋𐤉𐤅𐤎𐤐</td><td>𐤋𐤁𐤍𐤅</td></tr>
<tr><td>he-encontrado</td><td>ahora
por-favor</td><td>si</td><td>a-él</td><td>y-dijo</td><td>a-Yosef</td><td>a-su-hijo
edificador</td></tr>
</table>

<table>
<tr><td>240</td><td>808</td><td>34 | 514</td><td>51</td><td>350 | 910</td><td>162 | 642</td><td>58 | 708</td></tr>
<tr><td>ירך</td><td>תחת</td><td>יד</td><td>נא</td><td>שים</td><td>עין</td><td>חנן</td></tr>
<tr><td>יְרֵכִי</td><td>תַּחַת</td><td>יָדְךָ</td><td>נָא</td><td>שִׂים</td><td>בְּעֵינֶיךָ</td><td>חֵן</td></tr>
<tr><td>yerejí</td><td>tájat</td><td>yadja</td><td>na</td><td>sim</td><td>be'eyneyja</td><td>jen</td></tr>
<tr><td>ירכי</td><td>תחת</td><td>ידך</td><td>נא</td><td>שים</td><td>בעיניך</td><td>חן</td></tr>
<tr><td>𐤉𐤓𐤊𐤉</td><td>𐤕𐤇𐤕</td><td>𐤉𐤃𐤊</td><td>𐤍𐤀</td><td>𐤔𐤉𐤌</td><td>𐤁𐤏𐤉𐤍𐤉𐤊</td><td>𐤇𐤍</td></tr>
<tr><td>mi-muslo
genitales</td><td>bajo</td><td>tu-mano</td><td>por-favor
ahora</td><td>pon
[ubicación]</td><td>en-tus-ojos</td><td>gracia
favor</td></tr>
</table>

<table>
<tr><td>762</td><td>51</td><td>31</td><td>447</td><td>72</td><td>124</td><td>786</td></tr>
<tr><td>קבר</td><td>נא</td><td>אלה</td><td>אמן</td><td>חסד</td><td>עמד</td><td>עשה</td></tr>
<tr><td>תִקְבְּרֵנִי</td><td>נָא</td><td>אַל</td><td>וֶאֱמֶת</td><td>חֶסֶד</td><td>עִמָּדִי</td><td>וְעָשִׂיתָ</td></tr>
<tr><td>tikbereni</td><td>na</td><td>al</td><td>ve'émet</td><td>jésed</td><td>imadí</td><td>ve'asita</td></tr>
<tr><td>תקברני</td><td>נא</td><td>אל</td><td>ואמת</td><td>חסד</td><td>עמדי</td><td>ועשית</td></tr>
<tr><td>𐤕𐤒𐤁𐤓𐤍𐤉</td><td>𐤍𐤀</td><td>𐤀𐤋</td><td>𐤅𐤀𐤌𐤕</td><td>𐤇𐤎𐤃</td><td>𐤏𐤌𐤃𐤉</td><td>𐤅𐤏𐤔𐤉𐤕</td></tr>
<tr><td>me-sepultarás</td><td>por-favor
ahora</td><td>no</td><td>y-verdad</td><td>bondad</td><td>conmigo
a-mi-lado</td><td>y-harás</td></tr>
</table>

47:30

<table>
<tr><td>768</td><td>420 | 980</td><td>817</td><td>413</td><td>110 | 670</td><td>738</td><td>382 | 942</td></tr>
<tr><td>קבר</td><td>צור</td><td>נשא</td><td>אב</td><td>עם</td><td>שכב</td><td>צור</td></tr>
<tr><td>וּקְבַרְתַּ֫נִי</td><td>מִמִּצְרַ֫יִם</td><td>וּנְשָׂאתַ֙נִי֙</td><td>אֲבֹתַ֔י</td><td>עִם</td><td>וְשָֽׁכַבְתִּ֙י֙</td><td>בְּמִצְרָֽיִם׃</td></tr>
<tr><td>ukevartani</td><td>miMitsráyim</td><td>unesatani</td><td>avotay</td><td>im</td><td>Veshajavtí</td><td>. veMitsráyim</td></tr>
<tr><td>וקברתני</td><td>ממצרים</td><td>ונשאתני</td><td>אבתי</td><td>עם</td><td>ושכבתי</td><td>במצרים</td></tr>
<tr><td>𐤅𐤒𐤁𐤓𐤕𐤍𐤉</td><td>𐤌𐤌𐤑𐤓𐤉𐤌</td><td>𐤅𐤍𐤔𐤀𐤕𐤍𐤉</td><td>𐤀𐤁𐤕𐤉</td><td>𐤏𐤌</td><td>𐤅𐤔𐤊𐤁𐤕𐤉</td><td>𐤁𐤌𐤑𐤓𐤉𐤌</td></tr>
<tr><td>y-me-sepultarás</td><td>de-Mitsráyim</td><td>y-me-alzarás</td><td>mis-padres</td><td>con</td><td>Y-me-acostaré</td><td>. en-Mitsráyim</td></tr>
</table>

47:31

<table>
<tr><td>382</td><td>257</td><td>246 | 726</td><td>376</td><td>81</td><td>257</td><td>744 | 1304</td></tr>
<tr><td>שבע</td><td>אמר</td><td>דבר</td><td>עשה</td><td>אנך</td><td>אמר</td><td>קבר</td></tr>
<tr><td>הִשָּׁ֙בְעָה֙</td><td>וַיֹּ֙אמֶר֙</td><td>כִדְבָרֶֽךָ׃</td><td>אֶעֱשֶׂ֥ה</td><td>אָנֹכִ֖י</td><td>וַיֹּאמַ֕ר</td><td>בִּקְבֻרָתָ֑ם</td></tr>
<tr><td>hishávah</td><td>Vayómer</td><td>. jidvareja</td><td>e'eseh</td><td>anojí</td><td>vayomar</td><td>bikevuratam</td></tr>
<tr><td>השבעה</td><td>ויאמר</td><td>כדברך</td><td>אעשה</td><td>אנכי</td><td>ויאמר</td><td>בקברתם</td></tr>
<tr><td>𐤄𐤔𐤁𐤏𐤄</td><td>𐤅𐤉𐤀𐤌𐤓</td><td>𐤊𐤃𐤁𐤓𐤊</td><td>𐤀𐤏𐤔𐤄</td><td>𐤀𐤍𐤊𐤉</td><td>𐤅𐤉𐤀𐤌𐤓</td><td>𐤁𐤒𐤁𐤓𐤕𐤌</td></tr>
<tr><td>jura</td><td>Y-dijo</td><td>. como-tu-palabra
asunto; cosa</td><td>haré</td><td>yo</td><td>y-dijo</td><td>en-su-sepultura</td></tr>
</table>

<table>
<tr><td>501</td><td>100</td><td>541</td><td>730</td><td>36</td><td>388</td><td>40</td></tr>
<tr><td>ראש</td><td>עלה</td><td>שרה + אל</td><td>שחה</td><td>הוא</td><td>שבע</td><td>·</td></tr>
<tr><td>רֹ֥אשׁ</td><td>עַל</td><td>יִשְׂרָאֵ֖ל</td><td>וַיִּשְׁתַּ֥חוּ</td><td>ל֑וֹ</td><td>וַיִּשָּׁבַ֖ע</td><td>לִ֔י</td></tr>
<tr><td>rosh</td><td>al</td><td>Yisra'El</td><td>vayishtajú</td><td>lo</td><td>vayishavá</td><td>li</td></tr>
<tr><td>ראש</td><td>על</td><td>ישראל</td><td>וישתחו</td><td>לו</td><td>וישבע</td><td>לי</td></tr>
<tr><td>𐤓𐤀𐤔</td><td>𐤏𐤋</td><td>𐤉𐤔𐤓𐤀𐤋</td><td>𐤅𐤉𐤔𐤕𐤇𐤅</td><td>𐤋𐤅</td><td>𐤅𐤉𐤔𐤁𐤏</td><td>𐤋𐤉</td></tr>
<tr><td>cabeza-de</td><td>sobre</td><td>Yisra'El</td><td>y-se-postró</td><td>a-él</td><td>y-juró</td><td>a-mí</td></tr>
</table>

<table>
<tr><td>59</td></tr>
<tr><td>נטה</td></tr>
<tr><td>הַמִּטָּֽה׃</td></tr>
<tr><td>. hamitah</td></tr>
<tr><td>המטה</td></tr>
<tr><td>𐤄𐤌𐤈𐤄</td></tr>
<tr><td>. el-lecho</td></tr>
</table>

Total de palabras hebreas: 512.
Total de consonantes hebreas: 1989.
Consonantes ausentes: -

48:1

60	186 | 906	257	41	261 | 821	219	31
הן	יסף	אמר	אלה	דבר	אחר	היה
הִנֵּה	לְיוֹסֵף	וַיֹּאמֶר	הָאֵלֶּה	הַדְּבָרִים	אַחֲרֵי	וַיְהִי
hineh	*leYosef*	*vayómer*	*ha'éleh*	*hadevarim*	*ajarey*	*Vayehí*
הנה	ליוסף	ויאמר	האלה	הדברים	אחרי	ויהי
𐤄𐤍𐤄	𐤋𐤉𐤅𐤎𐤐	𐤅𐤉𐤀𐤌𐤓	𐤄𐤀𐤋𐤄	𐤄𐤃𐤁𐤓𐤉𐤌	𐤀𐤇𐤓𐤉	𐤅𐤉𐤄𐤉
¡Mira! he-aquí	a-Yosef	y-dijo	las-éstas	las-palabras asunto; cosa	después-de	Y-fue

116	68	360	401	124	43	33 | 513
עם	בנה	שנה	את	לקח	חלה	אב
עִמּוֹ	בָנָיו	שְׁנֵי	אֶת־	וַיִּקַּח	חֹלֶה	אָבִיךָ
imó	*vanav*	*shney*	*et*	*vayikaj*	*joleh*	*avija*
עמו	בניו	שני	את	ויקח	חלה	אביך
𐤏𐤌𐤅	𐤁𐤍𐤉𐤅	𐤔𐤍𐤉	𐤀𐤕	𐤅𐤉𐤒𐤇	𐤇𐤋𐤄	𐤀𐤁𐤉𐤊
con-él	sus-hijos edificador	dos-de otra-vez [años]	··	y-tomó	enfermo	tu-padre

48:2

257	212	23	331 | 891	407	395	401
אמר	עקב	נגד	פרה	את	נשה	את
וַיֹּאמֶר	לְיַעֲקֹב	וַיַּגֵּד	אֶפְרָיִם׃	וְאֶת־	מְנַשֶּׁה	אֶת־
vayómer	*leYa'akov*	*Vayaged*	*. Efráyim*	*ve'et*	*Menasheh*	*et*
ויאמר	ליעקב	ויגד	אפרים	ואת	מנשה	את
𐤅𐤉𐤀𐤌𐤓	𐤋𐤉𐤏𐤒𐤁	𐤅𐤉𐤂𐤃	𐤀𐤐𐤓𐤉𐤌	𐤅𐤀𐤕	𐤌𐤍𐤔𐤄	𐤀𐤕
y-dijo	a-Ya'akov	Y-manifestó contar; declarar	. Efráyim	y-···	Menasheh	··

541	531	61 | 541	3	156 | 876	72 | 552	60
שרה + אל	חזק	אלה	בוא	יסף	בנה	הן
יִשְׂרָאֵל	וַיִּתְחַזֵּק	אֵלֶיךָ	בָּא	יוֹסֵף	בִּנְךָ	הִנֵּה
Yisra'El	*vayitjazek*	*eleyja*	*ba*	*Yosef*	*binja*	*hineh*
ישראל	ויתחזק	אליך	בא	יוסף	בנך	הנה
𐤉𐤔𐤓𐤀𐤋	𐤅𐤉𐤕𐤇𐤆𐤒	𐤀𐤋𐤉𐤊	𐤁𐤀	𐤉𐤅𐤎𐤐	𐤁𐤍𐤊	𐤄𐤍𐤄
Yisra'El	y-se-esforzó	a-ti	está-viniendo	Yosef	tu-hijo edificador	¡Mira! he-aquí

48:3

156 | 876	31	182	257	59	100	318
יסף	אלה	עקב	אמר	נטה	עלה	ישב
יוֹסֵף	אֶל־	יַעֲקֹב	וַיֹּאמֶר	הַמִּטָּה׃	עַל־	וַיֵּשֶׁב
Yosef	*el*	*Ya'akov*	*Vayómer*	*. hamitah*	*al*	*vayéshev*
יוסף	אל	יעקב	ויאמר	המטה	על	וישב
𐤉𐤅𐤎𐤐	𐤀𐤋	𐤉𐤏𐤒𐤁	𐤅𐤉𐤀𐤌𐤓	𐤄𐤌𐤈𐤄	𐤏𐤋	𐤅𐤉𐤔𐤁
Yosef	a hacia	Ya'akov	Y-dijo	. el-lecho	sobre	y-se-asentó

190 | 840	293 | 1103	45	41	256	314	31
כנע	ארץ	לוז	אלה	ראה	שדד	·
כְּנָֽעַן	בְּאֶ֥רֶץ	בְּל֖וּז	אֵלַ֛י	נִרְאָֽה־	שַׁדַּ֗י	אֵ֣ל
Kena'an	*be'érets*	*beLuz*	*elay*	*nirah*	*shaday*	*El*
כנען	בארץ	בלוז	אלי	נראה	שדי	אל
𐤊𐤍𐤏𐤍	𐤁𐤀𐤓𐤑	𐤁𐤋𐤅𐤆	𐤀𐤋𐤉	𐤍𐤓𐤀𐤄	𐤔𐤃𐤉	𐤀𐤋
Kena'an	en-tierra-de [la seca]	en-Luz	a-mí	se-apareció	*shaday*	El

48:4

643 | 1123	340 | 820	115	41	257	411	238 | 718
רבה	פרה	הן	אלה	אמר	את	ברך
וְהִרְבִּיתִ֔ךָ	מַפְרְךָ֙	הִנְנִ֤י	אֵלַ֗י	וַיֹּ֣אמֶר	אֹתִֽי׃	וַיְבָ֥רֶךְ
vehirbitija	*mafreja*	*hineni*	*elay*	*Vayómer*	*. otí*	*vayevárej*
והרביתך	מפרך	הנני	אלי	ויאמר	אתי	ויברך
𐤅𐤄𐤓𐤁𐤉𐤕𐤊	𐤌𐤐𐤓𐤊	𐤄𐤍𐤍𐤉	𐤀𐤋𐤉	𐤅𐤉𐤀𐤌𐤓	𐤀𐤕𐤉	𐤅𐤉𐤁𐤓𐤊
y-te-aumentaré crecer; multiplicar	te-haré-fructificar multiplicar; ser-fecundo	¡Mírame! heme-aquí	a-mí	Y-dijo	. a-mí	y-bendijo

413	296 | 1106	401	866	160 | 720	165	886 | 1366
זה	ארץ	את	נתן	עמם	קהל	נתן
הַזֹּ֛את	הָאָ֧רֶץ	אֶת־	וְנָ֨תַתִּ֜י	עַמִּ֑ים	לִקְהַ֣ל	וּנְתַתִּ֖יךָ
hazot	*ha'árets*	*et*	*venatatí*	*amim*	*likehal*	*unetatija*
הזאת	הארץ	את	ונתתי	עמים	לקהל	ונתתיך
𐤄𐤆𐤀𐤕	𐤄𐤀𐤓𐤑	𐤀𐤕	𐤅𐤍𐤕𐤕𐤉	𐤏𐤌𐤉𐤌	𐤋𐤒𐤄𐤋	𐤅𐤍𐤕𐤕𐤉𐤊
la-ésta	la-tierra [la seca]	..	y-daré	pueblos	para-asamblea-de congregación; reunión	y-te-pondré dar

48:5

82 | 562	360	481	146 | 706	416	239 | 719	327 | 807
בנה	שנה	עת	עלם	אחז	אחר	זרע
בָנֶ֩יךָ֩	שְׁנֵֽי־	וְעַתָּ֡ה	עוֹלָֽם׃	אֲחֻזַּ֥ת	אַחֲרֶ֖יךָ	לְזַרְעֲךָ֥
vaneyja	*shney*	*Ve'atah*	*. olam*	*ajuzat*	*ajareyja*	*lezaraja*
בניך	שני	ועתה	עולם	אחזת	אחריך	לזרעך
𐤁𐤍𐤉𐤊	𐤔𐤍𐤉	𐤅𐤏𐤕𐤄	𐤏𐤅𐤋𐤌	𐤀𐤇𐤆𐤕	𐤀𐤇𐤓𐤉𐤊	𐤋𐤆𐤓𐤏𐤊
tus-hijos edificador	dos-de otra-vez [años]	Y-ahora en-este-tiempo	. siempre [*olam* = está escondido]	posesión propiedad	después-de-ti	a-tu-simiente semilla

61 | 541	13	74	380 | 940	293 | 1103	50 | 530	145 | 705
אלה	בוא	עדה	צור	ארץ	·	ילד
אֵלֶ֛יךָ	בֹּאִ֥י	עַד־	מִצְרַ֗יִם	בְּאֶ֣רֶץ	לְךָ֜	הַנּוֹלָדִ֨ים
eleyja	*bo'í*	*ad*	*Mitsráyim*	*be'érets*	*lejá*	*hanoladim*
אליך	באי	עד	מצרים	בארץ	לך	הנולדים
𐤀𐤋𐤉𐤊	𐤁𐤀𐤉	𐤏𐤃	𐤌𐤑𐤓𐤉𐤌	𐤁𐤀𐤓𐤑	𐤋𐤊	𐤄𐤍𐤅𐤋𐤃𐤉𐤌
a-ti	mi-venir	hasta	Mitsráyim	en-tierra-de [la seca]	para-ti	los-nacidos

472 | 1122	279 | 929	401	331 | 891	45 | 605	40	385
שמע	ראה + בנה	נשה	פרה	הוא	·	צור
וְשִׁמְעוֹן	כִּרְאוּבֵן	וּמְנַשֶּׁה	אֶפְרַיִם	הֵם	לִי־	מִצְרַיְמָה
veShimón	*kiRe'uvén*	*uMenasheh*	*Efráyim*	*hem*	*li*	*Mitsráymah*
ושמעון	כראובן	ומנשה	אפרים	הם	לי	מצרימה
𐤅𐤔𐤌𐤏𐤅𐤍	𐤊𐤓𐤀𐤅𐤁𐤍	𐤅𐤌𐤍𐤔𐤄	𐤀𐤐𐤓𐤉𐤌	𐤄𐤌	𐤋𐤉	𐤌𐤑𐤓𐤉𐤌𐤄
y-Shimón	como-Re'uvén	y-Menasheh	Efráyim	ellos	para-mí	a-Mitsráyim

48:6

50 | 530	264 | 824	445	501	506 | 986	40	31
·	אחר	ילד	אשר	ילד	·	היה
לְךָ	אַחֲרֵיהֶם	הוֹלַדְתָּ	אֲשֶׁר־	וּמוֹלַדְתְּךָ	לִי׃	יִהְיוּ־
lejá	*ajareyhem*	*holadta*	*asher*	*Umoladteja*	*. li*	*yihyú*
לך	אחריהם	הולדת	אשר	ומולדתך	לי	יהיו
𐤋𐤊	𐤀𐤇𐤓𐤉𐤄𐤌	𐤄𐤅𐤋𐤃𐤕	𐤀𐤔𐤓	𐤅𐤌𐤅𐤋𐤃𐤕𐤊	𐤋𐤉	𐤉𐤄𐤉𐤅
para-ti	después-de-ellos	engendraste	que	Y-tu-parentela linaje; nacimiento	. para-mí	serán

48:7

67	530 | 1090	317	64 | 624	340 | 900	100	31
אנך	נחל	קרא	אח	שם	עלה	היה
וַאֲנִי	בְּנַחֲלָתָם׃	יִקָּרְאוּ	אֲחֵיהֶם	שֵׁם	עַל	יִהְיוּ
Va'aní	*. benajalatam*	*yikarú*	*ajeyhem*	*shem*	*al*	*yihyú*
ואני	בנחלתם	יקראו	אחיהם	שם	על	יהיו
𐤅𐤀𐤍𐤉	𐤁𐤍𐤇𐤋𐤕𐤌	𐤉𐤒𐤓𐤀𐤅	𐤀𐤇𐤉𐤄𐤌	𐤔𐤌	𐤏𐤋	𐤉𐤄𐤉𐤅
Y-yo	. en-su-heredad	serán-llamados	sus-hermanos	nombre-de [ubicación]	por	serán

190 | 840	293 | 1103	238	110	445	174 | 824	15
כנע	ארץ	רחל	עלה	מות	פדן	בוא
כְּנַעַן	בְּאֶרֶץ	רָחֵל	עָלַי	מֵתָה	מִפַּדָּן	בְּבֹאִי
Kena'an	*be'érets*	*Rajel*	*alay*	*metah*	*miPadán*	*bevo'í*
כנען	בארץ	רחל	עלי	מתה	מפדן	בבאי
𐤊𐤍𐤏𐤍	𐤁𐤀𐤓𐤑	𐤓𐤇𐤋	𐤏𐤋𐤉	𐤌𐤕𐤄	𐤌𐤐𐤃𐤍	𐤁𐤁𐤀𐤉
Kena'an	en-tierra-de [la seca]	Rajel	sobre-mí	murió	de-Padán	en-mi-volver

314	686	33	291 | 1101	622	82	226 | 706
קבר	פרה	בוא	ארץ	כבר	עד	דרך
וָאֶקְבְּרֶהָ	אֶפְרָתָה	לָבֹא	אֶרֶץ	כִּבְרַת־	בְּעוֹד	בַּדֶּרֶךְ
va'ekbereha	*Efrátah*	*lavó*	*érets*	*kivrat*	*be'od*	*badérej*
ואקברה	אפרתה	לבא	ארץ	כברת	בעוד	בדרך
𐤅𐤀𐤒𐤁𐤓𐤄	𐤀𐤐𐤓𐤕𐤄	𐤋𐤁𐤀	𐤀𐤓𐤑	𐤊𐤁𐤓𐤕	𐤁𐤏𐤅𐤃	𐤁𐤃𐤓𐤊
y-la-sepulté	a-Efrat	para-venir	tierra [la seca]	cierta-distancia-de	en-aún otra-vez	en-el-camino

48:8

<table>
<tr><td>217</td><td>78 | 638</td><td>412</td><td>12</td><td>681</td><td>226 | 706</td><td>340 | 900</td></tr>
<tr><td>ראה</td><td>לחם</td><td>בנה</td><td>הוא</td><td>פרה</td><td>דרך</td><td>שם</td></tr>
<tr><td>וַיַּרְא</td><td>לָֽחֶם׃</td><td>בֵּית</td><td>הִוא</td><td>אֶפְרָת</td><td>בְּדֶרֶךְ</td><td>שָׁם</td></tr>
<tr><td>Vayar</td><td>. Lájem</td><td>Beyt</td><td>hi</td><td>Efrat</td><td>bedérej</td><td>sham</td></tr>
<tr><td>וירא</td><td>לחם</td><td>בית</td><td>הוא</td><td>אפרת</td><td>בדרך</td><td>שם</td></tr>
<tr><td>𐤅𐤉𐤓𐤀</td><td>𐤋𐤇𐤌</td><td>𐤁𐤉𐤕</td><td>𐤄𐤅𐤀</td><td>𐤀𐤐𐤓𐤕</td><td>𐤁𐤃𐤓𐤊</td><td>𐤔𐤌</td></tr>
<tr><td>Y-vio</td><td>. Lájem</td><td>Beyt
[casa-de]</td><td>ella</td><td>Efrat</td><td>en-camino-de</td><td>allí
[ubicación]</td></tr>
</table>

<table>
<tr><td>36</td><td>50</td><td>257</td><td>156 | 876</td><td>62</td><td>401</td><td>541</td></tr>
<tr><td>אלה</td><td>מי</td><td>אמר</td><td>יסף</td><td>בנה</td><td>את</td><td>שרה + אל</td></tr>
<tr><td>אֵלֶּה׃</td><td>מִי־</td><td>וַיֹּאמֶר</td><td>יוֹסֵף</td><td>בְּנֵי</td><td>אֶת־</td><td>יִשְׂרָאֵל</td></tr>
<tr><td>. éleh</td><td>mi</td><td>vayómer</td><td>Yosef</td><td>beney</td><td>et</td><td>Yisra'El</td></tr>
<tr><td>אלה</td><td>מי</td><td>ויאמר</td><td>יוסף</td><td>בני</td><td>את</td><td>ישראל</td></tr>
<tr><td>𐤀𐤋𐤄</td><td>𐤌𐤉</td><td>𐤅𐤉𐤀𐤌𐤓</td><td>𐤉𐤅𐤎𐤐</td><td>𐤁𐤍𐤉</td><td>𐤀𐤕</td><td>𐤉𐤔𐤓𐤀𐤋</td></tr>
<tr><td>. estos</td><td>¿Quién</td><td>y-dijo</td><td>Yosef</td><td>hijos-de
edificador</td><td>..</td><td>Yisra'El</td></tr>
</table>

48:9

<table>
<tr><td>501</td><td>45 | 605</td><td>62</td><td>19</td><td>31</td><td>156 | 876</td><td>257</td></tr>
<tr><td>אשר</td><td>הוא</td><td>בנה</td><td>אב</td><td>אלה</td><td>יסף</td><td>אמר</td></tr>
<tr><td>אֲשֶׁר־</td><td>הֵם</td><td>בָּנַי</td><td>אָבִיו</td><td>אֶל־</td><td>יוֹסֵף</td><td>וַיֹּאמֶר</td></tr>
<tr><td>asher</td><td>hem</td><td>banay</td><td>aviv</td><td>el</td><td>Yosef</td><td>Vayómer</td></tr>
<tr><td>אשר</td><td>הם</td><td>בני</td><td>אביו</td><td>אל</td><td>יוסף</td><td>ויאמר</td></tr>
<tr><td>𐤀𐤔𐤓</td><td>𐤄𐤌</td><td>𐤁𐤍𐤉</td><td>𐤀𐤁𐤉𐤅</td><td>𐤀𐤋</td><td>𐤉𐤅𐤎𐤐</td><td>𐤅𐤉𐤀𐤌𐤓</td></tr>
<tr><td>que</td><td>ellos</td><td>mis-hijos
edificador</td><td>su-padre</td><td>a
hacia</td><td>Yosef</td><td>Y-dijo</td></tr>
</table>

<table>
<tr><td>51</td><td>148 | 708</td><td>257</td><td>14</td><td>86 | 646</td><td>40</td><td>500 | 1150</td></tr>
<tr><td>נא</td><td>לקח</td><td>אמר</td><td>זה</td><td>אלהה</td><td>·</td><td>נתן</td></tr>
<tr><td>נָא</td><td>קָחֶם־</td><td>וַיֹּאמַר</td><td>בָּזֶה</td><td>אֱלֹהִים</td><td>לִי</td><td>נָתַן־</td></tr>
<tr><td>na</td><td>kajem</td><td>vayomar</td><td>vazeh</td><td>Elohim</td><td>li</td><td>natán</td></tr>
<tr><td>נא</td><td>קחם</td><td>ויאמר</td><td>בזה</td><td>אלהים</td><td>לי</td><td>נתן</td></tr>
<tr><td>𐤍𐤀</td><td>𐤒𐤇𐤌</td><td>𐤅𐤉𐤀𐤌𐤓</td><td>𐤁𐤆𐤄</td><td>𐤀𐤋𐤄𐤉𐤌</td><td>𐤋𐤉</td><td>𐤍𐤕𐤍</td></tr>
<tr><td>por-favor
ahora</td><td>tómalos</td><td>y-dijo</td><td>aquí</td><td>elohim
Dios; dioses; magistrados</td><td>a-mí</td><td>dio</td></tr>
</table>

48:10

<table>
<tr><td>31</td><td>197 | 847</td><td>32</td><td>541</td><td>142</td><td>269 | 829</td><td>41</td></tr>
<tr><td>לא</td><td>זקן</td><td>כבד</td><td>שרה + אל</td><td>עין</td><td>ברך</td><td>אלה</td></tr>
<tr><td>לֹא</td><td>מִזֹּקֶן</td><td>כָּבְדוּ</td><td>יִשְׂרָאֵל</td><td>וְעֵינֵי</td><td>וַאֲבָרְכֵם׃</td><td>אֵלַי</td></tr>
<tr><td>lo</td><td>mizokén</td><td>kovdú</td><td>Yisra'El</td><td>Ve'eyney</td><td>. va'avarajem</td><td>elay</td></tr>
<tr><td>לא</td><td>מזקן</td><td>כבדו</td><td>ישראל</td><td>ועיני</td><td>ואברכם</td><td>אלי</td></tr>
<tr><td>𐤋𐤀</td><td>𐤌𐤆𐤒𐤍</td><td>𐤊𐤁𐤃𐤅</td><td>𐤉𐤔𐤓𐤀𐤋</td><td>𐤅𐤏𐤉𐤍𐤉</td><td>𐤅𐤀𐤁𐤓𐤊𐤌</td><td>𐤀𐤋𐤉</td></tr>
<tr><td>no</td><td>de-ancianidad</td><td>eran-pesados
grave; severo</td><td>Yisra'El</td><td>Y-ojos-de</td><td>. y-les-bendeciré</td><td>a-mí</td></tr>
</table>

75 | 635	416	47	441 | 1001	319	637	66
הוא	נשק	אלה	את	נגש	ראה	יכל
לָהֶם	וַיִּשַּׁק	אֵלָיו	אֹתָם	וַיִּגַּשׁ	לִרְאוֹת	יוּכַל
lahem	*vayishak*	*elav*	*otam*	*vayagesh*	*lirot*	*yujal*
להם	וישק	אליו	אתם	ויגש	לראות	יוכל
𐤋𐤄𐤌	𐤅𐤉𐤔𐤒	𐤀𐤋𐤉𐤅	𐤀𐤕𐤌	𐤅𐤉𐤂𐤔	𐤋𐤓𐤀𐤅𐤕	𐤉𐤅𐤊𐤋
a-ellos	y-besó	a-él	a-ellos	e-hizo-acercar	para-ver	podía

48:11

206	156 | 876	31	541	257	75 | 635	126
ראה	יסף	אלה	שרה + אל	אמר	הוא	חבק
רְאֹה	יוֹסֵף	אֶל־	יִשְׂרָאֵל	וַיֹּאמֶר	לָהֶם׃	וַיְחַבֵּק
re'oh	*Yosef*	*el*	*Yisra'El*	*Vayómer*	*. lahem*	*vayejabek*
ראה	יוסף	אל	ישראל	ויאמר	להם	ויחבק
𐤓𐤀𐤄	𐤉𐤅𐤎𐤐	𐤀𐤋	𐤉𐤔𐤓𐤀𐤋	𐤅𐤉𐤀𐤌𐤓	𐤋𐤄𐤌	𐤅𐤉𐤇𐤁𐤒
ver	Yosef	a hacia	Yisra'El	Y-dijo	. a-ellos	y-abrazó

86 | 646	411	211	66	550	31	160 | 640
אלהה	את	ראה	הן	פלל	לא	פנה
אֱלֹהִים	אֹתִי	הֶרְאָה	וְהִנֵּה	פִלָּלְתִּי	לֹא	פָּנֶיךָ
Elohim	*otí*	*herah*	*vehineh*	*filalti*	*lo*	*faneyja*
אלהים	אתי	הראה	והנה	פללתי	לא	פניך
𐤀𐤋𐤄𐤉𐤌	𐤀𐤕𐤉	𐤄𐤓𐤀𐤄	𐤅𐤄𐤍𐤄	𐤐𐤋𐤋𐤕𐤉	𐤋𐤀	𐤐𐤍𐤉𐤊
elohim Dios; dioses; magistrados	a-mí	hace-ver	y-¡Mira! he-aquí	esperaba	no	tus-faces presencia; superficie

48:12

150 | 710	441 | 1001	156 | 876	113	297 | 777	401	43 | 603
עם	את	יסף	יצא	זרע	את	גם
מֵעִם	אֹתָם	יוֹסֵף	וַיּוֹצֵא	זַרְעֶךָ׃	אֶת־	גַּם
me'im	*otam*	*Yosef*	*Vayotsé*	*. zareja*	*et*	*gam*
מעם	אתם	יוסף	ויוצא	זרעך	את	גם
𐤌𐤏𐤌	𐤀𐤕𐤌	𐤉𐤅𐤎𐤐	𐤅𐤉𐤅𐤑𐤀	𐤆𐤓𐤏𐤊	𐤀𐤕	𐤂𐤌
de-con	a-ellos	Yosef	E-hizo-salir	. tu-simiente semilla	··	también

48:13

401	156 | 876	124	296	127	730	238
את	יסף	לקח	ארץ	אנף	שחה	ברך
אֶת־	יוֹסֵף	וַיִּקַּח	אָרְצָה׃	לְאַפָּיו	וַיִּשְׁתַּחוּ	בִּרְכָּיו
et	*Yosef*	*Vayikaj*	*. artsah*	*le'apav*	*vayishtajú*	*birkav*
את	יוסף	ויקח	ארצה	לאפיו	וישתחו	ברכיו
𐤀𐤕	𐤉𐤅𐤎𐤐	𐤅𐤉𐤒𐤇	𐤀𐤓𐤑𐤄	𐤋𐤀𐤐𐤉𐤅	𐤅𐤉𐤔𐤕𐤇𐤅	𐤁𐤓𐤊𐤉𐤅
··	Yosef	Y-tomó	. a-tierra [la seca]	a-sus-narices	y-se-postraron	sus-rodillas

407	541	411	118	331 | 891	401	405 | 965
את	שרה + אל	שמאל	ימן	פרה	את	שנה
וְאֶת־	יִשְׂרָאֵל	מִשְּׂמֹאל	בִּימִינוֹ	אֶפְרַיִם	אֶת־	שְׁנֵיהֶם
ve'et	*Yisra'El*	*misemol*	*biminó*	*Efráyim*	*et*	*shneyhem*
ואת	ישראל	משמאל	בימינו	אפרים	את	שניהם
𐤅𐤀𐤕	𐤉𐤔𐤓𐤀𐤋	𐤌𐤔𐤌𐤀𐤋	𐤁𐤉𐤌𐤉𐤍𐤅	𐤀𐤐𐤓𐤉𐤌	𐤀𐤕	𐤔𐤍𐤉𐤄𐤌
y-···	Yisra'El	de-izquierda	en-su-derecha	Efráyim	··	ambos ellos-dos

48:14

354	47	319	541	150 | 800	379	395
שלח	אלה	נגש	שרה + אל	ימן	שמאל	נשה
וַיִּשְׁלַח	אֵלָיו׃	וַיַּגֵּשׁ	יִשְׂרָאֵל	מִימִין	בִּשְׂמֹאלוֹ	מְנַשֶּׁה
Vayishlaj	*. elav*	*vayagesh*	*Yisra'El*	*mimín*	*vismoló*	*Menasheh*
וישלח	אליו	ויגש	ישראל	מימין	בשמאלו	מנשה
𐤅𐤉𐤔𐤋𐤇	𐤀𐤋𐤉𐤅	𐤅𐤉𐤂𐤔	𐤉𐤔𐤓𐤀𐤋	𐤌𐤉𐤌𐤉𐤍	𐤁𐤔𐤌𐤀𐤋𐤅	𐤌𐤍𐤔𐤄
Y-envió	. a-él	e-hizo-acercar	Yisra'El	de-derecha	en-su-izquierda	Menasheh

331 | 891	501	100	716	116	401	541
פרה	ראש	עלה	שית	ימן	את	שרה + אל
אֶפְרַיִם	רֹאשׁ	עַל־	וַיָּשֶׁת	יְמִינוֹ	אֶת־	יִשְׂרָאֵל
Efráyim	*rosh*	*al*	*vayáshet*	*yeminó*	*et*	*Yisra'El*
אפרים	ראש	על	וישת	ימינו	את	ישראל
𐤀𐤐𐤓𐤉𐤌	𐤓𐤀𐤔	𐤏𐤋	𐤅𐤉𐤔𐤕	𐤉𐤌𐤉𐤍𐤅	𐤀𐤕	𐤉𐤔𐤓𐤀𐤋
Efráyim	cabeza-de	sobre	y-colocó	su-derecha	··	Yisra'El

395	501	100	377	407	375	18
נשה	ראש	עלה	שמאל	את	צער	הוא
מְנַשֶּׁה	רֹאשׁ	עַל־	שְׂמֹאלוֹ	וְאֶת־	הַצָּעִיר	וְהוּא
Menasheh	*rosh*	*al*	*smoló*	*ve'et*	*hatsa'ir*	*vehú*
מנשה	ראש	על	שמאלו	ואת	הצעיר	והוא
𐤌𐤍𐤔𐤄	𐤓𐤀𐤔	𐤏𐤋	𐤔𐤌𐤀𐤋𐤅	𐤅𐤀𐤕	𐤄𐤑𐤏𐤉𐤓	𐤅𐤄𐤅𐤀
Menasheh	cabeza-de	sobre	su-izquierda	y-···	el-menor	y-él

48:15

238 | 718	227	395	30	30	401	350
ברך	בכר	נשה	כי	יד	את	שכל
וַיְבָרֶךְ	הַבְּכוֹר׃	מְנַשֶּׁה	כִּי	יָדָיו	אֶת־	שִׂכֵּל
Vayevárej	*. habejor*	*Menasheh*	*ki*	*yadav*	*et*	*sikel*
ויברך	הבכור	מנשה	כי	ידיו	את	שכל
𐤅𐤉𐤁𐤓𐤊	𐤄𐤁𐤊𐤅𐤓	𐤌𐤍𐤔𐤄	𐤊𐤉	𐤉𐤃𐤉𐤅	𐤀𐤕	𐤔𐤊𐤋
Y-bendijo	. el-primogénito primicia	Menasheh	que porque	sus-manos	··	*decidió [actuó con sabiduría]

413	466	501	91 | 651	257	156 | 876	401
אב	הלך	אשר	אלהה	אמר	יסף	את
אֲבֹתַ֑י	הִתְהַלְּכ֨וּ	אֲשֶׁ֩ר	הָאֱלֹהִ֡ים	וַיֹּאמַ֑ר	יוֹסֵ֔ף	אֶת־
avotay	*hithaleju*	*asher*	*ha'elohim*	*vayomar*	*Yosef*	*et*
אבתי	התהלכו	אשר	האלהים	ויאמר	יוסף	את
𐤀𐤁𐤕𐤉	𐤄𐤕𐤄𐤋𐤊𐤅	𐤀𐤔𐤓	𐤄𐤀𐤋𐤄𐤉𐤌	𐤅𐤉𐤀𐤌𐤓	𐤉𐤅𐤎𐤐	𐤀𐤕
mis-padres	anduvieron	que	*ha'elohim* Dios; dioses; magistrados	y-dijo	Yosef	..

130	411	280	91 | 651	214	248 | 808	176
עד	את	רעה	אלהה	צחק	אב + רום + המון	פנה
מֵעוֹדִ֖י	אֹתִי֙	הָרֹעֶ֣ה	הָאֱלֹהִים֙	וְיִצְחָ֔ק	אַבְרָהָ֣ם	לְפָנָיו֙
me'odí	*otí*	*haro'eh*	*ha'elohim*	*veYitsjak*	*Avraham*	*lefanav*
מעודי	אתי	הרעה	האלהים	ויצחק	אברהם	לפניו
𐤌𐤏𐤅𐤃𐤉	𐤀𐤕𐤉	𐤄𐤓𐤏𐤄	𐤄𐤀𐤋𐤄𐤉𐤌	𐤅𐤉𐤑𐤇𐤒	𐤀𐤁𐤓𐤄𐤌	𐤋𐤐𐤍𐤉𐤅
desde-mi-ser	a-mí	el-que-pastorea	*ha'elohim* Dios; dioses; magistrados	y-Yitsjak	Avraham	ante-él presencia; superficie

48:16

90	411	39	96 | 576	17	61 | 621	74
כלל	את	גאל	לאך	זה	יום	עדה
מִכָּל־	אֹתִי֙	הַגֹּאֵ֨ל	הַמַּלְאָ֩ךְ	הַזֶּֽה׃	הַיּ֥וֹם	עַד־
mikol	*otí*	*hago'el*	*Hamalaj*	*. hazeh*	*hayom*	*ad*
מכל	אתי	הגאל	המלאך	הזה	היום	עד
𐤌𐤊𐤋	𐤀𐤕𐤉	𐤄𐤂𐤀𐤋	𐤄𐤌𐤋𐤀𐤊	𐤄𐤆𐤄	𐤄𐤉𐤅𐤌	𐤏𐤃
de-todo	a-mí	el-que-redime	El-mensajero	. el-éste	el-día tiempo [la luz]	hasta

350	47 | 607	317	375 | 935	401	36 | 516	270
שם	הוא	קרא	נער	את	ברך	רעע
שְׁמִ֔י	בָהֶם֙	וְיִקָּרֵ֤א	הַנְּעָרִ֗ים	אֶת־	יְבָרֵךְ֮	רָ֗ע
shmí	*vahem*	*veyikaré*	*hane'arim*	*et*	*yevarej*	*ra*
שמי	בהם	ויקרא	הנערים	את	יברך	רע
𐤔𐤌𐤉	𐤁𐤄𐤌	𐤅𐤉𐤒𐤓𐤀	𐤄𐤍𐤏𐤓𐤉𐤌	𐤀𐤕	𐤉𐤁𐤓𐤊	𐤓𐤏
mi-nombre [ubicación]	en-ellos	y-será-llamado	los-mozos	..	bendiga	mal malo

304	232	29	214	248 | 808	413	346 | 906
קרב	רבה	דגה	צחק	אב + רום + המון	אב	שם
בְּקֶ֥רֶב	לָרֹ֖ב	וְיִדְגּ֥וּ	וְיִצְחָ֑ק	אַבְרָהָ֣ם	אֲבֹתַ֖י	וְשֵׁ֨ם
bekérev	*larov*	*veyidgú*	*veYitsjak*	*Avraham*	*avotay*	*veshem*
בקרב	לרב	וידגו	ויצחק	אברהם	אבתי	ושם
𐤁𐤒𐤓𐤁	𐤋𐤓𐤁	𐤅𐤉𐤃𐤂𐤅	𐤅𐤉𐤑𐤇𐤒	𐤀𐤁𐤓𐤄𐤌	𐤀𐤁𐤕𐤉	𐤅𐤔𐤌
en-interior-de	para-aumentar crecer; multiplicar	y-desoven [multiplicar como pez]	y-Yitsjak	Avraham	mis-padres	y-nombre-de [ubicación]

48:17

<table>
<tr><td>14</td><td>19</td><td>720</td><td>30</td><td>156 | 876</td><td>217</td><td>296 | 1106</td></tr>
<tr><td>יד</td><td>אב</td><td>שית</td><td>כי</td><td>יסף</td><td>ראה</td><td>ארץ</td></tr>
<tr><td>יַד־</td><td>אָבִיו</td><td>יָשִׁית</td><td>כִּי־</td><td>יוֹסֵף</td><td>וַיַּרְא</td><td>הָאָרֶץ׃</td></tr>
<tr><td>yad</td><td>aviv</td><td>yashit</td><td>ki</td><td>Yosef</td><td>Vayar</td><td>. ha'árets</td></tr>
<tr><td>יד</td><td>אביו</td><td>ישית</td><td>כי</td><td>יוסף</td><td>וירא</td><td>הארץ</td></tr>
<tr><td>𐤉𐤃</td><td>𐤀𐤁𐤉𐤅</td><td>𐤉𐤔𐤉𐤕</td><td>𐤊𐤉</td><td>𐤉𐤅𐤎𐤐</td><td>𐤅𐤉𐤓𐤀</td><td>𐤄𐤀𐤓𐤑</td></tr>
<tr><td>mano-de</td><td>su-padre</td><td>colocaba</td><td>que
porque</td><td>Yosef</td><td>Y-vio</td><td>. la-tierra
[la seca]</td></tr>
</table>

<table>
<tr><td>476 | 956</td><td>148</td><td>286</td><td>331 | 891</td><td>501</td><td>100</td><td>116</td></tr>
<tr><td>תמך</td><td>עין</td><td>רעע</td><td>פרה</td><td>ראש</td><td>עלה</td><td>ימן</td></tr>
<tr><td>וַיִּתְמֹךְ</td><td>בְּעֵינָיו</td><td>וַיֵּרַע</td><td>אֶפְרַיִם</td><td>רֹאשׁ</td><td>עַל־</td><td>יְמִינוֹ</td></tr>
<tr><td>vayitmoj</td><td>be'eynav</td><td>vayerá</td><td>Efráyim</td><td>rosh</td><td>al</td><td>yeminó</td></tr>
<tr><td>ויתמך</td><td>בעיניו</td><td>וירע</td><td>אפרים</td><td>ראש</td><td>על</td><td>ימינו</td></tr>
<tr><td>𐤅𐤉𐤕𐤌𐤊</td><td>𐤁𐤏𐤉𐤍𐤉𐤅</td><td>𐤅𐤉𐤓𐤏</td><td>𐤀𐤐𐤓𐤉𐤌</td><td>𐤓𐤀𐤔</td><td>𐤏𐤋</td><td>𐤉𐤌𐤉𐤍𐤅</td></tr>
<tr><td>y-agarró
asir; sostener</td><td>en-sus-ojos</td><td>y-fue-mal</td><td>Efráyim</td><td>cabeza-de</td><td>sobre</td><td>su-derecha</td></tr>
</table>

<table>
<tr><td>331 | 891</td><td>501</td><td>140</td><td>406</td><td>305</td><td>19</td><td>14</td></tr>
<tr><td>פרה</td><td>ראש</td><td>עלה</td><td>את</td><td>סור</td><td>אב</td><td>יד</td></tr>
<tr><td>אֶפְרָיִם</td><td>רֹאשׁ־</td><td>מֵעַל</td><td>אֹתָהּ</td><td>לְהָסִיר</td><td>אָבִיו</td><td>יַד־</td></tr>
<tr><td>Efráyim</td><td>rosh</td><td>me'al</td><td>otah</td><td>lehasir</td><td>aviv</td><td>yad</td></tr>
<tr><td>אפרים</td><td>ראש</td><td>מעל</td><td>אתה</td><td>להסיר</td><td>אביו</td><td>יד</td></tr>
<tr><td>𐤀𐤐𐤓𐤉𐤌</td><td>𐤓𐤀𐤔</td><td>𐤌𐤏𐤋</td><td>𐤀𐤕𐤄</td><td>𐤋𐤄𐤎𐤉𐤓</td><td>𐤀𐤁𐤉𐤅</td><td>𐤉𐤃</td></tr>
<tr><td>Efráyim</td><td>cabeza-de</td><td>de-sobre</td><td>a-ella</td><td>para-quitar</td><td>su-padre</td><td>mano-de</td></tr>
</table>

48:18

<table>
<tr><td>19</td><td>31</td><td>156 | 876</td><td>257</td><td>395</td><td>501</td><td>100</td></tr>
<tr><td>אב</td><td>אלה</td><td>יסף</td><td>אמר</td><td>נשה</td><td>ראש</td><td>עלה</td></tr>
<tr><td>אָבִיו</td><td>אֶל־</td><td>יוֹסֵף</td><td>וַיֹּאמֶר</td><td>מְנַשֶּׁה׃</td><td>רֹאשׁ</td><td>עַל־</td></tr>
<tr><td>aviv</td><td>el</td><td>Yosef</td><td>Vayómer</td><td>. Menasheh</td><td>rosh</td><td>al</td></tr>
<tr><td>אביו</td><td>אל</td><td>יוסף</td><td>ויאמר</td><td>מנשה</td><td>ראש</td><td>על</td></tr>
<tr><td>𐤀𐤁𐤉𐤅</td><td>𐤀𐤋</td><td>𐤉𐤅𐤎𐤐</td><td>𐤅𐤉𐤀𐤌𐤓</td><td>𐤌𐤍𐤔𐤄</td><td>𐤓𐤀𐤔</td><td>𐤏𐤋</td></tr>
<tr><td>su-padre</td><td>a
hacia</td><td>Yosef</td><td>Y-dijo</td><td>. Menasheh</td><td>cabeza-de</td><td>sobre</td></tr>
</table>

<table>
<tr><td>350 | 910</td><td>227</td><td>12</td><td>30</td><td>13</td><td>70 | 720</td><td>31</td></tr>
<tr><td>שים</td><td>בכר</td><td>זה</td><td>כי</td><td>אב</td><td>כן</td><td>לא</td></tr>
<tr><td>שִׂים</td><td>הַבְּכֹר</td><td>זֶה</td><td>כִּי־</td><td>אָבִי</td><td>כֵן</td><td>לֹא־</td></tr>
<tr><td>sim</td><td>habejor</td><td>zeh</td><td>ki</td><td>aví</td><td>jen</td><td>lo</td></tr>
<tr><td>שים</td><td>הבכר</td><td>זה</td><td>כי</td><td>אבי</td><td>כן</td><td>לא</td></tr>
<tr><td>𐤔𐤉𐤌</td><td>𐤄𐤁𐤊𐤓</td><td>𐤆𐤄</td><td>𐤊𐤉</td><td>𐤀𐤁𐤉</td><td>𐤊𐤍</td><td>𐤋𐤀</td></tr>
<tr><td>pon
[ubicación]</td><td>el-primogénito
primicia [escrit. defect.]</td><td>éste</td><td>que
porque</td><td>padre-mío</td><td>así
enderezar; rectamente</td><td>no</td></tr>
</table>

48:19

494	257	19	107 | 757	507	100	130 | 610
ידע	אמר	אב	מאן	ראש	עלה	ימן
יָדַעְתִּי	וַיֹּאמֶר	אָבִיו	וַיְמָאֵן	רֹאשׁוֹ׃	עַל־	יְמִינְךָ
yadati	*vayómer*	*aviv*	*Vayema'én*	*. roshó*	*al*	*yeminja*
ידעתי	ויאמר	אביו	וימאן	ראשו	על	ימינך
𐤉𐤃𐤏𐤕𐤉	𐤅𐤉𐤀𐤌𐤓	𐤀𐤁𐤉𐤅	𐤅𐤉𐤌𐤀𐤍	𐤓𐤀𐤔𐤅	𐤏𐤋	𐤉𐤌𐤉𐤍𐤊
he-conocido	y-dijo	su-padre	Y-rehusó	. su-cabeza	sobre	tu-derecha

49 | 609	140 | 700	30	12	43 | 603	494	62
גם	עמם	היה	הוא	גם	ידע	בנה
וְגַם־	לְעָם	יִהְיֶה־	הוּא	גַּם־	יָדַעְתִּי	בְּנִי
vegam	*le'am*	*yihyeh*	*hu*	*gam*	*yadati*	*vení*
וגם	לעם	יהיה	הוא	גם	ידעתי	בני
𐤅𐤂𐤌	𐤋𐤏𐤌	𐤉𐤄𐤉𐤄	𐤄𐤅𐤀	𐤂𐤌	𐤉𐤃𐤏𐤕𐤉	𐤁𐤍𐤉
y-también	para-pueblo	será	él	también	he-conocido	hijo-mío edificador

136	47	164 | 814	25	83 | 643	47	12
מן	גדל	קטן	אח	אוה	גדל	הוא
מִמֶּנּוּ	יִגְדַּל	הַקָּטֹן	אָחִיו	וְאוּלָם	יִגְדַּל	הוּא
mimenu	*yigdal*	*hakatón*	*ajiv*	*ve'ulam*	*yigdal*	*hu*
ממנו	יגדל	הקטן	אחיו	ואולם	יגדל	הוא
𐤌𐤌𐤍𐤅	𐤉𐤂𐤃𐤋	𐤄𐤒𐤈𐤍	𐤀𐤇𐤉𐤅	𐤅𐤀𐤅𐤋𐤌	𐤉𐤂𐤃𐤋	𐤄𐤅𐤀
más-que-él	crecerá	el-pequeño [no merecer; disminuir]	su-hermano	y-en-cambio	crecerá	él

48:20

17	58 | 618	278 | 838	64 | 624	71	30	289
הוא	יום	ברך	גאה	מלא	היה	זרע
הַהוּא	בַּיּוֹם	וַיְבָרְכֵם	הַגּוֹיִם׃	מְלֹא־	יִהְיֶה	וְזַרְעוֹ
hahú	*bayom*	*Vayevarajem*	*. hagoyim*	*meló*	*yihyeh*	*vezaró*
ההוא	ביום	ויברכם	הגוים	מלא	יהיה	וזרעו
𐤄𐤄𐤅𐤀	𐤁𐤉𐤅𐤌	𐤅𐤉𐤁𐤓𐤊𐤌	𐤄𐤂𐤅𐤉𐤌	𐤌𐤋𐤀	𐤉𐤄𐤉𐤄	𐤅𐤆𐤓𐤏𐤅
el-aquel	en-el-día tiempo [la luz]	Y-les-bendijo	. las-naciones gentil	plenitud-de	será	y-su-simiente semilla

86 | 646	370 | 850	271	541	36 | 516	22 | 502	271
אלהה	שים	אמר	שרה + אל	ברך	·	אמר
אֱלֹהִים	יְשִׂמְךָ	לֵאמֹר	יִשְׂרָאֵל	יְבָרֵךְ	בְּךָ	לֵאמוֹר
Elohim	*yesimja*	*lemor*	*Yisra'El*	*yevarej*	*bejá*	*lemor*
אלהים	ישמך	לאמר	ישראל	יברך	בך	לאמור
𐤀𐤋𐤄𐤉𐤌	𐤉𐤔𐤌𐤊	𐤋𐤀𐤌𐤓	𐤉𐤔𐤓𐤀𐤋	𐤉𐤁𐤓𐤊	𐤁𐤊	𐤋𐤀𐤌𐤅𐤓
elohim Dios; dioses; magistrados	te-ponga [ubicación]	al-decir	Yisra'El	bendecirá	en-ti	al-decir

395	170	331 | 891	401	356 | 916	421	351 | 911
נשה	פנה	פרה	את	שים	נשה	פרה
מְנַשֶּׁה׃	לִפְנֵי	אֶפְרַיִם	אֶת־	וַיָּשֶׂם	וְכִמְנַשֶּׁה	כְּאֶפְרַיִם
. Menasheh	*lifney*	*Efráyim*	*et*	*vayásem*	*vejiMenasheh*	*ke'Efráyim*
מנשה	לפני	אפרים	את	וישם	וכמנשה	כאפרים
𐤌𐤍𐤔𐤄	𐤋𐤐𐤍𐤉	𐤀𐤐𐤓𐤉𐤌	𐤀𐤕	𐤅𐤉𐤔𐤌	𐤅𐤊𐤌𐤍𐤔𐤄	𐤊𐤀𐤐𐤓𐤉𐤌
. Menasheh	ante presencia; superficie	Efráyim	..	y-puso [ubicación]	y-como-Menasheh	como-Efráyim

48:21

440	81	60	156 | 876	31	541	257
מות	אנך	הן	יסף	אלה	שרה + אל	אמר
מֵת	אָנֹכִי	הִנֵּה	יוֹסֵף	אֶל־	יִשְׂרָאֵל	וַיֹּאמֶר
met	*anojí*	*hineh*	*Yosef*	*el*	*Yisra'El*	*Vayómer*
מת	אנכי	הנה	יוסף	אל	ישראל	ויאמר
𐤌𐤕	𐤀𐤍𐤊𐤉	𐤄𐤍𐤄	𐤉𐤅𐤎𐤐	𐤀𐤋	𐤉𐤔𐤓𐤀𐤋	𐤅𐤉𐤀𐤌𐤓
estoy-muriendo	yo	¡Mira! he-aquí	Yosef	a hacia	Yisra'El	Y-dijo

291 | 1101	31	461 | 1021	323	170 | 730	86 | 646	26
ארץ	אלה	את	שוב	עם	אלהה	היה
אֶרֶץ	אֶל־	אֶתְכֶם	וְהֵשִׁיב	עִמָּכֶם	אֱלֹהִים	וְהָיָה
érets	*el*	*etjem*	*veheshiv*	*imajem*	*Elohim*	*vehayah*
ארץ	אל	אתכם	והשיב	עמכם	אלהים	והיה
𐤀𐤓𐤑	𐤀𐤋	𐤀𐤕𐤊𐤌	𐤅𐤄𐤔𐤉𐤁	𐤏𐤌𐤊𐤌	𐤀𐤋𐤄𐤉𐤌	𐤅𐤄𐤉𐤄
tierra-de [la seca]	a hacia	a-vosotros	y-hará-volver	con-vosotros	*elohim* Dios; dioses; magistrados	y-será

48:22

100	13	360 | 920	50 | 530	860	67	473 | 1033
עלה	אחד	שכם	·	נתן	אנך	אב
עַל־	אַחַד	שְׁכֶם	לְךָ	נָתַתִּי	וַאֲנִי	אֲבֹתֵיכֶם׃
al	*ajad*	*shjem*	*lejá*	*natati*	*Va'aní*	*. avoteyjem*
על	אחד	שכם	לך	נתתי	ואני	אבתיכם
𐤏𐤋	𐤀𐤇𐤃	𐤔𐤊𐤌	𐤋𐤊	𐤍𐤕𐤕𐤉	𐤅𐤀𐤍𐤉	𐤀𐤁𐤕𐤉𐤊𐤌
sobre	una único; unido	parte	para-ti	he-dado	Y-yo	. vuestros-padres

818	222	256	54	548	501	39 | 519
קשה	חרב	אמר	יד	לקח	אשר	אח
וּבְקַשְׁתִּי׃	בְּחַרְבִּי	הָאֱמֹרִי	מִיַּד	לָקַחְתִּי	אֲשֶׁר	אַחֶיךָ
. uvekashtí	*bejarbí*	*ha'emorí*	*miyad*	*lakajti*	*asher*	*ajeyja*
ובקשתי	בחרבי	האמרי	מיד	לקחתי	אשר	אחיך
𐤅𐤁𐤒𐤔𐤕𐤉	𐤁𐤇𐤓𐤁𐤉	𐤄𐤀𐤌𐤓𐤉	𐤌𐤉𐤃	𐤋𐤒𐤇𐤕𐤉	𐤀𐤔𐤓	𐤀𐤇𐤉𐤊
. y-con-mi-arco	con-mi-espada	el-emorí	de-mano-de	tomé	que	tus-hermanos

Total de palabras hebreas: 350.
Total de consonantes hebreas: 1355.
Consonantes ausentes: -

49:1

29	152	257	68	31	182	317
נגד	אסף	אמר	בנה	אלה	עקב	קרא
וְאַגִּידָה	הֵאָסְפוּ	וַיֹּאמֶר	בָּנָיו	אֶל־	יַעֲקֹב	וַיִּקְרָא
ve'agidah	*he'asfú*	*vayómer*	*banav*	*el*	*Ya'akov*	*Vayikrá*
ואגידה	האספו	ויאמר	בניו	אל	יעקב	ויקרא
𐤅𐤀𐤂𐤉𐤃𐤄	𐤄𐤀𐤎𐤐𐤅	𐤅𐤉𐤀𐤌𐤓	𐤁𐤍𐤉𐤅	𐤀𐤋	𐤉𐤏𐤒𐤁	𐤅𐤉𐤒𐤓𐤀
y-manifestaré contar; declarar	sed-reunidos cosechar; recoger	y-dijo	sus-hijos edificador	a hacia	Ya'akov	Y-llamó

105 | 665	621	461 | 1021	311	501	401	90 | 650
יום	אחר	את	קרא	אשר	את	·
הַיָּמִים׃	בְּאַחֲרִית	אֶתְכֶם	יִקְרָא	אֲשֶׁר־	אֵת	לָכֶם
. hayamim	*be'ajarit*	*etjem*	*yikrá*	*asher*	*et*	*lajem*
הימים	באחרית	אתכם	יקרא	אשר	את	לכם
𐤄𐤉𐤌𐤉𐤌	𐤁𐤀𐤇𐤓𐤉𐤕	𐤀𐤕𐤊𐤌	𐤉𐤒𐤓𐤀	𐤀𐤔𐤓	𐤀𐤕	𐤋𐤊𐤌
. los-días tiempo [la luz]	en-postreros	con-vosotros	sucederá	que	··	a-vosotros

49:2

541	31	422	182	62	422	203
שרה + אל	אלה	שמע	עקב	בנה	שמע	קבץ
יִשְׂרָאֵל	אֶל־	וְשִׁמְעוּ	יַעֲקֹב	בְּנֵי	וְשִׁמְעוּ	הִקָּבְצוּ
Yisra'El	*el*	*veshimú*	*Ya'akov*	*beney*	*veshimú*	*Hikavtsú*
ישראל	אל	ושמעו	יעקב	בני	ושמעו	הקבצו
𐤉𐤔𐤓𐤀𐤋	𐤀𐤋	𐤅𐤔𐤌𐤏𐤅	𐤉𐤏𐤒𐤁	𐤁𐤍𐤉	𐤅𐤔𐤌𐤏𐤅	𐤄𐤒𐤁𐤑𐤅
Yisra'El	a hacia	y-oíd	Ya'akov	hijos-de edificador	y-oíd	Sed-juntados

49:3

67	917	38	406	232	259 | 909	73 | 633
און	ראש	כוח	את	בכר	ראה + בנה	אב
אוֹנִי	וְרֵאשִׁית	כֹּחִי	אַתָּה	בְּכֹרִי	רְאוּבֵן	אֲבִיכֶם׃
oní	*vereshit*	*kojí*	*atah*	*bejorí*	*Re'uvén*	*. avijem*
אוני	וראשית	כחי	אתה	בכרי	ראובן	אביכם
𐤀𐤅𐤍𐤉	𐤅𐤓𐤀𐤔𐤉𐤕	𐤊𐤇𐤉	𐤀𐤕𐤄	𐤁𐤊𐤓𐤉	𐤓𐤀𐤅𐤁𐤍	𐤀𐤁𐤉𐤊𐤌
mi-vigor [hapax legomenon]	y-principio-de [lo-mejor]	mi-fuerza	tú	mi-primogénito primicia	Re'uvén	. vuestro-padre

49:4

31	110 | 670	95	77	616	701	610
אלה	מי	פחז	עזז	יתר	נשא	יתר
אַל־	כַּמַּיִם	פַּחַז	עָז׃	וְיֶתֶר	שְׂאֵת	יֶתֶר
al	*kamáyim*	*Pájaz*	*. az*	*veyéter*	*set*	*yéter*
אל	כמים	פחז	עז	ויתר	שאת	יתר
𐤀𐤋	𐤊𐤌𐤉𐤌	𐤐𐤇𐤆	𐤏𐤆	𐤅𐤉𐤕𐤓	𐤔𐤀𐤕	𐤉𐤕𐤓
no	como-las-aguas	Impetuoso inestable; indisciplinado	. fuerza	y-prominente	dignidad	prominente

468	8	33 | 513	372	510	30	1006
חלל	אז	אב	שכב	עלה	כי	יתר
חִלַּלְתָּ	אָז	אָבִיךָ	מִשְׁכְּבֵי	עָלִיתָ	כִּי	תּוֹתַר
jilalta	*az*	*avija*	*mishkevey*	*alita*	*ki*	*totar*
חללת	אז	אביך	משכבי	עלית	כי	תותר
𐤇𐤋𐤋𐤕	𐤀𐤆	𐤀𐤁𐤉𐤊	𐤌𐤔𐤊𐤁𐤉	𐤏𐤋𐤉𐤕	𐤊𐤉	𐤕𐤅𐤕𐤓
profanaste	entonces	tu-padre	camas-de	ascendiste	que porque	serás-prominente

49:5

108	60	59 | 619	52	466 | 1116	105	186
חמס	כלה	אח	לוה	שמע	עלה	יצע
חָמָס	כְּלֵי	אַחִים	וְלֵוִי	שִׁמְעוֹן	עָלָה׃	יְצוּעִי
jamás	*keley*	*ajim*	*veLeví*	*Shimón*	*. alah*	*yetsu'í*
חמס	כלי	אחים	ולוי	שמעון	עלה	יצועי
𐤇𐤌𐤎	𐤊𐤋𐤉	𐤀𐤇𐤉𐤌	𐤅𐤋𐤅𐤉	𐤔𐤌𐤏𐤅𐤍	𐤏𐤋𐤄	𐤉𐤑𐤅𐤏𐤉
violencia	objetos-de vasija	hermanos	y-Leví	Shimón	. ascendió	mi-lecho

49:6

31	177 | 737	440	403	31	106 | 666	715 | 1275
אלה	קהל	נפש	בוא	אלה	יסד	מכר
אַל־	בִּקְהָלָם	נַפְשִׁי	תָּבֹא	אַל־	בְּסֹדָם	מְכֵרֹתֵיהֶם׃
al	*bikehalam*	*nafshí*	*tavó*	*al*	*Besodam*	*. mejeroteyhem*
אל	בקהלם	נפשי	תבא	אל	בסדם	מכרתיהם
𐤀𐤋	𐤁𐤒𐤄𐤋𐤌	𐤍𐤐𐤔𐤉	𐤕𐤁𐤀	𐤀𐤋	𐤁𐤎𐤃𐤌	𐤌𐤊𐤓𐤕𐤉𐤄𐤌
no	en-su-asamblea congregación; reunión	mi-alma aliento; garganta; ser	entrará	no	En-su-secreto	. sus-armas

388 | 948	311	214	123 | 683	30	36	412
רצה	איש	הרג	אנף	כי	כבד	יחד
וּבִרְצֹנָם	אִישׁ	הָרְגוּ	בְאַפָּם	כִּי	כְּבֹדִי	תֵּחַד
uvirtsonam	*ish*	*hargú*	*ve'apam*	*ki*	*kevodí*	*tejad*
וברצנם	איש	הרגו	באפם	כי	כבדי	תחד
𐤅𐤁𐤓𐤑𐤍𐤌	𐤀𐤉𐤔	𐤄𐤓𐤂𐤅	𐤁𐤀𐤐𐤌	𐤊𐤉	𐤊𐤁𐤃𐤉	𐤕𐤇𐤃
y-en-su-voluntad arbitrio	varón	mataron	en-su-furor	que porque	mi-peso gloria; riqueza	se-unirá

49:7

718 | 1278	77	30	121 | 681	407	506	376
עבר	עזז	כי	אנף	ארר	שור	עקר
וְעֶבְרָתָם	עָז	כִּי	אַפָּם	אָרוּר	שׁוֹר׃	עִקְּרוּ־
ve'evratam	*az*	*ki*	*apam*	*Arur*	*. shor*	*ikerú*
ועברתם	עז	כי	אפם	ארור	שור	עקרו
𐤅𐤏𐤁𐤓𐤕𐤌	𐤏𐤆	𐤊𐤉	𐤀𐤐𐤌	𐤀𐤓𐤅𐤓	𐤔𐤅𐤓	𐤏𐤒𐤓𐤅
y-su-cólera	fuerte	que porque	su-furor	Maldito [escritura plena]	. buey	arrancaron desjarretar

49:8

30	543	227 | 787	184	179 | 739	805	30
היה + ידה	שרה + אל	פוץ	עקב	חלק	קשה	כי
יְהוּדָ֗ה	בְּיִשְׂרָאֵֽל׃	וַאֲפִיצֵ֖ם	בְּיַֽעֲקֹ֔ב	אֲחַלְּקֵ֣ם	קָשָׁ֑תָה	כִּ֣י
Yehudah	*. beYisra'El*	*va'afitsem*	*beYa'akov*	*ajalékem*	*kashatah*	*ki*
יהודה	בישראל	ואפיצם	ביעקב	אחלקם	קשתה	כי
𐤉𐤄𐤅𐤃𐤄	𐤁𐤉𐤔𐤓𐤀𐤋	𐤅𐤀𐤐𐤉𐤑𐤌	𐤁𐤉𐤏𐤒𐤁	𐤀𐤇𐤋𐤒𐤌	𐤒𐤔𐤕𐤄	𐤊𐤉
Yehudah	. en-Yisra'El	y-los-dispersaré desparramar; esparcir	en-Ya'akov	los-distribuiré dispersar, repartir	fue-dura cruel	que porque

730	43 | 523	352 | 1072	34 | 514	39 | 519	46 | 526	406
שחה	איב	ערף	יד	אח	ידה	את
יִשְׁתַּחֲו֥וּ	אֹֽיְבֶ֑יךָ	בְּעֹ֣רֶף	יָדְךָ֖	אַחֶ֔יךָ	יוֹד֣וּךָ	אַתָּ֗ה
yishtajavú	*oyveyja*	*be'óref*	*yadja*	*ajeyja*	*yoduja*	*atah*
ישתחוו	איביך	בערף	ידך	אחיך	יודוך	אתה
𐤉𐤔𐤕𐤇𐤅𐤅	𐤀𐤉𐤁𐤉𐤊	𐤁𐤏𐤓𐤐	𐤉𐤃𐤊	𐤀𐤇𐤉𐤊	𐤉𐤅𐤃𐤅𐤊	𐤀𐤕𐤄
se-postrarán	tus-enemigos	en-nuca-de cerviz; espalda	tu-mano	tus-hermanos	te-alabarán agradecer; reconocer	tú

49:9

329 | 1049	30	216	209	33 | 513	62	50 | 530
טרף	היה + ידה	ארה	גור	אב	בנה	·
מִטֶּ֖רֶף	יְהוּדָ֔ה	אַרְיֵה֙	גּ֤וּר	אָבִֽיךָ׃	בְּנֵ֥י	לְךָ֛
mitéref	*Yehudah*	*aryeh*	*Gur*	*. avija*	*beney*	*lejá*
מטרף	יהודה	אריה	גור	אביך	בני	לך
𐤌𐤈𐤓𐤐	𐤉𐤄𐤅𐤃𐤄	𐤀𐤓𐤉𐤄	𐤂𐤅𐤓	𐤀𐤁𐤉𐤊	𐤁𐤍𐤉	𐤋𐤊
de-la-presa	Yehudah	león	Cachorro-de	. tu-padre	hijos-de edificador	a-ti

50	69	236	292 | 1102	290	510	62
מי	לבא	ארה	רבץ	כרע	עלה	בנה
מִ֥י	וּכְלָבִ֖יא	כְּאַרְיֵ֛ה	רָבַ֥ץ	כָּרַ֨ע	עָלִ֑יתָ	בְּנִ֖י
mi	*ujlaví*	*ke'aryeh*	*ravats*	*kará*	*alita*	*bení*
מי	וכלביא	כאריה	רבץ	כרע	עלית	בני
𐤌𐤉	𐤅𐤊𐤋𐤁𐤉𐤀	𐤊𐤀𐤓𐤉𐤄	𐤓𐤁𐤑	𐤊𐤓𐤏	𐤏𐤋𐤉𐤕	𐤁𐤍𐤉
¿Quién	y-como-leona	como-león	yació agazapar [esp. animal]	se-agachó	ascendiste	mi-hijo edificador

49:10

102 | 752	254	70	311	276	31	216
בין	חקק	היה + ידה	שבט	סור	לא	קום
מִבֵּ֣ין	וּמְחֹקֵ֖ק	מִֽיהוּדָ֔ה	שֵׁ֙בֶט֙	יָס֥וּר	לֹֽא־	יְקִימֶֽנּוּ׃
mibeyn	*umejokek*	*miYehudah*	*shévet*	*yasur*	*Lo*	*. yekimenu*
מבין	ומחקק	מיהודה	שבט	יסור	לא	יקימנו
𐤌𐤁𐤉𐤍	𐤅𐤌𐤇𐤒𐤒	𐤌𐤉𐤄𐤅𐤃𐤄	𐤔𐤁𐤈	𐤉𐤎𐤅𐤓	𐤋𐤀	𐤉𐤒𐤉𐤌𐤍𐤅
de-entre	y-legislador cetro; gobernante	de-Yehudah	cetro tribu; vara; vástago	se-apartará	No	. lo-levantará

515	42	45	19	30	74	249
יקה	הוא	שלה	בוא	כי	עד	רגל
יִקְּהַת	וְלוֹ	שִׁילֹה	יָבֹא	כִּי־	עַד	רַגְלָיו
yikehat	*veló*	*Shiloh*	*yavó*	*ki*	*ad*	*raglav*
יקהת	ולו	שילה	יבא	כי	עד	רגליו
𐤉𐤒𐤄𐤕	𐤅𐤋𐤅	𐤔𐤉𐤋𐤄	𐤉𐤁𐤀	𐤊𐤉	𐤏𐤃	𐤓𐤂𐤋𐤉𐤅
obediencia-de	y-a-él	Shiloh	venga entrar	que porque	hasta	sus-pies

49:11

457	62	641	285	163 | 813	271	160 | 720
אתן	בנה	שרק	עיר	גפן	אסר	עמם
אֲתֹנוֹ	בְּנִי	וְלַשֹּׂרֵקָה	עִירֹה	לַגֶּפֶן	אֹסְרִי	עַמִּים׃
atonó	*bení*	*velasorekah*	*iroh*	*lagéfen*	*Osrí*	*. amim*
אתנו	בני	ולשרקה	עירה	לגפן	אסרי	עמים
𐤀𐤕𐤍𐤅	𐤁𐤍𐤉	𐤅𐤋𐤔𐤓𐤒𐤄	𐤏𐤉𐤓𐤄	𐤋𐤂𐤐𐤍	𐤀𐤎𐤓𐤉	𐤏𐤌𐤉𐤌
su-asna	hijo-de edificador	y-a-su-vid [de uvas rojas; especial]	su-pollino	a-la-vid [silvestre]	Atando	. pueblos

49:12

108	471	172 | 732	52 | 612	338	72 | 722	82
חכלל	סות	ענב	דמם	לבש	יין	כבס
חַכְלִילִי	סוּתֹה׃	עֲנָבִים	וּבְדַם־	לְבֻשׁוֹ	בַּיַּיִן	כִּבֵּס
Jajlilí	*. sutoh*	*anavim*	*uvedam*	*levushó*	*bayayín*	*kibés*
חכלילי	סותה	ענבים	ובדם	לבשו	ביין	כבס
𐤇𐤊𐤋𐤉𐤋𐤉	𐤎𐤅𐤕𐤄	𐤏𐤍𐤁𐤉𐤌	𐤅𐤁𐤃𐤌	𐤋𐤁𐤔𐤅	𐤁𐤉𐤉𐤍	𐤊𐤁𐤎
Enrojecidos	. su-ropa	uvas	y-en-sangre-de	su-vestido	en-el-vino	lavó

49:13

124 | 844	95 | 745	80	400 | 960	88 | 738	110 | 760	180 | 740
·	זבל	חלב	שן	לבן	יין	עין
לְחוֹף	זְבוּלֻן	מֵחָלָב׃	שִׁנַּיִם	וּלְבֶן־	מִיָּיִן	עֵינַיִם
lejof	*Zevulún*	*. mejalav*	*shináyim*	*ulevén*	*miyayín*	*eynáyim*
לחוף	זבולן	מחלב	שנים	ולבן	מיין	עינים
𐤋𐤇𐤅𐤐	𐤆𐤁𐤅𐤋𐤍	𐤌𐤇𐤋𐤁	𐤔𐤍𐤉𐤌	𐤅𐤋𐤁𐤍	𐤌𐤉𐤉𐤍	𐤏𐤉𐤍𐤉𐤌
para-puerto-de	Zevulún	. de-leche	dientes	y-blancos	de-vino	ojos

100	642	467	124 | 844	18	380 | 1030	100 | 660
עלה	ירך	אנה	·	הוא	שכן	ימם
עַל־	וְיַרְכָתוֹ	אֳנִיּוֹת	לְחוֹף	וְהוּא	יִשְׁכֹּן	יַמִּים
al	*veyarjató*	*oniyot*	*lejof*	*vehú*	*yishkón*	*yamim*
על	וירכתו	אניות	לחוף	והוא	ישכן	ימים
𐤏𐤋	𐤅𐤉𐤓𐤊𐤕𐤅	𐤀𐤍𐤉𐤅𐤕	𐤋𐤇𐤅𐤐	𐤅𐤄𐤅𐤀	𐤉𐤔𐤊𐤍	𐤉𐤌𐤉𐤌
sobre	y-su-extremo	naves	para-puerto-de	y-él	acampará asentar; posar	mares [el *mikveh*]

49:14

875 | 1435	62 | 712	292 | 1102	243 | 803	248	830	154 | 804
שפה	בין	רבץ	גרם	חמר	שכר	צוד
הַמִּשְׁפְּתָיִם׃	בֵּין	רֹבֵץ	גָּרֶם	חֲמֹר	יִשָּׂשכָר	צִידֹן׃
. hamishpetáyim	*beyn*	*rovets*	*gárem*	*jamor*	*Yisasjar*	*. Tsidón*
המשפתים	בין	רבץ	גרם	חמר	יששכר	צידן
𐤄𐤌𐤔𐤐𐤕𐤉𐤌	𐤁𐤉𐤍	𐤓𐤁𐤑	𐤂𐤓𐤌	𐤇𐤌𐤓	𐤉𐤔𐤔𐤊𐤓	𐤑𐤉𐤃𐤍
. las-alforjas	entre	yaciendo agazapar [esp. animal]	hueso [robusto]	asno-de	Yisasjar	. Tsidón

49:15

30	296 | 1106	407	17	30	103	217
כי	ארץ	את	טוב	כי	נוח	ראה
כִּי	הָאָרֶץ	וְאֶת־	טוֹב	כִּי	מְנֻחָה	וַיַּרְא
ki	*ha'árets*	*ve'et*	*tov*	*ki*	*menujah*	*Vayar*
כי	הארץ	ואת	טוב	כי	מנחה	וירא
𐤊𐤉	𐤄𐤀𐤓𐤑	𐤅𐤀𐤕	𐤈𐤅𐤁	𐤊𐤉	𐤌𐤍𐤇𐤄	𐤅𐤉𐤓𐤀
que porque	la-tierra [la seca]	y-···	bueno bien; hermoso	que porque	descanso	Y-vio

76	130	31	122	366	25	165
עבד	מסס	היה	סבל	שכם	נטה	נעם
עֹבֵד׃	לְמַס־	וַיְהִי	לִסְבֹּל	שִׁכְמוֹ	וַיֵּט	נָעֵמָה
. oved	*lemas*	*vayehí*	*lisbol*	*shijmó*	*vayet*	*na'emah*
עבד	למס	ויהי	לסבל	שכמו	ויט	נעמה
𐤏𐤁𐤃	𐤋𐤌𐤎	𐤅𐤉𐤄𐤉	𐤋𐤎𐤁𐤋	𐤔𐤊𐤌𐤅	𐤅𐤉𐤈	𐤍𐤏𐤌𐤄
. siervo	para-trabajo-de [forzado; tributo]	y-fue	para-cargar	su-cuello hombro	y-extendió	era-placentera

49:17 | 49:16

25	541	321	33	116	74 | 724	54 | 704
היה	שרה + אל	שבט	אחד	עמם	דין	דין
יְהִי־	יִשְׂרָאֵל׃	שִׁבְטֵי	כְּאַחַד	עַמּוֹ	יָדִין	דָּן
Yehí	*. Yisra'El*	*shivtey*	*ke'ajad*	*amó*	*yadín*	*Dan*
יהי	ישראל	שבטי	כאחד	עמו	ידין	דן
𐤉𐤄𐤉	𐤉𐤔𐤓𐤀𐤋	𐤔𐤁𐤈𐤉	𐤊𐤀𐤇𐤃	𐤏𐤌𐤅	𐤉𐤃𐤉𐤍	𐤃𐤍
Será	. Yisra'El	tribus-de cetro; vara; vástago	como-una-de único; unido	su-pueblo	juzgará	Dan

209	110	520 | 1170	224 | 704	110	358	54 | 704
ארח	עלה	·	דרך	עלה	נחש	דין
אֳרַח	עֲלֵי־	שְׁפִיפֹן	דֶּרֶךְ	עֲלֵי־	נָחָשׁ	דָּן
oraj	*aley*	*shfifón*	*dérej*	*aley*	*najash*	*Dan*
ארח	עלי	שפיפן	דרך	עלי	נחש	דן
𐤀𐤓𐤇	𐤏𐤋𐤉	𐤔𐤐𐤉𐤐𐤍	𐤃𐤓𐤊	𐤏𐤋𐤉	𐤍𐤇𐤔	𐤃𐤍
sendero	junto-a	víbora [hapax legomenon]	camino	junto-a	ofidio [saurio]	Dan

49:18

836	1316	215	228	126	126	182	375	855
ישע	אחר	רכב	נפל	סוס	עקב	נשך
לִֽישׁוּעָתְךָ	אָחֽוֹר׃	רֹכְבוֹ	וַיִּפֹּל	סוּס	עִקְּבֵי־	הַנֹּשֵׁךְ
Lishu'atja	*. ajor*	*rojvó*	*vayipol*	*sus*	*ikevey*	*hanóshej*
לישועתך	אחור	רכבו	ויפל	סוס	עקבי	הנשך
𐤋𐤉𐤔𐤅𐤏𐤕𐤊	𐤀𐤇𐤅𐤓	𐤓𐤊𐤁𐤅	𐤅𐤉𐤐𐤋	𐤎𐤅𐤎	𐤏𐤒𐤁𐤉	𐤄𐤍𐤔𐤊
A-tu-salvación liberación; victoria	. hacia-atrás	su-jinete	y-cayó	caballo	talones-de [sujetar; suplantar]	la-que-muerde

49:19

17	18	79	17	7	26	526
גוד	הוא	גוד	גדד	גוד	היה	קוה
יָגֻד	וְהוּא	יְגוּדֶנּוּ	גְּדוּד	גָּד	יְהוָה׃	קִוִּיתִי
yagud	*vehú*	*yegudenu*	*gedud*	*Gad*	*. YHVH*	*kiviti*
יגד	והוא	יגודנו	גדוד	גד	יהוה	קויתי
𐤉𐤂𐤃	𐤅𐤄𐤅𐤀	𐤉𐤂𐤅𐤃𐤍𐤅	𐤂𐤃𐤅𐤃	𐤂𐤃	𐤉𐤄𐤅𐤄	𐤒𐤅𐤉𐤕𐤉
atacará	y-él	le-atacará	tropa banda-armada	Gad	. YHVH	esperé celebrar; reunir

49:20

174	460	1110	18	84	395	541	172
עדן	נתן	הוא	לחם	שמן	אשר	עקב
מַעֲדַנֵּי־	יִתֵּן	וְהוּא	לַחְמוֹ	שְׁמֵנָה	מֵאָשֵׁר	עָקֵב׃
ma'adaney	*yitén*	*vehú*	*lajmó*	*shmenah*	*Me'Asher*	*. akev*
מעדני	יתן	והוא	לחמו	שמנה	מאשר	עקב
𐤌𐤏𐤃𐤍𐤉	𐤉𐤕𐤍	𐤅𐤄𐤅𐤀	𐤋𐤇𐤌𐤅	𐤔𐤌𐤍𐤄	𐤌𐤀𐤔𐤓	𐤏𐤒𐤁
delicias-de deleite; placer	dará	y-él	su-pan [alimento básico]	suculento	De-Asher	. talón [sujetar; suplantar]

49:21

580	251	505	1155	343	46	570	90	570
שפר	אמר	נתן	שלח	אול	פתל	מלך
שָׁפֶר׃	אִמְרֵי־	הַנֹּתֵן	שְׁלֻחָה	אַיָּלָה	נַפְתָּלִי	מֶלֶךְ׃
. shafer	*imrey*	*hanotén*	*shlujah*	*ayalah*	*Naftalí*	*. mélej*
שפר	אמרי	הנתן	שלחה	אילה	נפתלי	מלך
𐤔𐤐𐤓	𐤀𐤌𐤓𐤉	𐤄𐤍𐤕𐤍	𐤔𐤋𐤇𐤄	𐤀𐤉𐤋𐤄	𐤍𐤐𐤕𐤋𐤉	𐤌𐤋𐤊
. hermosura belleza	dichos-de crías-de-venado	el-que-da	enviada	cierva	Naftalí	. rey

49:22

130	780	110	680	52	702	156	876	680	52	702
עין	עלה	פרה	בנה	יסף	פרה	בנה
עָיִן	עֲלֵי־	פֹּרָת	בֵּן	יוֹסֵף	פֹּרָת	בֵּן
ayin	*aley*	*porat*	*ben*	*Yosef*	*porat*	*Ben*
עין	עלי	פרת	בן	יוסף	פרת	בן
𐤏𐤉𐤍	𐤏𐤋𐤉	𐤐𐤓𐤕	𐤁𐤍	𐤉𐤅𐤎𐤐	𐤐𐤓𐤕	𐤁𐤍
fuente	junto-a	fructífero multiplicado; fecundo	hijo edificador	Yosef	fructífero multiplicado; fecundo	Hijo edificador

49:23

<table>
<tr><td>376</td><td>214</td><td>467</td><td>506</td><td>110</td><td>169</td><td>458</td></tr>
<tr><td>שטם</td><td>רבב</td><td>מרר</td><td>שור</td><td>עלה</td><td>צעד</td><td>בנה</td></tr>
<tr><td>וַיִּשְׂטְמֻהוּ</td><td>וָרֹבּוּ</td><td>וַיְמָרְרֻהוּ</td><td>שׁוּר׃</td><td>עֲלֵי־</td><td>צָעֲדָה</td><td>בָּנוֹת</td></tr>
<tr><td>vayistemuhu</td><td>varobú</td><td>Vayemararuhu</td><td>. shur</td><td>aley</td><td>tsa'adah</td><td>banot</td></tr>
<tr><td>וישטמהו</td><td>ורבו</td><td>וימררהו</td><td>שור</td><td>עלי</td><td>צעדה</td><td>בנות</td></tr>
<tr><td>𐤅𐤉𐤔𐤈𐤌𐤄𐤅</td><td>𐤅𐤓𐤁𐤅</td><td>𐤅𐤉𐤌𐤓𐤓𐤄𐤅</td><td>𐤔𐤅𐤓</td><td>𐤏𐤋𐤉</td><td>𐤑𐤏𐤃𐤄</td><td>𐤁𐤍𐤅𐤕</td></tr>
<tr><td>y-le-acecharon</td><td>y-asaetearon</td><td>Y-le-amargaron</td><td>. muro</td><td>junto-a</td><td>paseaban</td><td>hijas</td></tr>
</table>

49:24

<table>
<tr><td>287</td><td>109</td><td>806</td><td>463 | 1113</td><td>708</td><td>148 | 708</td><td>112</td></tr>
<tr><td>זרע</td><td>פזז</td><td>קשה</td><td>אית</td><td>ישב</td><td>חצץ</td><td>בעל</td></tr>
<tr><td>זְרֹעֵי</td><td>וַיָּפֹזּוּ</td><td>קַשְׁתּוֹ</td><td>בְּאֵיתָן</td><td>וַתֵּשֶׁב</td><td>חִצִּים׃</td><td>בַּעֲלֵי</td></tr>
<tr><td>zero'ey</td><td>vayafozú</td><td>kashtó</td><td>be'eytán</td><td>Vatéshev</td><td>. jitsim</td><td>ba'aley</td></tr>
<tr><td>זרעי</td><td>ויפזו</td><td>קשתו</td><td>באיתן</td><td>ותשב</td><td>חצים</td><td>בעלי</td></tr>
<tr><td>𐤆𐤓𐤏𐤉</td><td>𐤅𐤉𐤐𐤆𐤅</td><td>𐤒𐤔𐤕𐤅</td><td>𐤁𐤀𐤉𐤕𐤍</td><td>𐤅𐤕𐤔𐤁</td><td>𐤇𐤑𐤉𐤌</td><td>𐤁𐤏𐤋𐤉</td></tr>
<tr><td>fuerzas-de
brazo; poder</td><td>y-fueron-ágiles</td><td>su-arco</td><td>con-firmeza</td><td>Y-asentó</td><td>. saetas</td><td>señores-de
aliado; marido</td></tr>
</table>

<table>
<tr><td>53 | 703</td><td>275</td><td>380 | 940</td><td>182</td><td>213</td><td>64</td><td>30</td></tr>
<tr><td>בנה</td><td>רעה</td><td>שם</td><td>עקב</td><td>אבר</td><td>יד</td><td>יד</td></tr>
<tr><td>אֶבֶן</td><td>רֹעֶה</td><td>מִשָּׁם</td><td>יַעֲקֹב</td><td>אֲבִיר</td><td>מִידֵי</td><td>יָדָיו</td></tr>
<tr><td>éven</td><td>ro'eh</td><td>misham</td><td>Ya'akov</td><td>avir</td><td>midey</td><td>yadav</td></tr>
<tr><td>אבן</td><td>רעה</td><td>משם</td><td>יעקב</td><td>אביר</td><td>מידי</td><td>ידיו</td></tr>
<tr><td>𐤀𐤁𐤍</td><td>𐤓𐤏𐤄</td><td>𐤌𐤔𐤌</td><td>𐤉𐤏𐤒𐤁</td><td>𐤀𐤁𐤉𐤓</td><td>𐤌𐤉𐤃𐤉</td><td>𐤉𐤃𐤉𐤅</td></tr>
<tr><td>piedra-de</td><td>pastoreando
apacentar</td><td>de-allí
[ubicación]</td><td>Ya'akov</td><td>fuerte-de</td><td>de-manos-de</td><td>sus-manos</td></tr>
</table>

49:25

<table>
<tr><td>258 | 738</td><td>314</td><td>407</td><td>313 | 793</td><td>33 | 513</td><td>71</td><td>541</td></tr>
<tr><td>ברך</td><td>שדד</td><td>את</td><td>עזר</td><td>אב</td><td>·</td><td>שרה + אל</td></tr>
<tr><td>וִיבָרְכֶךָּ</td><td>שַׁדַּי</td><td>וְאֵת</td><td>וְיַעְזְרֶךָּ</td><td>אָבִיךָ</td><td>מֵאֵל</td><td>יִשְׂרָאֵל׃</td></tr>
<tr><td>vivarjeka</td><td>shaday</td><td>ve'et</td><td>veyazereja</td><td>avija</td><td>Me'El</td><td>. Yisra'El</td></tr>
<tr><td>ויברכך</td><td>שדי</td><td>ואת</td><td>ויעזרך</td><td>אביך</td><td>מאל</td><td>ישראל</td></tr>
<tr><td>𐤅𐤉𐤁𐤓𐤊𐤊</td><td>𐤔𐤃𐤉</td><td>𐤅𐤀𐤕</td><td>𐤅𐤉𐤏𐤆𐤓𐤊</td><td>𐤀𐤁𐤉𐤊</td><td>𐤌𐤀𐤋</td><td>𐤉𐤔𐤓𐤀𐤋</td></tr>
<tr><td>y-te-bendecirá</td><td>shaday</td><td>y-···</td><td>y-te-ayudará</td><td>tu-padre</td><td>De-El</td><td>. Yisra'El</td></tr>
</table>

<table>
<tr><td>808</td><td>692</td><td>445 | 1011</td><td>622</td><td>140</td><td>390 | 950</td><td>622</td></tr>
<tr><td>תחת</td><td>רבץ</td><td>תהם</td><td>ברך</td><td>עלה</td><td>שם + מי</td><td>ברך</td></tr>
<tr><td>תָּחַת</td><td>רֹבֶצֶת</td><td>תְּהוֹם</td><td>בִּרְכֹת</td><td>מֵעָל</td><td>שָׁמַיִם</td><td>בִּרְכֹת</td></tr>
<tr><td>tájat</td><td>rovétset</td><td>tehom</td><td>birjot</td><td>me'al</td><td>shamáyim</td><td>birjot</td></tr>
<tr><td>תחת</td><td>רבצת</td><td>תהום</td><td>ברכת</td><td>מעל</td><td>שמים</td><td>ברכת</td></tr>
<tr><td>𐤕𐤇𐤕</td><td>𐤓𐤁𐤑𐤕</td><td>𐤕𐤄𐤅𐤌</td><td>𐤁𐤓𐤊𐤕</td><td>𐤌𐤏𐤋</td><td>𐤔𐤌𐤉𐤌</td><td>𐤁𐤓𐤊𐤕</td></tr>
<tr><td>debajo</td><td>yaciendo
agazapar [esp. animal]</td><td>abismo</td><td>bendiciones-de</td><td>de-sobre</td><td>cielos
[el firmamento]</td><td>bendiciones-de</td></tr>
</table>

49:26

100	211	33 | 513	622	254 | 814	354 | 914	622
עלה	גבר	אב	ברך	רחם	שד	ברך
עַל־	גָּבְרוּ֙	אָבִ֗יךָ	בִּרְכֹ֣ת	וָרָֽחַם׃	שָׁדַ֥יִם	בִּרְכֹ֖ת
al	*govrú*	*avija*	*Birjot*	*. varájam*	*shadáyim*	*birjot*
על	גברו	אביך	ברכת	ורחם	שדים	ברכת
𐤏𐤋	𐤂𐤁𐤓𐤅	𐤀𐤁𐤉𐤊	𐤁𐤓𐤊𐤕	𐤅𐤓𐤇𐤌	𐤔𐤃𐤉𐤌	𐤁𐤓𐤊𐤕
sobre	prevalecieron	tu-padre	Bendiciones-de	. y-vientre vulva	pechos	bendiciones-de

475 | 1125	146 | 706	475	807	74	221	622
היה	עלם	גבע	תאה	עד	הרה	ברך
תִּֽהְיֶ֙יןָ֙	עוֹלָ֑ם	גִּבְעֹ֣ת	תַּאֲוַ֖ת	עַד־	הוֹרַ֔י	בִּרְכֹ֣ת
tihyeyn	*olam*	*givot*	*ta'avat*	*ad*	*horay*	*birjot*
תהיין	עולם	גבעת	תאות	עד	הורי	ברכת
𐤕𐤄𐤉𐤉𐤍	𐤏𐤅𐤋𐤌	𐤂𐤁𐤏𐤕	𐤕𐤀𐤅𐤕	𐤏𐤃	𐤄𐤅𐤓𐤉	𐤁𐤓𐤊𐤕
serán	siempre [*olam* = está escondido]	colinas	límite-de	hasta	mis-ancestros	bendiciones-de

49:27

10	162 | 812	25	267	244	156 | 876	531
זאב	בנה + ימן	אח	נזר	קדד	יסף	ראש
זְאֵ֣ב	בִּנְיָמִין֙	אֶחָֽיו׃	נְזִ֥יר	וּלְקָדְקֹ֖ד	יוֹסֵ֔ף	לְרֹ֣אשׁ
ze'ev	*Binyamín*	*. ejav*	*nezir*	*ulekodkod*	*Yosef*	*lerosh*
זאב	בנימין	אחיו	נזיר	ולקדקד	יוסף	לראש
𐤆𐤀𐤁	𐤁𐤍𐤉𐤌𐤉𐤍	𐤀𐤇𐤉𐤅	𐤍𐤆𐤉𐤓	𐤅𐤋𐤒𐤃𐤒𐤃	𐤉𐤅𐤎𐤐	𐤋𐤓𐤀𐤔
lobo	Binyamín	. sus-hermanos	nazareo-de [vid sin podar]	y-para-coronilla-de	Yosef	para-cabeza-de

360	148	308	74	61	304	299 | 1019
שלל	חלק	ערב	עד	אכל	בקר	טרף
שָׁלָֽל׃	יְחַלֵּ֥ק	וְלָעֶ֖רֶב	עַ֑ד	יֹ֣אכַל	בַּבֹּ֖קֶר	יִטְרָ֔ף
. shalal	*yejalek*	*vela'érev*	*ad*	*yojal*	*babóker*	*yitraf*
שלל	יחלק	ולערב	עד	יאכל	בבקר	יטרף
𐤔𐤋𐤋	𐤉𐤇𐤋𐤒	𐤅𐤋𐤏𐤓𐤁	𐤏𐤃	𐤉𐤀𐤊𐤋	𐤁𐤁𐤒𐤓	𐤉𐤈𐤓𐤐
. despojo botín	repartirá	y-a-la-tarde anochecer; crepúsculo	presa botín [por siempre]	comerá	por-la-mañana	despedazador

49:28

414	570	400 | 960	541	321	36	50
זה	עשר	שנה	שרה + אל	שבט	אלה	כלל
וְזֹ֞את	עָשָׂ֑ר	שְׁנֵ֣ים	יִשְׂרָאֵ֖ל	שִׁבְטֵ֥י	אֵ֛לֶּה	כָּל־
vezot	*asar*	*shneym*	*Yisra'El*	*shivtey*	*éleh*	*Kol*
וזאת	עשר	שנים	ישראל	שבטי	אלה	כל
𐤅𐤆𐤀𐤕	𐤏𐤔𐤓	𐤔𐤍𐤉𐤌	𐤉𐤔𐤓𐤀𐤋	𐤔𐤁𐤈𐤉	𐤀𐤋𐤄	𐤊𐤋
y-esto	diez	dos	Yisra'El	tribus-de cetro; vara; vástago	éstas	Todas

311	447 | 1007	238 | 718	58 | 618	75 | 635	206	501
איש	את	ברך	אב	הוא	דבר	אשר
אִ֔ישׁ	אוֹתָ֑ם	וַיְבָ֣רֶךְ	אֲבִיהֶם֙	לָהֶ֤ם	דִּבֶּ֨ר	אֲשֶׁר־
ish	*otam*	*vayevárej*	*avihem*	*lahem*	*diber*	*asher*
איש	אותם	ויברך	אביהם	להם	דבר	אשר
𐤀𐤉𐤔	𐤀𐤅𐤕𐤌	𐤅𐤉𐤁𐤓𐤊	𐤀𐤁𐤉𐤄𐤌	𐤋𐤄𐤌	𐤃𐤁𐤓	𐤀𐤔𐤓
varón [cada uno]	a-ellos [escritura plena]	y-bendijo	su-padre	a-ellos	habló	que

49:29

257	447 | 1007	112	441 | 1001	222 | 702	648	501
אמר	את	צוה	את	ברך	ברך	אשר
וַיֹּ֣אמֶר	אוֹתָ֔ם	וַיְצַ֣ו	אֹתָֽם׃	בֵּרַ֥ךְ	כְּבִרְכָת֖וֹ	אֲשֶׁ֥ר
vayómer	*otam*	*Vayetsav*	*. otam*	*beraj*	*kevirjató*	*asher*
ויאמר	אותם	ויצו	אתם	ברך	כברכתו	אשר
𐤅𐤉𐤀𐤌𐤓	𐤀𐤅𐤕𐤌	𐤅𐤉𐤑𐤅	𐤀𐤕𐤌	𐤁𐤓𐤊	𐤊𐤁𐤓𐤊𐤕𐤅	𐤀𐤔𐤓
y-dijo	a-ellos [escritura plena]	Y-mandó	. a-ellos	bendijo	como-su-bendición	que

411	308	120	31	191 | 911	61	76 | 636
את	קבר	עמם	אלה	אסף	אנך	אלה
אֹתִ֖י	קִבְר֥וּ	עַמִּ֑י	אֶל־	נֶאֱסָ֣ף	אֲנִי֙	אֲלֵהֶ֗ם
otí	*kivrú*	*amí*	*el*	*ne'esaf*	*aní*	*aléhem*
אתי	קברו	עמי	אל	נאסף	אני	אלהם
𐤀𐤕𐤉	𐤒𐤁𐤓𐤅	𐤏𐤌𐤉	𐤀𐤋	𐤍𐤀𐤎𐤐	𐤀𐤍𐤉	𐤀𐤋𐤄𐤌
a-mí	sepultad	mi-pueblo	a hacia	estoy-siendo-reunido cosechar; recoger	yo	a-ellos

406 | 1056	311	501	320	31	413	31
עפר	שדה	אשר	עור	אלה	אב	אלה
עֶפְר֥וֹן	בִּשְׂדֵ֖ה	אֲשֶׁ֥ר	הַמְּעָרָ֕ה	אֶל־	אֲבֹתָ֑י	אֶל־
Efrón	*bisdeh*	*asher*	*hame'arah*	*el*	*avotay*	*el*
עפרון	בשדה	אשר	המערה	אל	אבתי	אל
𐤏𐤐𐤓𐤅𐤍	𐤁𐤔𐤃𐤄	𐤀𐤔𐤓	𐤄𐤌𐤏𐤓𐤄	𐤀𐤋	𐤀𐤁𐤕𐤉	𐤀𐤋
Efrón	en-el-campo-de	que	la-cueva	a hacia	mis-padres	a hacia

49:30

100	501	180	311	501	317	423
עלה	אשר	כפל	שדה	אשר	עור	חתת
עַל־	אֲשֶׁ֥ר	הַמַּכְפֵּלָ֖ה	בִּשְׂדֵ֥ה	אֲשֶׁ֨ר	בַּמְּעָרָ֞ה	הַחִתִּֽי׃
al	*asher*	*haMajpelah*	*bisdeh*	*asher*	*Bame'arah*	*. hajití*
על	אשר	המכפלה	בשדה	אשר	במערה	החתי
𐤏𐤋	𐤀𐤔𐤓	𐤄𐤌𐤊𐤐𐤋𐤄	𐤁𐤔𐤃𐤄	𐤀𐤔𐤓	𐤁𐤌𐤏𐤓𐤄	𐤄𐤇𐤕𐤉
sobre	que	la-Majpelah	en-el-campo-de	que	En-la-cueva	. el-jití

248 | 808	155	501	190 | 840	293 | 1103	281	140
אב + רם + המון	קנה	אשר	כנע	ארץ	מרא	פנה
אַבְרָהָם	קָנָה	אֲשֶׁר	כְּנָעַן	בְּאֶרֶץ	מַמְרֵא	פְּנֵי־
Avraham	*kanah*	*asher*	*Kena'an*	*be'érets*	*Mamré*	*peney*
אברהם	קנה	אשר	כנען	בארץ	ממרא	פני
𐤀𐤁𐤓𐤄𐤌	𐤒𐤍𐤄	𐤀𐤔𐤓	𐤊𐤍𐤏𐤍	𐤁𐤀𐤓𐤑	𐤌𐤌𐤓𐤀	𐤐𐤍𐤉
Avraham	adquirió comprar	que	Kena'an	en-tierra-de [la seca]	Mamré	faces-de presencia; superficie

302	446	423	406 | 1056	441	314	401
קבר	אחז	חתת	עפר	את	שדה	את
קָבֶר׃	לַאֲחֻזַּת־	הַחִתִּי	עֶפְרֹן	מֵאֵת	הַשָּׂדֶה	אֶת־
. kaver	*la'ajuzat*	*hajití*	*Efrón*	*me'et*	*hasadeh*	*et*
קבר	לאחזת	החתי	עפרן	מאת	השדה	את
𐤒𐤁𐤓	𐤋𐤀𐤇𐤆𐤕	𐤄𐤇𐤕𐤉	𐤏𐤐𐤓𐤍	𐤌𐤀𐤕	𐤄𐤔𐤃𐤄	𐤀𐤕
. sepultura	para-posesión-de propiedad	el-jití	Efrón	de···	el-campo	··

49:31

707	505	407	248 | 808	401	308	345
איש	שרר	את	אב + רם + המון	את	קבר	שם
אִשְׁתּוֹ	שָׂרָה	וְאֵת	אַבְרָהָם	אֶת־	קָבְרוּ	שָׁמָּה
ishtó	*Sarah*	*ve'et*	*Avraham*	*et*	*kavrú*	*Shamah*
אשתו	שרה	ואת	אברהם	את	קברו	שמה
𐤀𐤔𐤕𐤅	𐤔𐤓𐤄	𐤅𐤀𐤕	𐤀𐤁𐤓𐤄𐤌	𐤀𐤕	𐤒𐤁𐤓𐤅	𐤔𐤌𐤄
su-varona	Sarah	y-···	Avraham	··	sepultaron	Allí [ubicación]

707	307	407	208	401	308	345
איש	רבק	את	צחק	את	קבר	שם
אִשְׁתּוֹ	רִבְקָה	וְאֵת	יִצְחָק	אֶת־	קָבְרוּ	שָׁמָּה
ishtó	*Rivkah*	*ve'et*	*Yitsjak*	*et*	*kavrú*	*shamah*
אשתו	רבקה	ואת	יצחק	את	קברו	שמה
𐤀𐤔𐤕𐤅	𐤓𐤁𐤒𐤄	𐤅𐤀𐤕	𐤉𐤑𐤇𐤒	𐤀𐤕	𐤒𐤁𐤓𐤅	𐤔𐤌𐤄
su-varona	Rivkah	y-···	Yitsjak	··	sepultaron	allí [ubicación]

49:32

326	314	195	36	401	712	351
עור	שדה	קנה	לאה	את	קבר	שם
וְהַמְּעָרָה	הַשָּׂדֶה	מִקְנֵה	לֵאָה׃	אֶת־	קָבַרְתִּי	וְשָׁמָּה
vehame'arah	*hasadeh*	*Mikneh*	*. Le'ah*	*et*	*kavarti*	*veshamah*
והמערה	השדה	מקנה	לאה	את	קברתי	ושמה
𐤅𐤄𐤌𐤏𐤓𐤄	𐤄𐤔𐤃𐤄	𐤌𐤒𐤍𐤄	𐤋𐤀𐤄	𐤀𐤕	𐤒𐤁𐤓𐤕𐤉	𐤅𐤔𐤌𐤄
y-la-cueva	el-campo	Propiedad-de adquisición [ganado]	. Le'ah	··	sepulté	y-allí [ubicación]

49:33

182	66	408	62	441	8	501
עקב	כלה	חתת	בנה	את	הוא	אשר
יַעֲקֹ֒ב	וַיְכַל	חֵת׃	בְּנֵי־	מֵאֵת	בּוֹ	אֲשֶׁר־
Ya'akov	*Vayejal*	*. Jet*	*beney*	*me'et*	*bo*	*asher*
יעקב	ויכל	חת	בני	מאת	בו	אשר
𐤉𐤏𐤒𐤁	𐤅𐤉𐤊𐤋	𐤇𐤕	𐤁𐤍𐤉	𐤌𐤀𐤕	𐤁𐤅	𐤀𐤔𐤓
Ya'akov	Y-acabó	. Jet	hijos-de edificador	de···	en-él	que

59	31	249	157 | 877	68	401	526
נטה	אלה	רגל	אסף	בנה	את	צוה
הַמִּטָּה	אֶל־	רַגְלָיו	וַיֶּאֱסֹף	בָּנָיו	אֶת־	לְצַוֹּת
hamitah	*el*	*raglav*	*vaye'esof*	*banav*	*et*	*letsavot*
המטה	אל	רגליו	ויאסף	בניו	את	לצות
𐤄𐤌𐤈𐤄	𐤀𐤋	𐤓𐤂𐤋𐤉𐤅	𐤅𐤉𐤀𐤎𐤐	𐤁𐤍𐤉𐤅	𐤀𐤕	𐤋𐤑𐤅𐤕
el-lecho	a hacia	sus-pies	y-reunió cosechar; recoger	sus-hijos edificador	··	para-mandar

126	31	157 | 877	95
עמם	אלה	אסף	גוע
עַמָּיו׃	אֶל־	וַיֵּאָסֶף	וַיִּגְוַע
. amav	*el*	*vaye'asef*	*vayigvá*
עמיו	אל	ויאסף	ויגוע
𐤏𐤌𐤉𐤅	𐤀𐤋	𐤅𐤉𐤀𐤎𐤐	𐤅𐤉𐤂𐤅𐤏
. su-pueblo sus-pueblos [plural]	a hacia	y-fue-reunido cosechar; recoger	y-expiró

Total de palabras hebreas: 368.
Total de consonantes hebreas: 1402.
Consonantes ausentes: -

50:1

116	38 | 518	19	140	100	156 | 876	126
עלה	בכה	אב	פנה	עלה	יסף	נפל
עָלָיו	וַיֵּבְךְּ	אָבִיו	פְּנֵי	עַל־	יוֹסֵף	וַיִּפֹּל
alav	*vayevk*	*aviv*	*peney*	*al*	*Yosef*	*Vayipol*
עליו	ויבך	אביו	פני	על	יוסף	ויפל
עליו	ויבך	אביו	פני	על	יוסף	ויפל
sobre-él	y-lloró	su-padre	faces-de presencia; superficie	sobre	Yosef	Y-cayó

50:2

401	92	401	156 | 876	112	36	416
את	עבד	את	יסף	צוה	הוא	נשק
אֶת־	עֲבָדָיו	אֶת־	יוֹסֵף	וַיְצַו	לוֹ׃	וַיִּשַּׁק־
et	*avadav*	*et*	*Yosef*	*Vayetsav*	*. lo*	*vayishak*
את	עבדיו	את	יוסף	ויצו	לו	וישק
את	עבדיו	את	יוסף	ויצו	לו	וישק
..	sus-siervos	..	Yosef	Y-mandó	. a-él	y-besó

401	336 | 896	89	19	401	97	336 | 896
את	רפא	חנט	אב	את	חנט	רפא
אֶת־	הָרֹפְאִים	וַיַּחַנְטוּ	אָבִיו	אֶת־	לַחֲנֹט	הָרֹפְאִים
et	*harofim*	*vayajantú*	*aviv*	*et*	*lajanot*	*harofim*
את	הרפאים	ויחנטו	אביו	את	לחנט	הרפאים
את	הרפאים	ויחנטו	אביו	את	לחנט	הרפאים
..	los-sanadores curador [médico]	y-embalsamaron	su-padre	..	para-embalsamar	los-sanadores curador [médico]

50:3

70 | 720	30	56 | 616	323 | 883	36	93	541
כן	כי	יום	רבע	הוא	מלא	שרה + אל
כֵּן	כִּי	יוֹם	אַרְבָּעִים	לוֹ	וַיִּמְלְאוּ־	יִשְׂרָאֵל׃
ken	*ki*	*yom*	*arba'im*	*lo*	*Vayimle'ú*	*. Yisra'El*
כן	כי	יום	ארבעים	לו	וימלאו	ישראל
כן	כי	יום	ארבעים	לו	וימלאו	ישראל
así enderezar; rectamente	que porque	día tiempo [la luz]	cuarenta	para-él	Y-llenaron completar; cumplir	. Yisra'El

422 | 982	380 | 940	407	44	122 | 682	60	87
שבע	צור	את	בכה	חנט	יום	מלא
שִׁבְעִים	מִצְרַיִם	אֹתוֹ	וַיִּבְכּוּ	הַחֲנֻטִים	יְמֵי	יִמְלְאוּ
shivim	*Mitsráyim*	*otó*	*vayivkú*	*hajanutim*	*yemey*	*yimle'ú*
שבעים	מצרים	אתו	ויבכו	החנטים	ימי	ימלאו
שבעים	מצרים	אתו	ויבכו	החנטים	ימי	ימלאו
setenta	Mitsráyim	a-él	y-lloraron	los-embalsamados	días-de tiempo [la luz]	llenaban completar; cumplir

50:4

31	156 | 876	222	438	60	294	56 | 616
אלה	יסף	דבר	בכה	יום	עבר	יום
אֶל־	יוֹסֵ֖ף	וַיְדַבֵּ֣ר	בְכִית֑וֹ	יְמֵ֣י	וַיַּֽעַבְרוּ֙	יֽוֹם׃
el	*Yosef*	*vayedaber*	*vejitó*	*yemey*	*Vaya'avrú*	*. yom*
אל	יוסף	וידבר	בכיתו	ימי	ויעברו	יום
𐤀𐤋	𐤉𐤅𐤎𐤐	𐤅𐤉𐤃𐤁𐤓	𐤁𐤊𐤉𐤕𐤅	𐤉𐤌𐤉	𐤅𐤉𐤏𐤁𐤓𐤅	𐤉𐤅𐤌
a hacia	Yosef	y-habló	su-llanto	días-de tiempo [la luz]	Y-cruzaron	. día tiempo [la luz]

58 | 708	541	51	41 | 601	271	355	412
חנן	מצא	נא	אם	אמר	·	בנה
חֵ֙ן	מָצָ֤אתִי	נָ֨א	אִם־	לֵאמֹ֑ר	פַּרְעֹ֖ה	בֵּ֥ית
jen	*matsati*	*na*	*im*	*lemor*	*paroh*	*beyt*
חן	מצאתי	נא	אם	לאמר	פרעה	בית
𐤇𐤍	𐤌𐤑𐤀𐤕𐤉	𐤍𐤀	𐤀𐤌	𐤋𐤀𐤌𐤓	𐤐𐤓𐤏𐤄	𐤁𐤉𐤕
gracia favor	he-encontrado	por-favor ahora	si	para-decir	faraón	casa-de

50:5

13	271	355	70	51	212	202 | 762
אב	אמר	·	אזן	נא	דבר	עין
אָבִ֞י	לֵאמֹֽר׃	פַּרְעֹ֖ה	בְּאָזְנֵ֥י	נָ֔א	דַּבְּרוּ־	בְּעֵֽינֵיכֶ֑ם
Aví	*. lemor*	*faroh*	*be'ozney*	*na*	*daberú*	*be'eyneyjem*
אבי	לאמר	פרעה	באזני	נא	דברו	בעיניכם
𐤀𐤁𐤉	𐤋𐤀𐤌𐤓	𐤐𐤓𐤏𐤄	𐤁𐤀𐤆𐤍𐤉	𐤍𐤀	𐤃𐤁𐤓𐤅	𐤁𐤏𐤉𐤍𐤉𐤊𐤌
Mi-padre	. para-decir	faraón	en-oídos-de	por-favor ahora	hablad	en-vuestros-ojos

501	314	440	81	60	271	447
אשר	קבר	מות	אנך	הן	אמר	שבע
אֲשֶׁ֙ר	בְּקִבְרִ֗י	מֵ֒ת	אָנֹכִי֮	הִנֵּ֣ה	לֵאמֹ֗ר	הִשְׁבִּיעַ֣נִי
asher	*bekivrí*	*met*	*anojí*	*hineh*	*lemor*	*hishbi'ani*
אשר	בקברי	מת	אנכי	הנה	לאמר	השביעני
𐤀𐤔𐤓	𐤁𐤒𐤁𐤓𐤉	𐤌𐤕	𐤀𐤍𐤊𐤉	𐤄𐤍𐤄	𐤋𐤀𐤌𐤓	𐤄𐤔𐤁𐤉𐤏𐤍𐤉
que	en-mi-sepultura	muriendo	yo	¡Mira! he-aquí	al-decir	me-hizo-jurar

481	762	345	190 | 840	293 | 1103	40	640
עת	קבר	שם	כנע	ארץ	·	כרה
וְעַתָּ֗ה	תִּקְבְּרֵ֑נִי	שָׁ֖מָּה	כְּנַ֔עַן	בְּאֶ֣רֶץ	לִ֙י	כָּרִ֣יתִי
ve'atah	*tikbereni*	*shamah*	*Kena'an*	*be'érets*	*li*	*kariti*
ועתה	תקברני	שמה	כנען	בארץ	לי	כריתי
𐤅𐤏𐤕𐤄	𐤕𐤒𐤁𐤓𐤍𐤉	𐤔𐤌𐤄	𐤊𐤍𐤏𐤍	𐤁𐤀𐤓𐤑	𐤋𐤉	𐤊𐤓𐤉𐤕𐤉
y-ahora en-este-tiempo	me-sepultarás	allí [ubicación]	Kena'an	en-tierra-de [la seca]	para-mí	cavé

50:6

257	320	13	401	314	51	106
אמר	שוב	אב	את	קבר	נא	עלה
וַיֹּאמֶר	וְאָשׁוּבָה׃	אָבִי	אֶת־	וְאֶקְבְּרָה	נָּא	אֶעֱלֶה־
Vayómer	*. ve'ashuvah*	*aví*	*et*	*ve'ekberah*	*na*	*e'éleh*
ויאמר	ואשובה	אבי	את	ואקברה	נא	אעלה
𐤅𐤉𐤀𐤌𐤓	𐤅𐤀𐤔𐤅𐤁𐤄	𐤀𐤁𐤉	𐤀𐤕	𐤅𐤀𐤒𐤁𐤓𐤄	𐤍𐤀	𐤀𐤏𐤋𐤄
Y-dijo	. y-volveré	mi-padre	..	y-sepultaré	por-favor ahora	ascenderé

407 | 887	521	33 | 513	401	308	105	355
שבע	אשר	אב	את	קבר	עלה	·
הִשְׁבִּיעֶךָ׃	כַּאֲשֶׁר	אָבִיךָ	אֶת־	וּקְבֹר	עֲלֵה	פַּרְעֹה
. hishbi'eja	*ka'asher*	*avija*	*et*	*ukvor*	*aleh*	*paroh*
השביעך	כאשר	אביך	את	וקבר	עלה	פרעה
𐤄𐤔𐤁𐤉𐤏𐤊	𐤊𐤀𐤔𐤓	𐤀𐤁𐤉𐤊	𐤀𐤕	𐤅𐤒𐤁𐤓	𐤏𐤋𐤄	𐤐𐤓𐤏𐤄
. te-hizo-jurar	como según	tu-padre	..	y-sepulta	asciende	faraón

50:7

407	122	19	401	332	156 | 876	116
את	עלה	אב	את	קבר	יסף	עלה
אִתּוֹ	וַיַּעֲלוּ	אָבִיו	אֶת־	לִקְבֹּר	יוֹסֵף	וַיַּעַל
itó	*vaya'alú*	*aviv*	*et*	*likbor*	*Yosef*	*Vaya'al*
אתו	ויעלו	אביו	את	לקבר	יוסף	ויעל
𐤀𐤕𐤅	𐤅𐤉𐤏𐤋𐤅	𐤀𐤁𐤉𐤅	𐤀𐤕	𐤋𐤒𐤁𐤓	𐤉𐤅𐤎𐤐	𐤅𐤉𐤏𐤋
con-él	y-ascendieron	su-padre	..	para-sepultar	Yosef	Y-ascendió

167	56	418	167	355	86	50
זקן	כלל	בנה	זקן	·	עבד	כלל
זִקְנֵי	וְכֹל	בֵּיתוֹ	זִקְנֵי	פַרְעֹה	עַבְדֵי	כָּל־
zikney	*vejol*	*veytó*	*zikney*	*faroh*	*avdey*	*kol*
זקני	וכל	ביתו	זקני	פרעה	עבדי	כל
𐤆𐤒𐤍𐤉	𐤅𐤊𐤋	𐤁𐤉𐤕𐤅	𐤆𐤒𐤍𐤉	𐤐𐤓𐤏𐤄	𐤏𐤁𐤃𐤉	𐤊𐤋
ancianos-de	y-todos	su-casa	ancianos-de	faraón	siervos-de	todos

50:8

418	31	156 | 876	412	56	380 | 940	291 | 1101
בנה	אח	יסף	בנה	כלל	צור	ארץ
וּבֵית	וְאֶחָיו	יוֹסֵף	בֵּית	וְכֹל	מִצְרָיִם׃	אֶרֶץ־
uveyt	*ve'ejav*	*Yosef*	*beyt*	*Vejol*	*. Mitsráyim*	*érets*
ובית	ואחיו	יוסף	בית	וכל	מצרים	ארץ
𐤅𐤁𐤉𐤕	𐤅𐤀𐤇𐤉𐤅	𐤉𐤅𐤎𐤐	𐤁𐤉𐤕	𐤅𐤊𐤋	𐤌𐤑𐤓𐤉𐤌	𐤀𐤓𐤑
y-casa-de	y-sus-hermanos	Yosef	casa-de	Y-toda	. Mitsráyim	tierra-de [la seca]

293 | 1103	85	348 | 908	187 | 747	129 | 689	300	19
ארץ	עזב	בקר	צאן	טפף	רקק	אב
בְּאֶרֶץ	עָזְבוּ	וּבְקָרָם	וְצֹאנָם	טַפָּם	רַק	אָבִיו
be'érets	*ozvú*	*uvekaram*	*vetsonam*	*tapam*	*rak*	*aviv*
בארץ	עזבו	ובקרם	וצאנם	טפם	רק	אביו
𐤁𐤀𐤓𐤑	𐤏𐤆𐤁𐤅	𐤅𐤁𐤒𐤓𐤌	𐤅𐤑𐤀𐤍𐤌	𐤈𐤐𐤌	𐤓𐤒	𐤀𐤁𐤉𐤅
en-tierra-de [la seca]	dejaron	y-sus-reses [ganado mayor]	y-sus-rebaños [ganado menor]	sus-niños-pequeños	sólo	su-padre

50:9

630 | 1190	43 | 603	222	43 | 603	116	116	353 | 1003
פרש	גם	רכב	גם	עם	עלה	·
פָּרָשִׁים	גַּם־	רֶכֶב	גַּם־	עִמּוֹ	וַיַּעַל	גֹּשֶׁן׃
parashim	*gam*	*réjev*	*gam*	*imó*	*Vaya'al*	*. Goshén*
פרשים	גם	רכב	גם	עמו	ויעל	גשן
𐤐𐤓𐤔𐤉𐤌	𐤂𐤌	𐤓𐤊𐤁	𐤂𐤌	𐤏𐤌𐤅	𐤅𐤉𐤏𐤋	𐤂𐤔𐤍
caballerías jinete	también	carro	también	con-él	Y-ascendió	. Goshén

50:10

253 | 903	74	25	45	26	108	31
גרן	עדה	בוא	מאד	כבד	חנה	היה
גֹּרֶן	עַד־	וַיָּבֹאוּ	מְאֹד׃	כָּבֵד	הַמַּחֲנֶה	וַיְהִי
gorén	*ad*	*Vayavó'u*	*. me'od*	*kaved*	*hamajaneh*	*vayehí*
גרן	עד	ויבאו	מאד	כבד	המחנה	ויהי
𐤂𐤓𐤍	𐤏𐤃	𐤅𐤉𐤁𐤀𐤅	𐤌𐤀𐤃	𐤊𐤁𐤃	𐤄𐤌𐤇𐤍𐤄	𐤅𐤉𐤄𐤉
era parva	hasta	Y-vinieron	. mucho fuerza; poder; vigor	pesado grave; severo	el-campamento	y-fue

184	340 | 900	166	269 | 919	280	501	19
ספד	שם	ספד	ירד	עבר	אשר	אטד
מִסְפֵּד	שָׁם	וַיִּסְפְּדוּ־	הַיַּרְדֵּן	בְּעֵבֶר	אֲשֶׁר	הָאָטָד
misped	*sham*	*vayispedú*	*haYardén*	*be'éver*	*asher*	*ha'Atad*
מספד	שם	ויספדו	הירדן	בעבר	אשר	האטד
𐤌𐤎𐤐𐤃	𐤔𐤌	𐤅𐤉𐤎𐤐𐤃𐤅	𐤄𐤉𐤓𐤃𐤍	𐤁𐤏𐤁𐤓	𐤀𐤔𐤓	𐤄𐤀𐤈𐤃
lamento [hacer duelo]	allí [ubicación]	y-lamentaron [hacer duelo]	el-Yardén	en-otro-lado-de	que	el-Atad [el espino]

772	33	49	386	45	32	43
שבע	אבל	אב	עשה	מאד	כבד	גדל
שִׁבְעַת	אֵבֶל	לְאָבִיו	וַיַּעַשׂ	מְאֹד	וְכָבֵד	גָּדוֹל
shivat	*ével*	*le'aviv*	*vaya'as*	*me'od*	*vejaved*	*gadol*
שבעת	אבל	לאביו	ויעש	מאד	וכבד	גדול
𐤔𐤁𐤏𐤕	𐤀𐤁𐤋	𐤋𐤀𐤁𐤉𐤅	𐤅𐤉𐤏𐤔	𐤌𐤀𐤃	𐤅𐤊𐤁𐤃	𐤂𐤃𐤅𐤋
siete	luto	para-su-padre	e-hizo	mucho fuerza; poder; vigor	y-pesado grave; severo	grande [escritura plena]

50:11

38	401	205	296 | 1106	312	217	100 | 660
אבל	את	כנע	ארץ	ישב	ראה	יום
הָאֵבֶל	אֶת־	הַכְּנַעֲנִי	הָאָרֶץ	יוֹשֵׁב	וַיַּרְא	יָמִים׃
ha'ével	*et*	*hakena'aní*	*ha'árets*	*yoshev*	*Vayar*	*. yamim*
האבל	את	הכנעני	הארץ	יושב	וירא	ימים
𐤄𐤀𐤁𐤋	𐤀𐤕	𐤄𐤊𐤍𐤏𐤍𐤉	𐤄𐤀𐤓𐤑	𐤉𐤅𐤔𐤁	𐤅𐤉𐤓𐤀	𐤉𐤌𐤉𐤌
el-luto	..	el-kena'aní	la-tierra [la seca]	morador-de	Y-vio	. días tiempo [la luz]

410 | 970	12	26	33	263	19	255 | 905
צור	זה	כבד	אבל	אמר	אטד	גרן
לְמִצְרָיִם	זֶה	כָּבֵד	אֵבֶל־	וַיֹּאמְרוּ	הָאָטָד	בְּגֹרֶן
leMitsráyim	*zeh*	*kaved*	*ével*	*vayomrú*	*ha'Atad*	*begorén*
למצרים	זה	כבד	אבל	ויאמרו	האטד	בגרן
𐤋𐤌𐤑𐤓𐤉𐤌	𐤆𐤄	𐤊𐤁𐤃	𐤀𐤁𐤋	𐤅𐤉𐤀𐤌𐤓𐤅	𐤄𐤀𐤈𐤃	𐤁𐤂𐤓𐤍
para-Mitsráyim	éste	pesado grave; severo	luto	y-dijeron	el-Atad	en-era

501	380 | 940	33	345	301	70 | 720	100
אשר	צור	אבל	שם	קרא	כן	עלה
אֲשֶׁר	מִצְרַיִם	אָבֵל	שְׁמָהּ	קָרָא	כֵּן	עַל־
asher	*Mitsráyim*	*avel*	*shmah*	*kará*	*ken*	*al*
אשר	מצרים	אבל	שמה	קרא	כן	על
𐤀𐤔𐤓	𐤌𐤑𐤓𐤉𐤌	𐤀𐤁𐤋	𐤔𐤌𐤄	𐤒𐤓𐤀	𐤊𐤍	𐤏𐤋
que	Mitsráyim	luto-de	su-nombre [ubicación]	llamó	eso enderezar; rectamente	por

50:12

521	70 | 720	36	68	392	269 | 919	280
אשר	כן	הוא	בנה	עשה	ירד	עבר
כַּאֲשֶׁר	כֵּן	לוֹ	בָנָיו	וַיַּעֲשׂוּ	הַיַּרְדֵּן׃	בְּעֵבֶר
ka'asher	*ken*	*lo*	*vanav*	*Vaya'asú*	*. haYardén*	*be'éver*
כאשר	כן	לו	בניו	ויעשו	הירדן	בעבר
𐤊𐤀𐤔𐤓	𐤊𐤍	𐤋𐤅	𐤁𐤍𐤉𐤅	𐤅𐤉𐤏𐤔𐤅	𐤄𐤉𐤓𐤃𐤍	𐤁𐤏𐤁𐤓
como según	así enderezar; rectamente	a-él	sus-hijos edificador	E-hicieron	. el-Yardén	en-otro-lado-de

50:13

324	190 | 840	296	68	407	323	136 | 696
קבר	כנע	ארץ	בנה	את	נשא	צוה
וַיִּקְבְּרוּ	כְּנַעַן	אַרְצָה	בָנָיו	אֹתוֹ	וַיִּשְׂאוּ	צִוָּם׃
vayikberú	*Kena'an*	*artsah*	*vanav*	*otó*	*Vayisú*	*. tsivam*
ויקברו	כנען	ארצה	בניו	אתו	וישאו	צום
𐤅𐤉𐤒𐤁𐤓𐤅	𐤊𐤍𐤏𐤍	𐤀𐤓𐤑𐤄	𐤁𐤍𐤉𐤅	𐤀𐤕𐤅	𐤅𐤉𐤔𐤀𐤅	𐤑𐤅𐤌
y-sepultaron	Kena'an	a-tierra-de [la seca]	sus-hijos edificador	a-él	Y-alzaron	. les-mandó

248 | 808	155	501	180	309	712	407
אב + רום + המון	קנה	אשר	כפל	שדה	עור	את
אַבְרָהָם	קָנָה	אֲשֶׁר	הַמַּכְפֵּלָה	שְׂדֵה	בִּמְעָרַת	אֹתוֹ
Avraham	*kanah*	*asher*	*haMajpelah*	*sdeh*	*bime'arat*	*otó*
אברהם	קנה	אשר	המכפלה	שדה	במערת	אתו
𐤀𐤁𐤓𐤄𐤌	𐤒𐤍𐤄	𐤀𐤔𐤓	𐤄𐤌𐤊𐤐𐤋𐤄	𐤔𐤃𐤄	𐤁𐤌𐤏𐤓𐤕	𐤀𐤕𐤅
Avraham	adquirió comprar	que	la-Majpelah	campo-de	en-la-cueva-de	a-él

423	406 | 1056	441	302	446	314	401
חתת	עפר	את	קבר	אחז	שדה	את
הַחִתִּי	עֶפְרֹן	מֵאֵת	קֶבֶר	לַאֲחֻזַּת־	הַשָּׂדֶה	אֶת־
hajití	*Efrón*	*me'et*	*kéver*	*la'ajuzat*	*hasadeh*	*et*
החתי	עפרן	מאת	קבר	לאחזת	השדה	את
𐤄𐤇𐤕𐤉	𐤏𐤐𐤓𐤍	𐤌𐤀𐤕	𐤒𐤁𐤓	𐤋𐤀𐤇𐤆𐤕	𐤄𐤔𐤃𐤄	𐤀𐤕
el-jití	Efrón	de-··	sepultura	para-posesión-de propiedad	el-campo	··

50:14

12	385	156 | 876	318	281	140	100
הוא	צור	יסף	שוב	מרא	פנה	עלה
הוּא	מִצְרַיְמָה	יוֹסֵף	וַיָּשָׁב	מַמְרֵא׃	פְּנֵי	עַל־
hu	*Mitsráymah*	*Yosef*	*Vayáshov*	*. Mamré*	*peney*	*al*
הוא	מצרימה	יוסף	וישב	ממרא	פני	על
𐤄𐤅𐤀	𐤌𐤑𐤓𐤉𐤌𐤄	𐤉𐤅𐤎𐤐	𐤅𐤉𐤔𐤁	𐤌𐤌𐤓𐤀	𐤐𐤍𐤉	𐤏𐤋
él	a-Mitsráyim	Yosef	Y-volvió	. Mamré	faces-de presencia; superficie	sobre

19	401	332	401	155 | 715	56	25
אב	את	קבר	את	עלה	כלל	אח
אָבִיו	אֶת־	לִקְבֹּר	אִתּוֹ	הָעֹלִים	וְכָל־	וְאֶחָיו
aviv	*et*	*likbor*	*itó*	*ha'olim*	*vejol*	*ve'ejav*
אביו	את	לקבר	אתו	העלים	וכל	ואחיו
𐤀𐤁𐤉𐤅	𐤀𐤕	𐤋𐤒𐤁𐤓	𐤀𐤕𐤅	𐤄𐤏𐤋𐤉𐤌	𐤅𐤊𐤋	𐤅𐤀𐤇𐤉𐤅
su-padre	··	para-sepultar	con-él	los-que-ascendían	y-todos	y-sus-hermanos

50:15

156 | 876	19	223	19	401	308	219
יסף	אח	ראה	אב	את	קבר	אחר
יוֹסֵף	אֲחֵי־	וַיִּרְאוּ	אָבִיו׃	אֶת־	קָבְרוֹ	אַחֲרֵי
Yosef	*ajey*	*Vayirú*	*. aviv*	*et*	*kovró*	*ajarey*
יוסף	אחי	ויראו	אביו	את	קברו	אחרי
𐤉𐤅𐤎𐤐	𐤀𐤇𐤉	𐤅𐤉𐤓𐤀𐤅	𐤀𐤁𐤉𐤅	𐤀𐤕	𐤒𐤁𐤓𐤅	𐤀𐤇𐤓𐤉
Yosef	hermanos-de	Y-vieron	. su-padre	··	su-sepultar	tras

156 | 876	415	36	263	58 | 618	440	30
יסף	שטם	לו | לוא	אמר	אב	מות	כי
יוֹסֵף	יִשְׂטְמֵנוּ	לוּ	וַיֹּאמְרוּ	אֲבִיהֶם	מֵת	כִּי־
Yosef	*yistemenu*	*lu*	*vayomrú*	*avihem*	*met*	*ki*
יוסף	ישטמנו	לו	ויאמרו	אביהם	מת	כי
𐤉𐤅𐤎𐤐	𐤉𐤔𐤈𐤌𐤍𐤅	𐤋𐤅	𐤅𐤉𐤀𐤌𐤓𐤅	𐤀𐤁𐤉𐤄𐤌	𐤌𐤕	𐤊𐤉
Yosef	nos-guardará-rencor	si a-lo-mejor; ojalá	y-dijeron	su-padre	había-muerto	que porque

501	280	50	401	86	322	313
אשר	רעע	כלל	את	·	שוב	שוב
אֲשֶׁר	הָרָעָה	כָּל־	אֵת	לָנוּ	יָשִׁיב	וְהָשֵׁב
asher	*hara'ah*	*kol*	*et*	*lanu*	*yashiv*	*vehashev*
אשר	הרעה	כל	את	לנו	ישיב	והשב
𐤀𐤔𐤓	𐤄𐤓𐤏𐤄	𐤊𐤋	𐤀𐤕	𐤋𐤍𐤅	𐤉𐤔𐤉𐤁	𐤅𐤄𐤔𐤁
que	la-maldad	toda	..	a-nosotros	hará-volver	y-hacer-volver ciertamente

50:16

33 | 513	271	156 | 876	31	118	407	129
אב	אמר	יסף	אלה	צוה	את	גמל
אָבִיךָ	לֵאמֹר	יוֹסֵף	אֶל־	וַיְצַוּוּ	אֹתוֹ:	גְּמַלְנוּ
avija	*lemor*	*Yosef*	*el*	*Vayetsavú*	*. otó*	*gamalnu*
אביך	לאמר	יוסף	אל	ויצוו	אתו	גמלנו
𐤀𐤁𐤉𐤊	𐤋𐤀𐤌𐤓	𐤉𐤅𐤎𐤐	𐤀𐤋	𐤅𐤉𐤑𐤅𐤅	𐤀𐤕𐤅	𐤂𐤌𐤋𐤍𐤅
tu-padre	a-decir	Yosef	a hacia	Y-mandaron	. a-él	tratamos

50:17

186 | 906	647	25	271	452	170	101
יסף	אמר	כה	אמר	מות	פנה	צוה
לְיוֹסֵף	תֹאמְרוּ	כֹּה־	לֵאמֹר:	מוֹתוֹ	לִפְנֵי	צִוָּה
leYosef	*tomrú*	*Koh*	*. lemor*	*motó*	*lifney*	*tsivah*
ליוסף	תאמרו	כה	לאמר	מותו	לפני	צוה
𐤋𐤉𐤅𐤎𐤐	𐤕𐤀𐤌𐤓𐤅	𐤊𐤄	𐤋𐤀𐤌𐤓	𐤌𐤅𐤕𐤅	𐤋𐤐𐤍𐤉	𐤑𐤅𐤄
a-Yosef	diréis	Así	. a-decir	su-muerte	ante presencia; superficie	mandó

30	464 | 1024	39 | 519	450	51	301	52
כי	חטא	אח	פשע	נא	נשא	אן
כִּי־	וְחַטָּאתָם	אַחֶיךָ	פֶּשַׁע	נָא	שָׂא	אָנָּא
ki	*vejatatam*	*ajeyja*	*peshá*	*na*	*sa*	*aná*
כי	וחטאתם	אחיך	פשע	נא	שא	אנא
𐤊𐤉	𐤅𐤇𐤈𐤀𐤕𐤌	𐤀𐤇𐤉𐤊	𐤐𐤔𐤏	𐤍𐤀	𐤔𐤀	𐤀𐤍𐤀
que porque	y-su-pecado	tus-hermanos	rebelión-de	por-favor ahora	alza [perdonar]	¡Oh! por-favor

86	480	51	301	481	99 | 579	275
עבד	פשע	נא	נשא	עת	גמל	רעע
עַבְדֵי	לְפֶשַׁע	נָא	שָׂא	וְעַתָּה	גְּמָלוּךָ	רָעָה
avdey	*lefeshá*	*na*	*sa*	*ve'atah*	*gemaluja*	*ra'ah*
עבדי	לפשע	נא	שא	ועתה	גמלוך	רעה
𐤏𐤁𐤃𐤉	𐤋𐤐𐤔𐤏	𐤍𐤀	𐤔𐤀	𐤅𐤏𐤕𐤄	𐤂𐤌𐤋𐤅𐤊	𐤓𐤏𐤄
siervos-de	por-rebelión-de	por-favor ahora	alza [perdonar]	y-ahora en-este-tiempo	te-trataron	maldad

50:18

72	47	248 | 808	156 | 876	38 | 518	33 | 513	46
הלך	אלה	דבר	יסף	בכה	אב	אלהה
וַיֵּלְכוּ	אֵלָיו׃	בְּדַבְּרָם	יוֹסֵף	וַיֵּבְךְּ	אָבִיךָ	אֱלֹהֵי
Vayeljú	*. elay*	*bedaberam*	*Yosef*	*vayevk*	*avija*	*elohey*
וילכו	אליו	בדברם	יוסף	ויבך	אביך	אלהי
𐤅𐤉𐤋𐤊𐤅	𐤀𐤋𐤉𐤅	𐤁𐤃𐤁𐤓𐤌	𐤉𐤅𐤎𐤐	𐤅𐤉𐤁𐤊	𐤀𐤁𐤉𐤊	𐤀𐤋𐤄𐤉
Y-anduvieron	. a-él	por-su-hablar	Yosef	y-lloró	tu-padre	Dios-de dioses-de [plural]

50 | 530	111	263	176	132	25	43 | 603
·	הן	אמר	פנה	נפל	אח	גם
לְךָ	הִנֶּנּוּ	וַיֹּאמְרוּ	לְפָנָיו	וַיִּפְּלוּ	אֶחָיו	גַּם־
lejá	*hinenu*	*vayomrú*	*lefanav*	*vayipelú*	*ejav*	*gam*
לך	הננו	ויאמרו	לפניו	ויפלו	אחיו	גם
𐤋𐤊	𐤄𐤍𐤍𐤅	𐤅𐤉𐤀𐤌𐤓𐤅	𐤋𐤐𐤍𐤉𐤅	𐤅𐤉𐤐𐤋𐤅	𐤀𐤇𐤉𐤅	𐤂𐤌
para-ti	¡Míranos! henos-aquí	y-dijeron	ante-él presencia; superficie	y-cayeron	sus-hermanos	también

50:19

30	617	31	156 | 876	76 | 636	257	156 | 716
כי	ירא	אל	יסף	אלה	אמר	עבד
כִּי	תִּירָאוּ	אַל־	יוֹסֵף	אֲלֵהֶם	וַיֹּאמֶר	לַעֲבָדִים׃
ki	*tirá'u*	*al*	*Yosef*	*aléhem*	*Vayómer*	*. la'avadim*
כי	תיראו	אל	יוסף	אלהם	ויאמר	לעבדים
𐤊𐤉	𐤕𐤉𐤓𐤀𐤅	𐤀𐤋	𐤉𐤅𐤎𐤐	𐤀𐤋𐤄𐤌	𐤅𐤉𐤀𐤌𐤓	𐤋𐤏𐤁𐤃𐤉𐤌
que porque	temáis	no	Yosef	a-ellos	Y-dijo	. para-siervos

50:20

275	110	750 | 1310	447 | 1007	61	86 | 646	813
רעע	עלה	חשב	את	אנך	אלהה	תחת
רָעָה	עָלַי	חֲשַׁבְתֶּם	וְאַתֶּם	אָנִי׃	אֱלֹהִים	הֲתַחַת
ra'ah	*alay*	*jashavtem*	*Ve'atem*	*. aní*	*Elohim*	*hatájat*
רעה	עלי	חשבתם	ואתם	אני	אלהים	התחת
𐤓𐤏𐤄	𐤏𐤋𐤉	𐤇𐤔𐤁𐤕𐤌	𐤅𐤀𐤕𐤌	𐤀𐤍𐤉	𐤀𐤋𐤄𐤉𐤌	𐤄𐤕𐤇𐤕
maldad	sobre-mí	considerasteis	Y-vosotros	. yo	*elohim* Dios; dioses; magistrados	¿Acaso-en-lugar-de

17	76 | 636	375	190 | 840	46	312	86 | 646
זה	יום	עשה	ענה	טוב	חשב	אלהה
הַזֶּה	כַּיּוֹם	עֲשֹׂה	לְמַעַן	לְטֹבָה	חֲשָׁבָהּ	אֱלֹהִים
hazeh	*kayom*	*asoh*	*lema'án*	*letovah*	*jashavah*	*Elohim*
הזה	כיום	עשה	למען	לטבה	חשבה	אלהים
𐤄𐤆𐤄	𐤊𐤉𐤅𐤌	𐤏𐤔𐤄	𐤋𐤌𐤏𐤍	𐤋𐤈𐤁𐤄	𐤇𐤔𐤁𐤄	𐤀𐤋𐤄𐤉𐤌
el-éste	como-el-día tiempo [la luz]	hacer	a-fin-de [propósito]	para-bondad bien; hermoso	la-consideró	*elohim* Dios; dioses; magistrados

50:21

81	617	31	481	202	110 | 670	459
אנך	ירא	אל	עת	רבב	עמם	חיה
אָנֹכִי	תִּירָאוּ	אַל־	וְעַתָּה	רָב׃	עַם־	לְהַחֲיֹת
anojí	*tirá'u*	*al*	*Ve'atah*	*. rav*	*am*	*lehajayot*
אנכי	תיראו	אל	ועתה	רב	עם	להחית
𐤀𐤍𐤊𐤉	𐤕𐤉𐤓𐤀𐤅	𐤀𐤋	𐤅𐤏𐤕𐤄	𐤓𐤁	𐤏𐤌	𐤋𐤄𐤇𐤉𐤕
yo	temáis	no	Y-ahora en-este-tiempo	. abundante	pueblo	para-hacer-vivir

222	447 | 1007	114 | 674	149 | 709	407	461 | 1021	101
דבר	את	נחם	טפף	את	את	כול
וַיְדַבֵּר	אוֹתָם	וַיְנַחֵם	טַפְּכֶם	וְאֶת־	אֶתְכֶם	אֲכַלְכֵּל
vayedaber	*otam*	*vayenajem*	*tapéjem*	*ve'et*	*etjem*	*ajalkel*
וידבר	אותם	וינחם	טפכם	ואת	אתכם	אכלכל
𐤅𐤉𐤃𐤁𐤓	𐤀𐤅𐤕𐤌	𐤅𐤉𐤍𐤇𐤌	𐤈𐤐𐤊𐤌	𐤅𐤀𐤕	𐤀𐤕𐤊𐤌	𐤀𐤊𐤋𐤊𐤋
y-habló	a-ellos [escritura plena]	y-reconfortó suspirar	vuestros-niños-pequeños	y-···	a-vosotros	mantendré

50:22

418	12	382 | 942	156 | 876	318	72 | 632	100
בנה	הוא	צור	יסף	ישב	לבב	עלה
וּבֵית	הוּא	בְּמִצְרָיִם	יוֹסֵף	וַיֵּשֶׁב	לִבָּם׃	עַל־
uveyt	*hu*	*beMitsráyim*	*Yosef*	*Vayéshev*	*. libam*	*al*
ובית	הוא	במצרים	יוסף	וישב	לבם	על
𐤅𐤁𐤉𐤕	𐤄𐤅𐤀	𐤁𐤌𐤑𐤓𐤉𐤌	𐤉𐤅𐤎𐤐	𐤅𐤉𐤔𐤁	𐤋𐤁𐤌	𐤏𐤋
y-casa-de	él	en-Mitsráyim	Yosef	Y-se-asentó	. corazón-de-ellos	sobre

50:23

217	400 | 960	576	46	156 | 876	34	19
ראה	שנה	עשר	מאה	יסף	חיה	אב
וַיַּרְא	שָׁנִים׃	וָעֶשֶׂר	מֵאָה	יוֹסֵף	וַיְחִי	אָבִיו
Vayar	*. shanim*	*va'éser*	*me'ah*	*Yosef*	*vayejí*	*aviv*
וירא	שנים	ועשר	מאה	יוסף	ויחי	אביו
𐤅𐤉𐤓𐤀	𐤔𐤍𐤉𐤌	𐤅𐤏𐤔𐤓	𐤌𐤀𐤄	𐤉𐤅𐤎𐤐	𐤅𐤉𐤇𐤉	𐤀𐤁𐤉𐤅
Y-vio	. años cambio	y-diez	cien	Yosef	y-vivió	su-padre

The table reads right-to-left (Hebrew). Columns are ordered as printed, rightmost first.

156 | 876	361 | 921	62	680 | 1240	43 | 603	62	270
יסף	פרה	בנה	שלש	גם	בנה	מכר
יוֹסֵף֙	לְאֶפְרָ֔יִם	בְּנֵ֖י	שִׁלֵּשִׁ֑ים	גַּ֚ם	בְּנֵ֣י	מָכִיר֙
Yosef	le'Efráyim	beney	shileshim	gam	beney	Majir
יוסף	לאפרים	בני	שלשים	גם	בני	מכיר
𐤉𐤅𐤎𐤐	𐤋𐤀𐤐𐤓𐤉𐤌	𐤁𐤍𐤉	𐤔𐤋𐤔𐤉𐤌	𐤂𐤌	𐤁𐤍𐤉	𐤌𐤊𐤉𐤓
Yosef	a-Efráyim	hijos-de edificador	tercera (generación)	también	hijos-de edificador	Majir

50:24

52 | 702	395	50	100	232	156 | 876	257
בנה	נשה	ילד	עלה	ברך	יסף	אמר
בֵּ֣ן־	מְנַשֶּׁ֔ה	יֻלְּד֖וּ	עַל־	בִּרְכֵּ֥י	יוֹסֵֽף׃	וַיֹּ֤אמֶר
ben	Menasheh	yuledú	al	birkey	. Yosef	Vayómer
בן	מנשה	ילדו	על	ברכי	יוסף	ויאמר
𐤁𐤍	𐤌𐤍𐤔𐤄	𐤉𐤋𐤃𐤅	𐤏𐤋	𐤁𐤓𐤊𐤉	𐤉𐤅𐤎𐤐	𐤅𐤉𐤀𐤌𐤓
hijo-de edificador	Menasheh	fueron-engendrados	sobre	rodillas-de	. Yosef	Y-dijo

156 | 876	31	25	81	440	92 | 652	184
יסף	אלה	אח	אנך	מות	אלהה	פקד
יוֹסֵף֙	אֶל־	אֶחָ֔יו	אָנֹכִ֖י	מֵ֑ת	וֵאלֹהִ֞ים	פָּקֹ֧ד
Yosef	el	ejav	anojí	met	ve'Elohim	pakod
יוסף	אל	אחיו	אנכי	מת	ואלהים	פקד
𐤉𐤅𐤎𐤐	𐤀𐤋	𐤀𐤇𐤉𐤅	𐤀𐤍𐤊𐤉	𐤌𐤕	𐤅𐤀𐤋𐤄𐤉𐤌	𐤐𐤒𐤃
Yosef	a hacia	sus-hermanos	yo	estoy-muriendo	y-elohim Dios; dioses; magistrados	visitar ciertamente

194	461 | 1021	116	461 | 1021	90 | 740	296 | 1106	413
פקד	את	עלה	את	מן	ארץ	זה
יִפְקֹ֣ד	אֶתְכֶ֗ם	וְהֶעֱלָ֤ה	אֶתְכֶם֙	מִן־	הָאָ֣רֶץ	הַזֹּ֔את
yifkod	etjem	vehe'elah	etjem	min	ha'árets	hazot
יפקד	אתכם	והעלה	אתכם	מן	הארץ	הזאת
𐤉𐤐𐤒𐤃	𐤀𐤕𐤊𐤌	𐤅𐤄𐤏𐤋𐤄	𐤀𐤕𐤊𐤌	𐤌𐤍	𐤄𐤀𐤓𐤑	𐤄𐤆𐤀𐤕
visitará	a-vosotros	y-hará-ascender	a-vosotros	de desde	la-tierra [la seca]	la-ésta

31	296 | 1106	501	422	278 | 838	238	218
אלה	ארץ	אשר	שבע	אב + רם + המון	צחק	עקב
אֶל־	הָאָ֔רֶץ	אֲשֶׁ֥ר	נִשְׁבַּ֛ע	לְאַבְרָהָ֥ם	לְיִצְחָ֖ק	וּֽלְיַעֲקֹֽב׃
el	ha'árets	asher	nishbá	le'Avraham	leYitsjak	. uleYa'akov
אל	הארץ	אשר	נשבע	לאברהם	ליצחק	וליעקב
𐤀𐤋	𐤄𐤀𐤓𐤑	𐤀𐤔𐤓	𐤍𐤔𐤁𐤏	𐤋𐤀𐤁𐤓𐤄𐤌	𐤋𐤉𐤑𐤇𐤒	𐤅𐤋𐤉𐤏𐤒𐤁
a hacia	la-tierra [la seca]	que	juró	a-Avraham	y-a-Yitsjak	. y-a-Ya'akov

when you think Tim McGraw, I hope you think of me

Just another picture to burn

Oh my my, help the butterfly find it's way back to the flowers

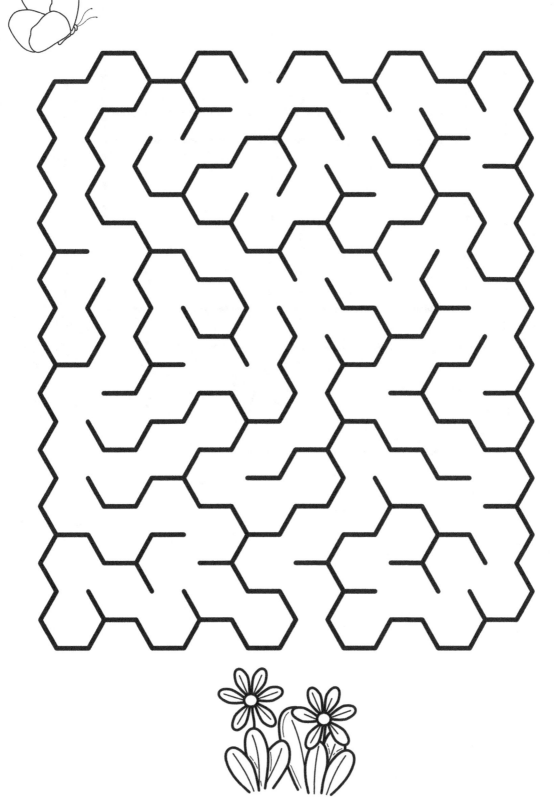

I was just thinking how we
don't have a song...

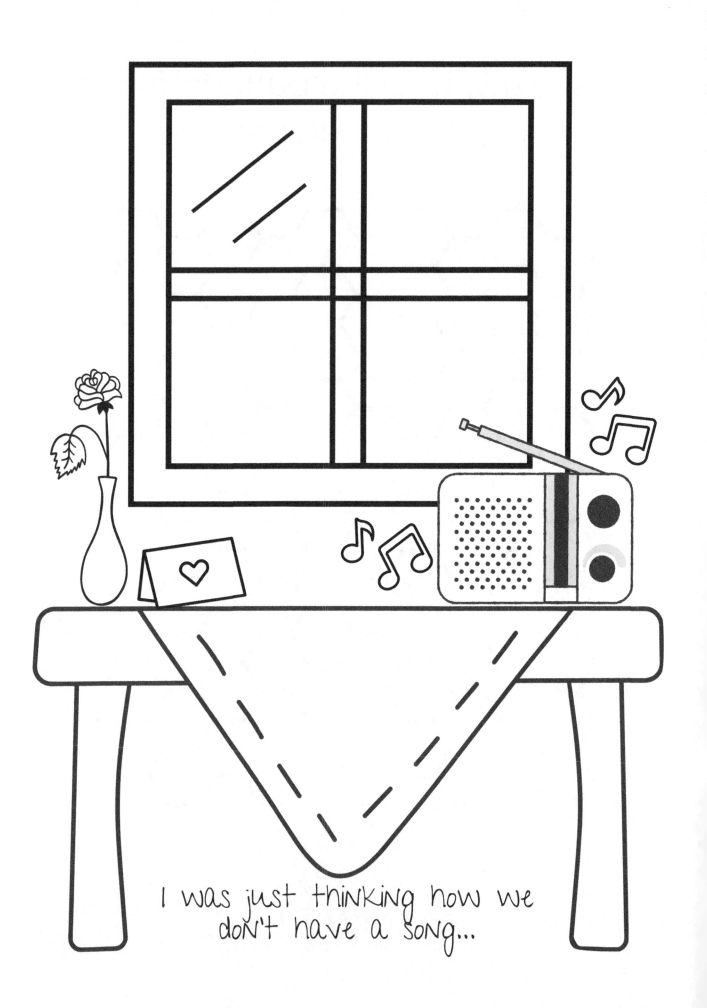

Trying to find a place in this world

Stay Beautiful

Fearless Word Search

```
K S Q B W D L E R M W H H K A T F C
V U C R E H L F F R A I N S B H O D
F P R J S S I O A I F A E O I A R O
E E N Z E T T T V I F N A R G T E N
H R A F A W E D E E R T I R A S V T
N S B R B L E P A H S Y E Y I W E Y
O T G O L L W L H Y O T T E L H R O
N A L N H E O A S E R R O A N E Q U
D R N O M N S V Y E N I S R L N S U
U I A J I X P S E S O M M E Y E V H
Y A O P E R F E C T L Y F I N E Y B
Q U N T O U C H A B L E I I A D O C
```

Find the following words in the puzzle.

Abigail	Forever	Stephen
Always	Jewels	Superstar
Best Day	Love	That's When
Don't You	Love Story	Untouchable
Fairytale	Perfectly Fine	White Horse
Fearless	Rain	
Fifteen	Sorry	

With you I'd dance in a storm in my best dress, fearless

It's too late for you and your white horse to come around

Hey Stephen, I can give you 50 reasons why I should be the one you choose

Take a deep breath and make your way through the maze to help Taylor find Abigail

It's a love story, baby, just say yes

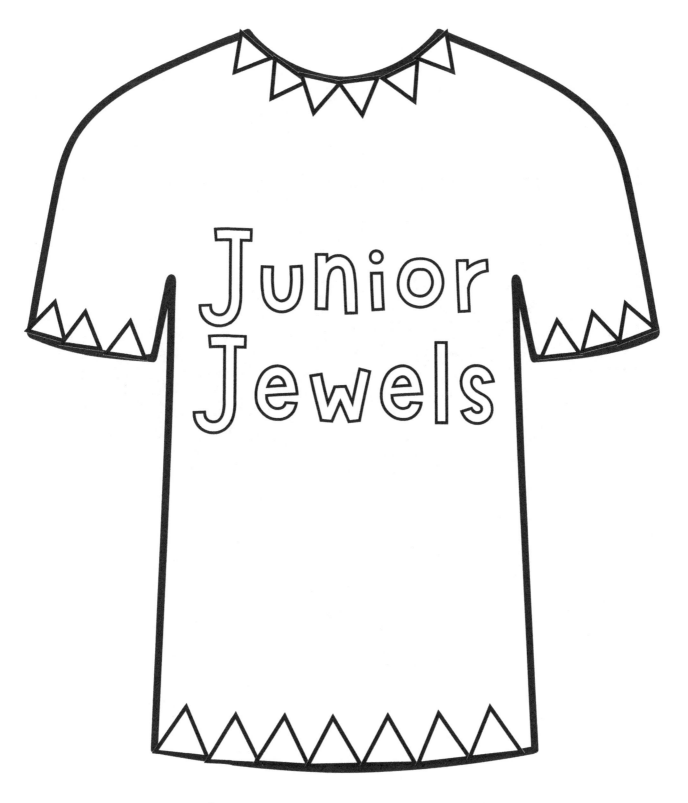

You belong with me

I had the best days with you

Speak Now Word Search

```
W R S P N L W K I L D H M E A N P R
Q Q P J S Z O J P N J E X E V Z U M
Y P E Z O T K N V A N A C Z L N D I
G K A O J H W O G B G O O E I W C N
W U K T K X N K W L G E C Y M E H E
E U N N W D U Y Y Y I G P E Z B C E
I J O M G H W T C L N V O U N A E R
D E W S P A R K S F L Y E X R T J R
G I T G K M T M W W E E Q J H P Y N
R E V E N G E I V B I C E N S S L O
Z E L V X D P F C H A U N T E D P E
L Z P Z U Y M Y L A S T K I S S W V
```

Find the following words in the puzzle.

December	Long Live	Sparks Fly
Haunted	Mean	Speak Now
Innocent	Mine	
John	Purple	
Last Kiss	Revenge	

I had the time of my life fighting
dragons with you

You are the best thing, that's
ever been mine

Oh, darlin', don't you ever grow up
Don't you ever grow up just stay this little

I was enchanted to meet you

Drop everything now

Meet me in the pouring Rain

Help Taylor find her way back to December

Don't say yes, RUN away Now

Today was a fairytale

Can't turn back now, I'm haunted

Story of us looks a lot like a tragedy Now

Red Word Search

```
T C B K T T R E A C H E R O U S Z C
Y R V E T H O L Y G R O U N D J Y D
B S O D G W L B E H E R E Q L M N S
W E T U S I E A T E N M I N U T E T
E G A A B C N N S I S C O B C U V A
Q K I U Y L A A T T B R E D K K E R
W G G W T F E R G Y T T F E Y B R L
O A R A W I D Q F A T I Z Z O K E I
T W I A R R F U S O I W M U N O V G
Y Z K H C O V U E A Q N O E E Z E H
E O G Y R E H W L T D E Y N S Z R T
P T R A G I C O M E B A C K H K M F
```

Find the following words in the puzzle.

Beautiful	Last Time	Stay
Begin Again	Lucky One	Ten Minute
Be Here	Never Ever	Tragic
Come Back	Red	Treacherous
Duet	Sad	Trouble
Grace	Scarf	Twenty Two
Holy Ground	Starlight	

But on a wednesday in a café I watched it
begin again

Everything will be alright if we just keep dancing like we're 22

Mosaic broken hearts

Taylor lost her scarf! Travel through the maze to help her find it.

we hadn't seen each other in a month

when you said you needed space, what?

Flew me to places I've never been

And they'll tell you now, you're the luck one

1989 Word Search

```
D B N K F J Q V S T Y L E S Y R D B
E A E M P A O F W W O O D S Q O J X
L D W F W P H Z V A I U U T J K O Q
E B Y C Z I L X H W G C C Q U D F D
O L O R H I S A I F Z E U L Z T N Q
J O R C E F D H C T H I S L O V E Z
G O K D R U R K V E E M E D U B B L
Y D M V V D A L W S P O G H T U Q
C P K M Z O O B L A N K S P A C E N
W I L D E S T D R E A M S S V K P D
B E B L U E S H A K E I T O F F B A
W C T T L C L E A N N O L P H T W B
```

Find the following words in the puzzle.

Bad Blood   Places   Wish

Blank Space   Shake It Off   Woods

Blue   Style

Clean   This Love

New York   Wildest Dreams

It's a new soundtrack I could dance to this beat forevermore
The lights are so bright but they never blind me

we never go out of style

Are we out of the woods yet?

Love's a game, want to play?

Baby, I'm just gonna shake, shake,
shake, shake, shake

I shake it off, I shake it off

Help welcome Taylor to New York as she makes her way through the maze to the city

Staring at the sunset, babe

They are the hunters, we are the foxes

This love is alive back from the dead

Rain came pouring down when I was drowning, that's when I could finally breathe

Reputation Word Search

```
Q E N D G A M E J Z A S H L O K Y K
G U P G L Q Q N A G B L I G Y S I W
O T F O N J N N H X X A D F B J D N
R C W A L E T U U M J Z D Q U D R U
G G E T A W A Y C A R B S Q I E E B
E Q W K M C R E P U T A T I O N S F
O B S R D E L I C A T E C A W B S J
U L N M M B Y W H E A R T U Y J E G
S A A O B L A M E F M V C M D U P U
B C K I V K I N G I J L B B G E C M
Y K E J J T N E W Y E A R S D A Y O
R U D Y P D A N C I N G G Z D M S T
```

Find the following words in the puzzle.

Bad
Black
Blame
Dancing
Delicate

Dress
End Game
Getaway Car
Gorgeous
Heart

King
New Year's Day
Reputation
Snake

I've got a list of names and yours is in red underlined

And all at once you are the one
I have been waiting for

Yeah we were dancing

Drive the getaway car through the maze to escape!

My castle crumbled overnight

Hold on to the memories they will hold on to you

We were driving the getaway car

Lover Word Search

```
H E A R T B R E A K P R I N C E Q A
T C O R N E L I A S T R E E T Q C F
L P Q O R A L O V E R R A I F O L T
O K V W N M A R C H E R T D E D X E
N N C S X K C P B Y C F R I E N D R
D O Q P B E T T E R R F O R G O T G
O W P I C C A L M D O W N F S W E L
N S I N W D J D S U M M E R D W D O
B E T K M I S S A M E R I C A N A W
O M M P A P E R R I N G S L W P W M
Y O E F T H O U S A N D C U T S L Q
H Y A C T H E M A N C R U E L B Z Q
```

Find the following words in the puzzle.

Afterglow	Friend	Paper Rings
Archer	Heartbreak Prince	Pink
Better	Knows	Summer
Calm Down	London Boy	The Man
Cornelia Street	Lover	Thousand Cuts
Cruel	Me	
Forgot	Miss Americana	

I'm so sick of RUNNING as fast as I can

Miss Americana & the Heartbreak Prince

You need to calm down while you help
Taylor find her way through the lover maze

We can leave the Christmas lights up 'til January

You can't spell Awesome without Me

It's a cruel summer

Folklore Word Search

```
B E T T Y Q W J M A D W O M A N J D
O Y M C L A K E S E V E N W G T W S
W L O N G P O N D S G T H E O N E B
G H D Y N A S T Y Q Q K Y C G H W Z
R O E Z R K E P I P H A N Y W D R Q
D A L P E A C E X N T R Y I N G U U
T X Y M I R R O R B A L L H W F O M
E P I N V I S I B L E S T R I N G P
A U A U G U S T W M E X I L E G I V
R E J A M E S W P T W M W W H E P I
S B K U T G G R U C A R D I G A N Z
Q R I C O C H E T K N M H C S A Q Q
```

Find the following words in the puzzle.

August	Invisible String	Ricochet
Betty	James	Seven
Cardigan	Lakes	Tears
Dynasty	Long Pond	The One
Epiphany	Mad Woman	Trying
Exile	Mirrorball	
Hoax	Peace	

All along there was some invisible string tying you to me

I had a marvelous time ruining everything

It could've been fun,
if you would've been the one

I'm still trying everything to keep you looking at me

Help Taylor make her way through the folklore house to receive her award

august slipped away

But if I showed up at your party

You put me on and said I was your favorite

Please picture me in the trees

I think I've seen this film before
and I didn't like the ending

Evermore Word Search

```
H O M E T O W N C H P W K Q N Q E U
U K W I O X F N Z K A R V Z O P S O
U I V Y L C O W B O Y P O D J W T R
X C O N E Y I S L A N D P B I S E U
F O L V R B F A W L E G O I L N O K
Q B B I A B Z F I D W A B K N E Z U
E Z D A T R E Z L Z S X C C J E M Q
A V Y D E G Z S L B R I D G E G S S
A E F P H X I S O G O L D R U S H S
M A R J O R I E W O V X B S M M B Y
C L O S U R E R D O R O T H E A J M
B I P W E V E R M O R E L W V J T O
```

Find the following words in the puzzle.

Bridge   Evermore   Problems

Closure   Gold Rush   Tolerate

Coney Island Happiness   Willow

Cowboy   Hometown

Dorothea   Ivy

Este   Marjorie

You're a cowboy like me

I'm out here on a bench in Coney Island

She would've made such a lovely bride

Set the table with the fancy things

Taylor has replayed her footsteps trying to find where she got lost but needs help finding her way through the maze

I should've asked you questions
I should've asked you how to be

Este's a friend of mine

The more that you say, the less I know
wherever you stray, I'll follow

My house of stone, your ivy grows

Midnight Word Search

```
G Z W T T X J W M L A P R I L Q H I
R Q L W R F R K H A N T I H E R O Q
E M A E B T A J A O S P G N L S U U
A A B N E G I A S R L T I E X F X E
T R Y T J Q N N X U M E E S N O W S
W O R Y E A H A Z E A A S R N G Z T
A O I N W E B E A C H L I K M R Y I
R N N I E M I D N I G H T S Y I T O
D J T N L V I G I L A N T E B H N N
C Q H T E S W E E T N O T H I N G D
B M T H D Z F P A R I S A N W Q A F
K Q I W O C O M X L A V E N D E R O
```

Find the following words in the puzzle.

Anti Hero	Labyrinth	Rain
April	Lavender	Snow
Beach	Maroon	Sweet Nothing
Bejeweled	Mastermind	Twenty Ninth
Great War	Midnights	Vigilante
Haze	Paris	Whole Sky
Karma	Question	

make the friendship bracelets,
take the moment and taste it

It must be exhausting always Rooting
for the anti-hero

Best believe I'm still bejeweled when I walk in the Room, I can still make the whole place shimmer

Help Karma the cat navigate through the maze

You were bigger than the whole sky

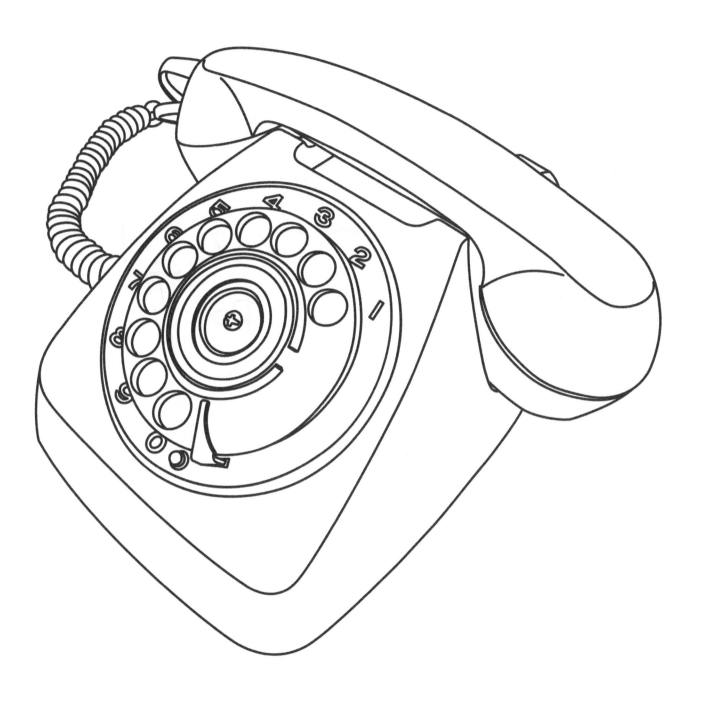

The rust that grew between telephones

Snow on the beach, weird but it was beautiful

Eras Tour Word Search

```
K L A G Q N E R A S V S L L L J J B
H R S U S A F C L B A S E I P J S F
O A P I U Q R K J I R C T Q G T V W
G G A T A I I K S F V A O A U H D O
T Q R A G L E G U M T E C U D I T S
H I K R U I N F R K B I S E S I N S
V G L Z E X D M P T E Z D T L T U S
T X E N S B S E R I N Y E L R E I M
W S S Y T Q H R I M A S T E R E T C
P I A N O L I C S Q M H M X F W A Q
E V S B T S P H E D F C Q C B O N M
F Q T I C K E T Z W D I V I N G P M
```

Find the following words in the puzzle.

Acoustic	Guitar	Sequins
Bracelet	Lights	Sparkles
Diving	Live Stream	Stadium
Eras	Master	Surprise
Friendship	Merch	Ticket
Guest	Piano	

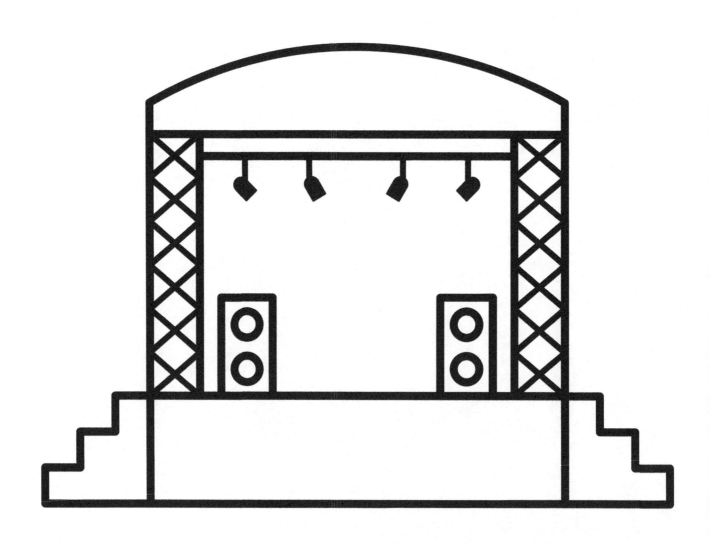

Help the Swifties navigate the maze of the ticketing website to reach their concert tickets before they sell out!

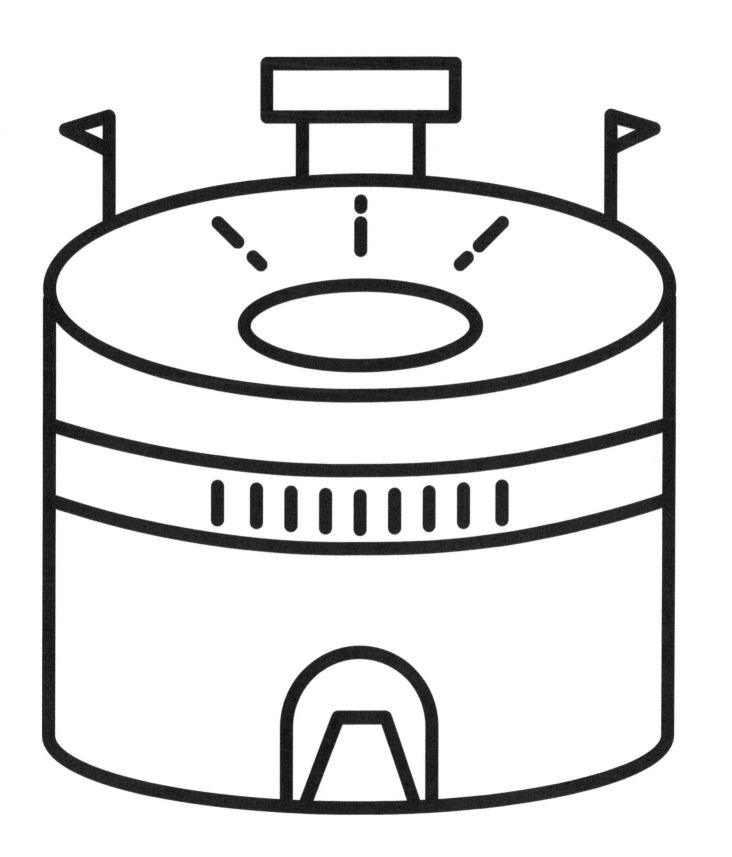

Made in United States
Orlando, FL
27 September 2023

37347782R00057